国家开发银行资助
中央党校校级项目

中非关系
与中国的大国责任

罗建波◎著

中国社会科学出版社

图书在版编目（CIP）数据

中非关系与中国的大国责任／罗建波著 . —北京：中国社会科学出版社，2016.5

ISBN 978 - 7 - 5161 - 6955 - 1

Ⅰ.①中… Ⅱ.①罗… Ⅲ.①中外关系—研究—非洲 Ⅳ.①D822.34

中国版本图书馆 CIP 数据核字（2015）第 246371 号

出 版 人	赵剑英	
责任编辑	张　林	
特约编辑	宋英杰	
责任校对	韩天炜	
责任印制	戴　宽	

出　　版	中国社会科学出版社	
社　　址	北京鼓楼西大街甲 158 号	
邮　　编	100720	
网　　址	http://www.csspw.cn	
发 行 部	010 - 84083685	
门 市 部	010 - 84029450	
经　　销	新华书店及其他书店	
印　　刷	北京明恒达印务有限公司	
装　　订	廊坊市广阳区广增装订厂	
版　　次	2016 年 5 月第 1 版	
印　　次	2016 年 5 月第 1 次印刷	
开　　本	710×1000　1/16	
印　　张	18	
插　　页	2	
字　　数	292 千字	
定　　价	68.00 元	

凡购买中国社会科学出版社图书，如有质量问题请与本社营销中心联系调换
电话：010 - 84083683
版权所有　侵权必究

目 录

导论 "中国梦"携手"非洲梦":中国的大国责任与
　　世界贡献 ………………………………………………………（1）
　一　中国特色大国外交与大国责任 ………………………………（2）
　二　中非关系六十年与大国责任的历史展现 ……………………（5）
　三　中非合作理念与中国的国际道义 ……………………………（9）
　四　中非发展合作与非洲复兴进程 ………………………………（12）
　五　中非关系与国际秩序的变革与发展 …………………………（18）

第一章　负责任的发展中大国:中国的身份定位与
　　　　大国责任 …………………………………………………（22）
　第一节　中西方对中国国际责任的认识差异 ……………………（23）
　第二节　中国大国责任的重要体现:推动国际秩序
　　　　　变革与完善 ……………………………………………（26）
　第三节　中国大国责任的重要目标:维护并增进发展
　　　　　中国家及全人类的共同利益 …………………………（32）
　第四节　中国履行大国责任的基本原则:量力而行、权责
　　　　　平衡与互利共赢 ………………………………………（38）

第二章　合作理念:中非合作的原则、理念及其世界意义 ………（42）
　第一节　平等相待原则 ……………………………………………（43）
　第二节　相互支持原则 ……………………………………………（50）
　第三节　互利共赢原则 ……………………………………………（54）
　第四节　自主性原则 ………………………………………………（58）

第五节 "正确义利观" …………………………………………（61）

第三章　民生与发展援助：中国对非援助与非洲的
　　　　减贫和发展 ……………………………………………（65）
　　　第一节 六十年中国对非援助的阶段性演变 …………………（65）
　　　第二节 中国对非援助的模式及特点 …………………………（74）
　　　第三节 中国对非援助推动了非洲的减贫与发展 ……………（85）
　　　第四节 中国的大国责任与对非援助的发展趋向 ……………（107）

第四章　安全合作：建设性参与非洲和平与安全事务 …………（114）
　　　第一节 21世纪以来非洲安全形势变迁及特点 ………………（115）
　　　第二节 大国责任意识推动了中非安全合作 …………………（119）
　　　第三节 中非安全合作的理念创新 ……………………………（122）
　　　第四节 中非安全合作的举措、方式和途径 …………………（132）
　　　第五节 案例：达尔富尔危机的和解进程与中国国家
　　　　　　 形象塑造 ……………………………………………（138）

第五章　经验交流：中非治国理政经验交流与非洲的
　　　　能力建设 ………………………………………………（151）
　　　第一节 非洲政治发展大势及面临的治理难题 ………………（152）
　　　第二节 非洲国家的民族建设与中非经验互享 ………………（157）
　　　第三节 非洲国家的国家建设与中非经验互鉴 ………………（161）
　　　第四节 非洲国家的政党建设与中非经验交流 ………………（167）
　　　第五节 中非治国理政经验交流的历史价值与世界意义 ……（170）

第六章　中国—非盟关系：助推非洲复兴进程 …………………（176）
　　　第一节 非洲一体化的历史使命与成就 ………………………（177）
　　　第二节 中国与非统组织的关系及其历史成就 ………………（188）
　　　第三节 当代中国与非盟关系的全面拓展与提升 ……………（192）
　　　第四节 中国与非盟关系之于非洲发展及世界体系
　　　　　　 变迁的意义 …………………………………………（199）

第七章 多边合作机制:搭建中非互利合作的坚实平台 …………(202)
  第一节 中国多边外交及其战略意义 …………………………(203)
  第二节 中非合作论坛与中非合作 ……………………………(210)
  第三节 金砖国家组织与非洲发展 ……………………………(226)

第八章 中国、非洲与西方国家的三边合作:如何更
        有益于非洲? ………………………………………………(233)
  第一节 西方国家对中国非洲政策的评价 ……………………(234)
  第二节 西方国家为何"关注"中非关系? ……………………(238)
  第三节 中西方在非洲问题上的观念分歧与政策差异 ………(241)
  第四节 中西方能否在推动非洲发展进程中实现
        各方共赢? ……………………………………………(249)

结语 中国在非洲:"天使"还是"魔鬼"? ……………………(255)

参考文献 ……………………………………………………………(269)

导 论

"中国梦"携手"非洲梦":中国的大国责任与世界贡献

21世纪以来中国的快速发展,显著提升了自身的国际地位与世界影响,中国日益以一个世界性大国的全新姿态屹立于世界舞台。曾几何时,国人多在谈论"世界之于中国",而如今,"中国之于世界"早已成为世人热议的话题。

当前中国的大国复兴,在显著改变自身发展面貌、提升民众福祉的同时,也极大改变了中国面临的外部环境以及中国与外部世界的关系,极大推动着世界经济发展特别是发展中国家的减贫与发展进程,极大推动着当今全球治理体系的创新甚至是国际秩序的变革与完善。中国日益由国际事务、国际机制的参与者向主要倡议者、推动者和贡献者转变,中国对世界的影响力甚至在某些方面、某些领域对世界发展的塑造力和一定程度的世界领导力都在不断增加。中国已经成为影响世界发展的最为重要的力量之一。

一个不断崛起的大国,自然需要富有特色的大国外交。21世纪中国的大国外交,需要有与时俱进的外交理念创新、更具全球视野的大战略布局,也需要有彰显中国精神和中国气度的大国责任。我们需要在基于自身不断发展的基础上,坚持量力而行、尽力而为的原则,在推动世界经济增长和减贫,实施国际发展援助和人道主义救助,参与国际安全治理与和平建设,以及应对全球气候变化等领域,承担起力所能及的国际责任。我们以为,作为"负责任的发展中大国",中国应当继续把非洲国家、发展中国家作为自身履行大国责任的重点区域,进而推进世界的和平与发展进程;应当继续维护公认的国际关系准则,同时基于发展中国家及全人类共同利益的立场致力于推动国际秩序更为公正合理的变革与完善。中国通过不断增进的国际责任担当，不仅能显著扩大自身国际合作空间、提升自身国际影响力与话语权，也必将更加有效地推动发展中国家的和平与发展进程、国际秩序的合理变迁以及全人类共同福祉的增进。

一　中国特色大国外交与大国责任

张百家先生在描述20世纪中国外交的演变与发展时曾言，"改变自己，影响世界"。[①] 1949年新中国的成立及此后中国共产党人对独立自主的坚持，曾以革命性的方式对世界产生过重大影响。改革开放以来中国对发展的主动追求，特别是21世纪以来中国大国复兴进程的显著提速及国力的快速提升，极大提升了自身在国际社会的地位和影响，极大改变了自身与外部世界的关系。中国以自身的发展再一次震撼了世界！

回想百余年前，在传统中国从兴盛走向衰败之际，在外敌入侵国土沦丧之时，无数仁人志士发出"千年未有之大变局"的感叹，国运之衰可谓千年之未有。为救亡图存，挽救中华民族于水火之中，几代中国人前仆后继以求自立自强，变革图新以求民族复兴，中国在历经无数次的磨难与浩劫之后终于重新屹立于世，中华民族伟大复兴的历史夙愿正在变成现实。雄狮梦醒，昔日积贫积弱的中国开始以一个世界大国的体量重新立足于世，古老中国通过自身改革和发展如凤凰涅槃般再一次震撼世界。这何尝不是又一次"千年未有之大变局"。

站在新的历史起点上，我们应该如何认识自己，如何认识世界？作为最大的发展中国家同时也是一个世界大国，中国应该奉行什么样的对外政策，在国际事务中扮演什么样的国际角色，又会给世界带来什么样的影响？回答这些问题，需要我们准确研判自身发展和世界发展大势，与时俱进地认知自身的国家利益与国际责任，在此基础上有效统筹国内

[①] 章百家：《改变自己　影响世界——20世纪中国外交基本线索刍议》，载《中国社会科学》2002年第1期，第4—19页。

国际两个大局,妥善处理自身与外部世界的关系。

党的十八大以来,以习近平为总书记的新一届中央领导集体在外交上提出了一系列新的理念和举措,在继续坚持走和平发展道路的同时,强调建设新型大国关系,弘扬正确义利观并致力于实现与发展中国家的互利共赢,在发挥负责任大国作用上更加积极作为。2014年11月,习近平总书记在中央外事工作会议上强调指出,中国必须有自己特色的大国外交,对外工作要有鲜明的中国特色、中国风格、中国气派。① 较之以前,中国外交更具全球视野,更富进取意识,更有大国风度。

一般意义上讲,大国外交有三种不同类型的含义:一是"以大国为交往对象的外交",即一个国家无论大小,只要它以大国为其外交重心,都可以称之为大国外交;二是"大国间外交",如二战时期的美苏关系,当前时代的中美关系、美俄关系等;三是"作为一个大国的外交",即以一个大国的身份定位来确定自身的利益诉求、战略目标并灵活运用相应的外交资源和手段。当前中国所言"大国外交",应当是作为一个大国的外交,这是日益崛起的中国对自身地位和身份、利益与目标,以及应有国际角色的准确判断和应有表达。

不可否认,中国是一个发展中国家。从人均经济份额、工业化和城市化水平以及其他社会综合发展指标来看,中国在相当长时期里仍只能算作发展中国家,更何况中国还有幅员辽阔且经济仍十分落后的中西部地区,以及按联合国标准还有超过1亿的贫困人口。正如外交部王毅部长所提醒的那样:"我们清醒地意识到,发展不平衡仍然是中国的基本国情,发展中大国仍然是中国的基本定位。中国还并非富国强国,要让13亿中国老百姓真正过上幸福生活,我们还有很长的路要走。"② 但同时,中国也自信地认为,自己是一个大国。无论是中国的经济总量、人口规模、外汇储备,还是不断增长的对外贸易和投资,都表明中国并非一个普通的发展中国家。在国际政治领域,对一个国家是否是大国的评价,并不完全取决于该国的人均经济水平,而更多地看其经济总量及其总体国际影响力。从这个角度讲,中国无疑是一个大国。

---

① 《中央外事工作会议在京举行》,载《人民日报》2014年11月30日第1版。
② 王毅:《探索中国特色大国外交之路》,载《人民论坛》2013年8月上,第8—11页。

即便是在新中国成立后国力并不强大之时，毛主席也从未把中国看成是一个"小国""弱国"。"三个世界"理论的提出，中美苏大三角关系的确立，中国"重返"联合国，以及中国在亚非民族解放运动中所扮演的积极角色，都淋漓尽致地展现了新中国的战略远见与战略自信。中国出兵朝鲜以抗美援朝，20年后尼克松总统访华及两个大国元首的历史性握手，以极具戏剧性的方式向世界演绎了中国外交的大国气魄。改革开放后，邓小平同志同样视中国为大国，而后中国相继提出的多极化主张、和平发展道路、和谐世界理念，以及中国梦和"世界梦"的提出，无一不是关乎自身发展和世界大局的宏大理念。

不过，我们以为，中国大国外交时代的全面开启，还是近几年的事情。从1949年新中国成立到21世纪中叶中国成就全面意义上的伟大复兴，中国外交内涵大致会经历三个阶段的演变：第一阶段，新中国成立后的头三十年，中国外交在本质上是一种"主权维护型"外交，当时的外交任务在于维护主权独立，争取国际承认；第二阶段，改革开放以后，中国外交演变为"发展主导型"外交，外交服务于经济建设，推动国家发展；第三阶段，进入21世纪第二个十年后，伴随中国和平发展的深入推进及中国与世界关系的全面拓展，中国外交开始逐步向"大国责任型"外交转变。这一大国责任，既有对人民、民族和国家的责任，也有对国际社会的责任。

新时期中国的大国外交，首先要能更为有效地维护和增进自身国家利益，这是大国外交最为基本的诉求和目标。比如，在机遇与挑战并存的当今世界，如何更好地维护国家核心利益？在中国利益全球化的今天，如何更为有效地保护自身日益增长的海外利益？在各国都重视发展软实力的时代，如何拓展中国在国际社会的影响力和话语权？其次，中国的大国外交还意在表明，中国将积极推动国际秩序的变革与完善，深入参与全球治理进程，负责任地承担与自身实力相称的大国责任。这是一个大国应有的责任担当，也是国际社会对中国发展的一种期待。

如果说，以前我们的发展目标是"如何成为一个大国？"那么今后还将增加一个新的目标："如何更好地做一个大国？"如果说，以前我们讲得最多的是国家利益，那么今后在继续强调国家利益优先的同时，也要更加积极地关注和维护发展中国家的权益和全人类的共同福祉。中国人民在致力于实现"两个一百年"目标、实现中华民族伟大复兴这一"中国梦"的同时,也将通过自身发展和全球参与来推动世界的和平与发展进程,推动"世界梦"的实现。由于非洲是当前世界和平与发展问题最为集中的大陆,是当前全球性问题最为突出的地区,因此中非合作的发展以及中国在非洲发展进程中所能发挥的作用,就成为中国展现自身大国责任与外交形象的重要舞台,成为世人认知中国及其全球角色的重要窗口。

二 中非关系六十年与大国责任的历史展现

笔者曾以"China in Africa: Devil or Angel"(《中国在非洲:魔鬼还是天使》)为题发表过一篇文章,就中国对非洲外交的本质和外交诉求进行过阐述。我们以为,如同任何国家的外交政策都首先服务于自身的国家利益需求一样,中国对非洲外交也无需否认自己的战略利益诉求,比如寻求非洲的政治支持、获取战略资源、扩大在非洲的商品与投资市场等,但中国对非洲外交自始便有超越国家利益层面的理想、使命和抱负,这一点经常被西方人士忽视、怀疑,甚至是否定。[①] 如何更好地推动中国对非洲战略与政策的不断完善和提升,如何及时、全面地向世界阐释中国在非洲不断增长的世界责任,是当下中国外交的重要任务,也是学术研究所应关注的重要课题。

国内学者谈中国的国际责任或世界责任,大多从20世纪80—90年代说起,特别是从21世纪以来中国实力快速增长及国际参与显著增加之后讲起。事实上,早在新中国成立之时,年轻的中国共产党人就怀有浓厚的国际主义情结,新中国在向以苏联为首的社会主义阵营"一边倒"的同时,认为自己同属被压迫民族和新兴民族独立国家的一员,誓言联合亚非各被压迫民族共同反对帝国主义侵略。1949年9月29日,中国人民政治协商会议第一届全体会议通过了具有临时宪法作用的《中国人民政治协商会议共同纲领》,第11条规定了处理对外事务的政策和基本原则:

[①] Luo Jianbo & Zhang Xiaoming, "China in Africa: Devil or Engel?", *Pambazuka News*, Issue 666, Feb. 19, 2014.

"中华人民共和国联合世界上一切爱好和平、自由的国家和人民，首先是联合苏联、各人民民主国家和各被压迫民族，站在国际和平民主阵营共同反对帝国主义侵略，以保障世界的持久和平。"① 中国作为社会主义国家，把帮助其他被压迫民族的独立斗争和正义事业看作自己应尽的国际义务，体现了中国外交的道义责任和国际主义精神。

中国在20世纪50年代初期先后同印度、印尼、缅甸、巴基斯坦、阿富汗等民族独立国家建立了外交关系，携手印度、缅甸共同倡导了和平共处五项原则。不过，中国真正走向更为广泛的亚非世界，还始于1955年4月召开的亚非万隆会议。在万隆会议上，中国代表团力排众议，不仅成功阐释了中国支持亚非国家实现政治独立和政治团结的主张，也与埃及总统纳赛尔以及加纳、利比亚、利比里亚、苏丹和埃塞俄比亚等非洲国家代表进行了直接沟通对话。也正是通过这次会议，亚非国家看到了中国支持反帝反殖斗争的坚定决心，看到了新中国平等待人、自尊自信的外交风格。这次会议的一个显著成效，是中国在此后几年内迅速地同埃及、叙利亚、伊拉克，以及撒哈拉以南非洲的几内亚等国家建立了外交关系，中国的外交舞台不再局限于社会主义阵营及周边邻国，而是扩展至广大的西亚北非地区了。

在中国看来，通过支持第三世界的独立与发展，不仅能极大改善自身面临的外交孤立，而且也可以动员尽可能多的国际力量反对帝国主义和霸权主义，体现了爱国主义（自身利益）与国际主义（国际义务）的高度统一。② 中国总理周恩来和副总理陈毅于1963年12月至1964年3月对亚非13个国家进行了友好访问，期间提出了中国同非洲国家和阿拉伯国家发展关系的"五项原则"和对亚非国家提供经济技术援助的"八项原则"。在20世纪60—70年代，中国对非洲提供了大量的经济和物质援

---

① 谢益显主编：《中国外交史（中华人民共和国时期1949—1979）》，河南人民出版社1988年版，第11页。

② 周弘：《中国对外援助与改革开放三十年》，载《世界经济与政治》2008年第11期，第33—43页。

助，甚至一度超过中国自身所能承受的能力。[1] 中国举全国之力帮助坦桑尼亚和赞比亚修建了长达1860公里的坦赞铁路，是那一时期中国支持非洲民族独立运动的最突出的历史见证。尽管当时中国对外援助的绝对数额不大，但它是中国在自身经济基础还十分薄弱甚至是经济异常困难的情况下做出的，体现了中国对非洲国家追求独立和发展的深切同情和支持。

今天，中国已经取得了显著的发展，它同样有一个愿望，就是在实现自身发展的同时，尽力去帮助非洲国家实现共同发展。中国是世界上最大的发展中国家，长期以非洲和发展中国家为自身的外交依托和战略基础，这决定了中国日益增长的全球责任主要是推动发展中国家的减贫与发展，促进世界均衡发展和南北问题的解决以及帮助尚处于动荡中的发展中国家实现政治稳定。中国的世界责任主要是对以发展中国家为主体的国际社会负责，这是中国基于自身身份、利益基础上的外交选择。正如习近平主席在访问非洲时所强调的，"新形势下，中非关系的重要性不是降低了而是提高了，双方共同利益不是减少了而是增多了，中方发展对非关系的力度不会削弱、只会加强"。[2]

这一承诺的最为直接的体现，是中国通过多种形式推动中非互利合作的全面发展。中非关系早已从历史上以政治合作为主转变为政治互信、经贸合作、人文交流、安全互助、国际上相互协作的全方位合作关系。在2015年12月召开的中非合作论坛约翰内斯堡峰会上，中方承诺提供600亿美元资金支持，在产业产能转移、基础设施建设、人力资源开发、和平与安全合作等领域支持开展十大合作计划，推动中非合作全面升级，集中体现了中国在实现自身发展的同时，开始更多地帮助非洲国家实现共同发展。与过去中国支持非洲民族解放运动相比，当代中非发展合作开始更为紧密地结合非盟和"非洲发展新伙伴计划"设置的优先发展议题，把重点放在非洲国家迫切需要的基础设施建设、技术培训、人力资

---

[1] 据统计，中国在1956—1977年间向非洲国家提供了超过24.76亿美元的经济援助，占中国对外援助总额的58%。李安山：《论中国对非洲政策的调适与转变》，载《西亚非洲》2006年第8期，第11—20页。

[2] 习近平：《永远做可靠朋友和真诚伙伴——在坦桑尼亚尼雷尔国际会议中心的演讲》，载《人民日报》2013年3月26日第2版。

源开发以及和平与安全等领域，着力改善非洲的发展条件并提高非洲的自主发展能力。

当代中非关系的本质特点之一，在于通过构建全新的互惠互利关系来推动中非双方的共同发展。虽然中国对非洲外交在政策层面还有许多值得完善的地方，中国企业在非洲的社会责任意识也亟待提升，但我们日益清楚地看到，中非全面合作正在有力推动着非洲国家的经济发展以及政治上的和平与稳定，中非合作所彰显的"南南合作"精神也成为当今发展中世界追求发展的重要动力。中非关系的发展及其世界影响，见证了中国和平发展不仅造福自身也必将惠及世界这一双赢、共赢模式。这种以政治平等为基础，以互惠互利为特色，以共同发展为依归的"新型战略伙伴关系"，正在显现出越来越大的世界意义。

中国传统文化中有一种"大同"思想，用现代话语讲，就是世界要实现共同发展与繁荣，人与人、国家与国家之间要实现和谐相处。① 中国人自古就有"先天下之忧而忧"的远大抱负和济世情怀，不仅要实现自我发展，更要以实现天下大治为己任。21世纪以来，中国提出"走和平发展道路"并推动建设"和谐世界"的理念，提出"正确义利观"并推动与世界的互利共赢与共同发展，表明中国在以和平方式实现自身发展的同时，更加注重以一种世界主义的宽广视野来审视自身的国际责任以及与外部世界的关系。虽然当前中国仍有待发展，中国关注的重心仍在于解决国内发展问题，但随着中国社会的进一步发展，中国的世界责任意识必将继续增长。而体现这种世界责任最好的地方，就是在非洲。

笔者曾对一位欧盟的官员讲，欧洲和美国谈对非洲发展援助，或多或少带有一种赎罪感，因为历史上，它们在非洲要么有殖民历史，要么有贩奴历史。而中国谈对非洲援助与经济合作，则更多地是一种使命感，因为它没有历史包袱。中国是一个有着13亿人口的大国，其在经济和社会领域的任何发展成就均是对人类发展的巨大贡献，而如果中国能够通过自身发展所创造的机遇带动其他发展中国家实现共同发展和富裕，通过全方位的互利合作关系来推动非洲国家的减贫与发展进程，必将极大

---

① 罗建波：《中国对非洲外交：战略与政策》，载《新远见》2012年第5期，第21—25页。

提升中国外交的感召力、亲和力和影响力，提升中国外交的国际形象和道德高度。从此角度讲，非洲是中国展现大国责任的形象舞台，提升自身国际影响力和话语权的重要平台。接下来我们从四个维度来具体阐述中国在非洲的国际责任以及中非关系的世界意义。

三　中非合作理念与中国的国际道义

大国之所以为大国，不只在于其强大的经济实力和军事力量，还在于它能够对国际社会承担起特殊的责任，能够对世界做出自己独特的贡献。其中重要的方面是大国应当对人类道德、规范和价值观做出重要的贡献，这是一个大国应当具有的境界和精神。60 年来中非关系所奉行的一些基本原则及其彰显的价值观念，反映了广大非西方世界对国际政治规范与国际伦理的思考，对长期以来由西方主导的世界价值观和国际规范形成了有力挑战，正在彰显越来越强大的道德引领力。同时，60 年中国对非外交战略与政策及其所彰显的外交原则和理念，对创新富有特色的中国外交理念和国际关系理论，势必能提供许多极其宝贵的外交实践经验和富有价值的理论启示。

积极倡导并认真践行相互平等、相互支持的原则，是六十年中非友好合作之所以不断延续并历久弥坚的重要基础。西方国家经常不理解，为何中国能以相对较少的投入而赢得非洲国家的外交支持。原因自然很多，但其中一个重要因素是中国始终能以平等的方式同非洲国家相处，始终能设身处地去思考非洲国家面临的独立和发展任务并力所能及地给予必要的外交支持。这是经受过西方殖民压迫且至今仍处于国际社会边缘的非洲国家所特别看重的，也是中非双方因为共同的历史遭遇而能够相互理解和相互支持的地方。非洲人记得，20 世纪 60、70 年代，中国曾帮助非洲国家修建了长达了 1860 公里的坦赞铁路，而那时中国自己还非常贫弱。非洲人知道，在 20 世纪 90 年代，西方国家把非洲视为"绝望的大陆"，而中国却逐步加大了对非合作，由此带来了中非关系的全面发展，推动了国际社会对非洲的重新重视。中国对非援助就数量而言仍难以与美国和欧盟比肩，但中国从来不以"捐助者"自居，不以"先富者"

自傲，而是始终强调中非合作的互利共赢和共同发展。

现代国际关系意义上的"主权平等"是欧洲人在17世纪中叶正式确立的，但这个所谓的主权平等只是欧洲大国、西方大国间的相互平等。在创立这个概念之时，欧洲人便开始征战全球，逐步用武力征服了广大亚非拉地区，先后把这些古老的民族和国家置于自己的势力范围之下。即便是在20世纪亚非地区实现政治独立后，西方国家仍试图延续它们苦心经营几百年的世界秩序及它们在世界的霸权统治。在非洲，西方大国通过操纵政治选举、驻军或军事干预、财政与金融控制、语言文化和宗教上的扩张来维持与非洲国家的特殊关系，其虽有维护非洲国家的稳定与发展之意，但维系自身在非洲既有利益则一直是它们追求的重要目标。当今世界的国际秩序，虽然看似主权平等，这也是联合国所重申的最为基本的国际准则，但实质上还是不平等的关系，西方国家建立的国际秩序及一些强权原则仍然在延续甚至固化。与西方国家不同，中国自与非洲国家接触时便始终坚持"主权平等"和"不干涉内政"原则，以这样的原则为基础来发展与非洲国家的互助互利关系。李安山教授曾强调指出，中国在非洲事务中所坚持的"平等"原则，是对西方国家奉行"强权即真理"原则的根本性颠覆。

致力于与非洲国家的互利共赢与共同发展，是当前时代中非全面合作得以不断深化拓展的又一关键因素。近代以来的世界经济体系是伴随西方资本主义的全球扩张建立起来的，这是一种以西方为中心、以亚非拉地区为外围的等级格局。非洲国家的政治独立并没有彻底改变非洲经济所处的从属地位，欧洲殖民体系的失败也并不代表西方经济霸权的崩溃，而且后来美国的崛起更是加强了西方国家在经济方面对世界的控制。中国自与非洲国家接触开始，所奉行的合作理念就与西方国家有着天壤之别。在新中国成立后的二、三十年里，中国为了支持非洲的民族解放运动，在自身经济十分贫弱的条件下对非洲提供了大量的经济援助。在非洲国家相继实现政治独立后，中国又于1982年适时提出了对非经济技术合作的"四项原则"，即平等互利、讲求实效、形式多样、共同发展，开启了中非经济互利合作的新时代。这表明，在非洲国家大多实现了政治独立及中国实现改革开放之后，中非合作开始更多转向经济与社会发展，且这种合作的特点将是平等互利、共同发展。在此之后，中国在强调对非"走出去"的同时，通过技术转让、债务减免、技术支持、人才培训、人道主义援助等方式推动非洲的发展进程，当前更是紧密结合非盟推出的"2063议程"优先发展目标，着力推动中非产业转移和产能合作，在不断推动中国经济实现转型升级的同时带动非洲国家实现工业现代化和农业现代化。

要推动实现与非洲国家的互利共赢与共同发展，当前最重要的是要切实践行好"正确义利观"，这体现了中国通过"自我约束"和"自律"主动追求中非双方实现互助互利、共同发展的善意和美好愿景。中华民族从来都是一个讲大义的民族，讲情义、讲仁义、有信义是中国文化的精髓。作为对中国传统义利观的继承和发扬，新中国成立后，在自身经济基础极为薄弱的情况下，对广大亚非国家和人民为争取民族独立和国家主权的正义斗争给予无私支持与帮助。现在中国逐步发展了，更不应该忘记发展相对滞后的非洲国家。2013年3月，习近平主席在访问非洲时深刻阐述了"真实亲诚"的对非合作理念，在同年10月召开的周边外交工作座谈会上明确提出要以"正确义利观"推动与发展中国家的合作，做到义利兼顾，讲信义、重情义、扬正义、树道义。"正确义利观"要求我们在开展对非合作时恪守互利共赢、共同发展的原则，有时甚至要主动让利、重义轻利、舍利取义，做到先予后取、多予少取，必要时只予不取。同时，积极推动非洲国家实现政治稳定，在国际上注重维护非洲和广大发展中国家的应有权益。可以说，"正确义利观"就是要把中国自身发展与世界发展联系起来，把中国的利益与世界各国的共同利益联系起来，把中国的国内责任与国际责任联系起来，在实现中华民族伟大复兴这一"中国梦"的同时，与世界一道致力于实现"非洲梦"和"世界梦"。

与非洲国家的互信、互利、互助与互援，体现了中国人一贯倡导的南南合作精神，这是中国外交之一重要特色，也是我们能够赢得广大发展中国家信任和支持的重要原因所在。南南合作的意义，不仅在于它能创造更大的贸易和投资机会，还在于它有助于发展中国家以集体力量来抗衡西方强权并逐步改善南北关系，从而为发展中国家营造更为有利的国际环境。历史上，中国与其他亚非国家一道推动形成了"团结、友谊、合作"的万隆精神，许多非洲国家都是不结盟运动和七十七国集团的参与者，而中国也是这两个组织的重要关注者和支持者。21世纪以来，中非双方搭建了许多新的南南合作平台：一是中非合作论坛，这是一个以"共商、共建、共享"为特征的集体磋商、协调、对话与合作机制，其相关动议对中非关系发展具有重要的引领作用；二是中国与非盟的合作，中国在非洲和平与安全、经济发展特别是跨国、跨区域基础设施建设上支持非盟倡导的一体化合作；三是金砖国家组织，在南非于2010年底加入后成为撬动新兴大国与非洲国家进行全面合作的平台；四是中非双方在联合国、世界贸易组织及其他重要多边机构和多边场合的合作。中非合作无疑是发展中国家开展南南合作的典范，也是新时期南南合作的重要推动力量。

可以这样讲，中国倡导的与发展中国家实现互助互援、合作共赢与共同发展的理念，是对过去西方殖民主义者在亚非国家奉行强取豪夺的根本否定，与过去几十年欧美国家在非洲注重维护自身利益却难以推动非洲发展也有很大不同。作为一个快速崛起的新兴发展中大国，中国将始终与广大发展中国家站在一起，在维护和增进自身利益的同时注重促进发展中国家的共同利益，在重视自身发展的同时注重推动发展中世界的整体发展与复兴。中国正在以自己的行动证明，中国是发展中国家利益的积极维护者，是发展中国家和平与发展的主要推动者，是发展中国家正当权益的坚定捍卫者。中国通过不断增进的国际责任担当，不仅能显著扩大自身国际合作空间、提升自身国际影响力与话语权，也必将更加有效地推动发展中国家的和平与发展进程、国际秩序的合理变迁以及全人类共同福祉的增进。

四　中非发展合作与非洲复兴进程

作为一个有着13亿人口的大国，中国让自身数亿人口实现减贫并逐步实现国家现代化，本身就是对世界发展的巨大贡献，如果中国能够通过与其他发展中国家的相互合作推动数十亿发展中国家的发展，那无疑是中国对世界的又一巨大贡献。正如刘鸿武教授讲的那样，当21世纪中叶来临之时，我们回过头去看新中国成立以来的历史成就，主要有二：一是我们用一百年的时间实现了中国自身的伟大复兴，二是我们用自身力量推动了发展中国家的共同发展。中非合作的全面开启与不断升级，已经成为近年来非洲经济快速发展的重要推动力量。

中非经贸合作之一显著特点，在于中国注重推动非洲的基础设施建设，以改善非洲国家的发展基础和条件。"要想富，先修路"，这是中国发展经验的总结，表明基础设施在推动国家工业化和经济发展进程中的重要作用。过去几十年里（截至 2015 年 9 月），中国通过援助和融资在非洲建设了 5675 公里铁路、4507 公里公路、18 座桥梁、12 个港口、14 座机场和航站楼、64 座电站、23 个农业技术示范中心、76 个体育设施以及大批水利、通讯等基础设施项目。① 当前，中国又致力于与非方建立"非洲跨国跨区域基础设施建设合作伙伴关系"，提出在非洲建设打造"三大网络"，包括高速铁路网、高速公路网、区域航空网，承诺中方将为非洲提供金融、人员和技术支持。中国也积极支持中资企业参与非洲公路、铁路、电信、电力等项目建设，帮助非洲国家实现区域互联互通。

为全面提升非洲国家的产业发展和技术水平，中国开始着力推动中非产业对接和产能合作，这是当前中非经贸合作的重点和亮点。其实，中国历来有以合作推动非洲产业发展的传统。中石油于 1995 年进入苏丹市场，帮助苏丹建成了上下游一体化，涵盖勘探、开发、生产、输油管道、炼油、石油化工、成品油销售等多个领域的石油工业体系。而壳牌和埃克森美孚等西方石油巨头垄断尼日利亚油气开采半个世纪之久，尼日利亚至今仍未建立起较为完整、独立的石油工业体系。② 当前，中国积极在非洲推动"一带一路"倡议和中非产能合作，以此为契机推动中非合作的提质增效，全面助推非洲的工业化和农业现代化。2015 年 12 月召开的中非合作论坛约翰内斯堡峰会的最大亮点之一，是中方决定出资 600 亿美元，在产能转移、基础设施建设、人力资源开发、投资贸易便利化、

---

① 王毅：《春华秋实十五载 中非携手创未来》，载《人民日报》2015 年 12 月 3 日第 10 版。

② 有关尼日利亚石油工业的历史与现状，可参见研究报告：G. Ugo Nwokeji, *The Nigerian National Petroleum Corporation and the Development of the Nigerian Oil and Gas Industry: History, Strategies and Current Directions*, the James A. Baker Ⅲ Institute for Public Policy of Rice University, March 2007, pp. 6 - 11, 128 - 131, http://www.bakerinstitute.org/programs/energy-forum/publications/energy-studies/docs/NOCs/Papers/NOC_NNPC_Ugo.pdf. (2014 - 12 - 01)

绿色发展、金融服务等领域与非方共同开展"十大合作计划"。

中国提出以产能合作、三网一化为抓手，着力支持非洲国家的互联互通、基础设施建设和工农业现代化，正是旨在帮助非洲国家改善发展条件并提升"造血"能力。埃塞人都知道，埃塞第一条机场高速公路、第一条环城公路、第一条城市轻轨、第一座风力发电站、第一座水力发电站、第一个现代化的职业技术学院、第一个现代化的工业产业园，都是中国人援建或承建的。西方人常常指责中国在非洲搞"新殖民主义"，事实上，埃塞没有多少石油和矿藏，但中埃（塞）合作却正在全面展开。这是对西方批评的最好回应。

正如中方在中非合作论坛约翰内斯堡峰会上所承诺的那样，中国将围绕非洲面临最紧迫的加快工业化和工农业现代化两大任务，着力破解基础设施滞后、资金短缺和人才不足三大瓶颈，重点帮助非洲国家构建工业化、粮食安全和公共卫生防控三大体系，相应解决就业、吃饭和健康三大问题，着力推动中非务实合作从一般贸易向产能合作升级，从工程承包向投资经营升级，从援助主导向自主发展升级，在推动中国企业走出去的同时，更好地帮助非洲国家实现可持续发展。2014年5月8日，李克强总理在"尼日利亚世界经济论坛非洲峰会"上发言说，中国和非洲加起来有23亿多人口，中非加强互利合作，有助于提升双方人民的福祉，促进世界经济平衡发展，这本身就是世界上最大的包容性增长。[①] 中国帮助非洲一起发展，通过互利互惠的合作使占全世界总人口近三分之一的民众真正从经济增长中受益，实现生活改善，这对世界经济的平衡发展和人类社会的整体进步有极大促进作用，也是中国大国"责任担当"的重要体现。

无疑，中国加大对非洲的投入以及不断发展的中非合作关系，给非洲经济带来了新的发展机遇，推动非洲大陆以更为有利的方式融入全球经济。正如坦桑尼亚学者梅威斯加·巴热古（Mwesiga Baregu）所言，当前非洲面临两扇机会之窗，第一扇窗是推动区域一体化和非洲大陆的统

---

① 李克强：《共同推动非洲发展迈上新台阶——在第二十四届世界经济论坛非洲峰会上的致辞》，载《人民日报》2014年5月9日第2版。

一进程,第二扇窗是加速发展和中国、印度这些飞速发展经济体的关系。① 肯尼亚总统乌胡鲁·肯雅塔（Uhuru Kenyatta）也有类似的评价,肯尼亚实现增长与稳定具有两大支柱,一是在非洲一体化进程中扮演主要角色,二是一个崛起的亚洲所带来的机遇。② 长期旅居西方国家、曾在高盛公司工作多年的赞比亚裔经济学家丹比萨·莫约,在其著作《援助的死亡》一书中专辟一章《中国人是我们的朋友》,称"在过去60年,没有任何国家对非洲的政治、经济和社会结构的影响能像中国在新千年开始以后对非洲的影响这么大"。③《2014年非洲经济展望》也强调,虽然中国、印度等新兴经济体的发展速度有所减缓,但来自这些国家的投资和援助仍然是非洲经济发展的重要因素。④ 非洲方面对中非发展合作的期待,本身就是对中非关系的最好肯定。

从长远看,中非发展合作要更好地实现互利共赢和共同发展,还需特别注意以下几点：

（一）把中非产能合作打造成推动"中国标准"走出去的重要契机。中国实施"走出去"战略近二十年来,中国商品、产品已远销非洲和世界,中国对外投融资和工程承包也获得快速发展,不过,在部分国家和地区,在部分行业和领域,中国商品、产品和工程项目的质量和技术标准还不高。当前正在推进的"一带一路"倡议和中非产能合作,决不是为了消化过剩产能、淘汰劣质产能、转移污染产业,而是要推动中国富余优质产业产能走出去,全面实现中国走出去的提质增效,推动中国对外经贸合作的转型升级。因此,在更大规模推动中国产业、产能和产品走出去的同时,一定要及时打造高端高质的"中国标准",借此提升中国产品、项目的质量,以高质量、高规格的中国标准来塑造中国企业和品牌的优势、声誉和形象,不仅让中国人财物走出去,更要让"中国标准"

---

① Mwesiga Baregu, "Africa‐China‐EU: From the Perspective of Africa," *International Review*, 2008, p. 72.

② Uhuru Kenyatta, "What We See When We Look East," *China Daily*, August 19, 2013, http://www.china.org.cn/opinion/2013-08/19/content_29757526.htm9 (2013-08-21)

③ [赞比亚] 丹比萨·莫约：《援助的死亡》,王涛、杨惠译,世界知识出版社2010年版,第70—82页。

④ AfDB, OECD, UNDP, *African Economic Outlook* 2014, pp. 47-72.

走出去。反过来，通过打造"中国标准"，通过推动"中国标准"走出去，更好地推动我国产业、产品、技术、工程等"走出去"，在提升中国自身经济结构转型的同时，更好地推动合作对象国的经济发展。

（二）更多体现出对非洲发展的"让利"。① 由于非洲国家在产业发展能力上较中国为弱，在以市场原则为基础的全球化进程中面临事实上的竞争劣势，因此中国对非经贸合作还需体现出对非洲发展的某些特殊的照顾、帮助和让利。十多年前中国政府提出"走出去"战略，主要是从拓展对外经贸合作的角度考虑，着眼于"两种资源"、"两个市场"。当时中国政府还提出了"大经贸"战略，把对外援助看做是中国企业走出去的重要推动力量，这在当时中国企业拓展海外市场的初期有其重要的现实意义。现在中国经济发展走在了非洲国家的前面，这个时候的对非贸易和投资就需要注重提升非洲国家的发展能力，对非洲援助就不能仅仅强调对自身的经济价值，它本身更应体现出一种扶贫济困的人道主义精神，体现出一种先富带动后富以追求共同发展的和谐世界理念。中国要成为世界大国，它学会的不仅仅是如何发展自己，也需要学会如何帮助他人。

（三）要坦诚面对中非经贸合作中出现的问题并致力于解决这些问题。过去十余年来，中非经贸合作获到了前所未有的快速发展，同时经贸合作中的问题和矛盾也在快速增多。中国人在加纳非法采金及近年来赞比亚中资企业劳资纠纷的不断涌现，说明中国走出去在部分非洲国家、在部分领域和行业，还存在明显的"粗放"和"失序"。诚如外交部非洲司司长林松添先生所言，这既需要我们提高"自律"，继续完善相关法律、法规和配套举措以加强对涉非中资企业、中国商品和海外中国人的监管，不断敦促在非洲的中资企业和中国人尊重当地法律和习俗，更好地履行社会责任，不断完善中国企业和中国人的海外形象；同时，也需要帮助非洲国家提高"他律"，帮助它们提高外资外企准入门槛、加强对

---

① 中国外交部非洲司前司长卢沙野曾在文章和多个公开场合中强调过对非"让利"这一观点。卢沙野：《关于中非新型战略伙伴关系的几点思考》，载《新战略研究》2013年第1期，第5—13页。

外资外企和进口商品的监管,提高它们在相关方面的治理能力。[1] 有效维护中国企业和中国人在非洲的利益,最好的方式是真正融入非洲当地社会,把我们自己的利益建立在非洲当地不断发展的基础之上,在与非洲民众的互利共赢中实现自身利益的不断增长。

(四) 更加积极地推动中非治国理政与发展经验交流。中非治国理政与发展经验交流,是当前中非合作的一个新的"增长点",此举不仅能提升中国模式的影响力和话语权,也能帮助非洲国家提升发展能力。对非洲国家而言,中国经验除了相对较为成熟的经济发展经验、企业管理经验以外,还有三大鲜明且值得总结的地方:

一是对独立自主和自力更生的深刻理解。中国一直强调主要依靠自身力量而非依赖外部援助来寻求发展,而且在打开国门借鉴发达国家发展经验时,也是采取了"合理借鉴"而非"完全照搬"的方式,以探索适合自身国情的发展道路,这与非洲国家普遍依赖外援且照搬西方模式有着很大不同。

二是政府对经济社会发展的推动作用。中国和部分东亚国家有一个共同之处,就是国家或政府在现代化初期发挥了重要作用,不仅能够维护经济发展所需的社会秩序稳定,有效动员社会的各种资源以全面推进国家的现代化进程,而且还能形成一种举国一致对于变革与发展的"社会共识"。这种有效的国家能力是东亚"发展型国家(developmental state)"[2]的重要特点,也是非洲国家所普遍缺乏的要素。

三是及时抓住了世界产业转移的浪潮。改革开放之后中国经济发展的成功,在很大程度上得益于中国积极参与了世界范围的产业转移,当时承接了来自欧美、日本及亚洲四小龙向外转移的劳动密集型产业,中国的工业化和现代化在原有基础上加速推进,由此逐步发展成为"世界工厂"。随着中国劳动力和土地成本的增加及经济结构转型的推进,大量

---

[1] 外交部非洲司林松添司长于2015年12月23日在"中非联合研究交流计划指导委员会扩大会议"上讲到这一观点。

[2] Victor Nee, Sonja Opper and Sonia M. L. Wong, "Developmental State and Corporate Governance in China," *Management and Organization Review*, Vol. 3, No. 1, 2007, pp. 19 – 53; Linda Weiss, "Development States in Transition: Adapting, Dismantling, Innovating, Not 'Normalizing'," *The Pacific Review*, Vol. 13, Issue 1, 2000, pp. 21 – 55.

成熟的优质产能，比如钢铁、水泥、玻璃、橡胶、电力、矿石、纺织等，需要逐步向外转移，如果非洲国家能够不断改善投资环境、优化投融资政策，积极参与这一轮新的产业转移浪潮，势必会大大推动自身的工业化和现代化水平。

从一般意义上讲，中国过去30余年的发展其实是中国作为一个发展中国家追求现代化的历程。中国经济发展的政策选择及不断拓展的中非治国理政与发展经验交流，有助于非洲国家提升自身发展能力，中国发展所体现出的自主精神，也让非洲国家看到了独立自主实现自身发展的希望。尽管中国经验远未定型，中国发展也非尽善尽美，但在现有西方强势话语难以有效解决非洲国家面临的发展问题时，中非双方基于自主而平等的基础开展经验交流，或许有助于在西方话语体系之外探索出一条更具本土意义的发展道路，帮助非洲国家探索解决现代化进程面临的发展难题。这或许正是中国模式的巨大魅力所在。

五　中非关系与国际秩序的变革与发展

中非关系从一开始就是在西方国家主导的国际体系之下起步的。历史上中非联合反帝反殖反霸，近年来双方携手追求经济发展与全面复兴，对全球范围的国际关系结构乃至更为宏大意义上的国际体系变迁都产生了重大影响，有力推动着国际体系更为公正合理的发展。这是中国国际责任的又一重要体现。

在20世纪50—70年代，中非合作的主要内容是推动亚非世界的民族解放运动，坚决维护新生独立国家的国家主权。1963年，毛泽东在接见非洲朋友时说："整个非洲现在都处在反对帝国主义和反对殖民主义的浪潮中。不管已经获得独立的国家，或者还没有获得独立的国家，总有一天是要获得完全彻底的独立和解放的。"[①] 在那个时期，中国不仅积极声援北非的埃及、突尼斯、摩洛哥、阿尔及利亚等国争取政治独立的斗争，

[①] 陆庭恩、彭坤元主编：《非洲通史：现代卷》，华东师范大学出版社1995年版，第673页。

还对撒哈拉以南非洲众多民族解放运动予以了支持，尤其是对坦桑尼亚、赞比亚、安哥拉、莫桑比克的民族独立斗争进行了经济和军事援助，并积极声援南非黑人反抗白人种族主义的斗争。赞比亚开国总统肯尼思·戴维·卡翁达（Kenneth David Kaunda）曾这样称赞道："中国是南部非洲同殖民主义、法西斯主义和种族主义进行斗争的爱国力量的主要支持者之一。中国对莫桑比克、安哥拉和津巴布韦人民的支持对这些国家的解放起了决定性的作用。"[①] 在那一时期，中国在西方主导的国际体系之外，联合其他亚非民族国家有力地摧毁了西方国家经营数百年的殖民体系，极大改变了长期存在的不平等的国际政治结构和国家间交往原则，是那一时期中国世界责任的重要体现。

在非洲国家实现民族独立后，中非合作开始更多地关注经济和社会发展，致力于通过互利互惠的合作来推动双方的共同发展与繁荣。中非合作论坛不断推出新的合作举措，金砖银行的成立及其对非洲基础设施建设的关注，近年来中国宣布对非洲"三网一化"建设的支持以及中非产能合作的全面展开，都体现了中国在实现自身发展的同时开始更多地关心和支持亚非世界的共同发展与复兴进程。习近平主席更是提出"中国梦"携手"非洲梦"、共同推动实现"世界梦"的美好愿景，要求以正确义利观处理同发展中国家关系，做到义利并举，先义后利，在对非交往中真正体现出"真、实、亲、诚"。世界越来越清楚地看到中非合作的外溢效益，不仅显著推动了中国与非洲国家的经济发展，也通过亚非合作的不断深化撬动了新时期的南南合作以及发展中国家的群体性崛起。中非南南合作，过去是、现在仍是世界政治经济格局变动的重要推动因素。

回顾过去，20世纪下半叶亚非世界的民族独立与解放运动有力摧毁了自近代以来西方大国对广大亚非拉世界的统治及其建立的不平等的殖民体系，昭示着一个对人类历史发展具有革命性意义的全新时代的到来。"20世纪开始时，欧洲的力量在亚洲和非洲达到了顶点，似乎没有一个国家能抵挡欧洲武器和商业的优越性。60年代以后，只有欧洲人统治的残余痕迹依然存在。1945年到1960年期间，至少40个国家和8亿人口

[①] 谢益显主编：《中国外交史（中华人民共和国时期1949—1979）》，河南人民出版社1988年版，第596页。

——超过世界人口的四分之一——反抗过殖民主义,并赢得了他们自己的独立。在整个人类历史上,以前还不存在如此迅猛进行的这样一次革命性反复。亚洲和非洲人民的地位以及他们与欧洲关系的改变,是一个新时代来临的最有力表现。"[1]

而当前亚非世界掀起的经济复兴浪潮,连带所具有的政治和文化影响,正在对世界体系带来更为深刻更为全面的冲击。近年来一大批发展中国家开始脱颖而出,展现出前所未有的经济成就、政治影响和发展信心,欧美以外地区特别是亚非地区的迅速发展开始成为世人热议的话题。"金砖五国"(BRICS)[2]、"新钻十一国"(N—11)[3]、"远景五国"(Vista)[4]、"新兴七国"(E7)[5] 等概念的提出,反映了世界对发展中国家经济发展的重大关切与期望。近年来,在发达经济体经济增速普遍减缓的同时,新兴经济体对世界经济发展的贡献率显著上升,成为世界经济增长的新引擎;发达经济体在世界贸易、投资和世界经济总量中的份额也相对下降,发展中国家的总体经济地位在不断提升。其中,中国的崛起及其快速发展的中非合作更是引起了世界的广泛关注。世界银行非洲地区经济顾问布罗德曼在其名为《非洲的丝绸之路:中国和印度的经济新边疆》一书中,认为中国、印度对非洲的贸易与投资热潮推动了南南合作的新发展,搭建了一条通往复兴的"新丝绸之路",这一进程"正在改变世界经济发展的传统格局"[6]。中非关系,早已不再局限于双边范畴,而具有了改变世界关系结构的更为广泛的世界影响。

从亚非世界的角度,20 世纪以来的世界历史是亚非各国争取实现民族独立和经济发展的世纪,数十亿亚非人民开始从国际体系的最底端、最边缘逐步迈向世界舞台的中心,重新彰显自身对于世界发展的价值与

---

[1] [英] 杰弗里·巴勒克拉夫:《当代史导论》,张广勇等译,上海社会科学院出版社 1996 年版,第 149—150 页。

[2] "金砖五国"指巴西、俄罗斯、印度、中国和南非。

[3] "新钻十一国"指墨西哥、印尼、尼日利亚、韩国、越南、土耳其、菲律宾、埃及、巴基斯坦、伊朗和孟加拉国。

[4] "远景五国"指越南、印尼、南非、土耳其和阿根廷。

[5] "新兴七国"指中国、印度、巴西、俄罗斯、印尼、墨西哥和土耳其。

[6] Harry G. Broadman, *Africa's Silk Road: China and India's New Economic Frontier*, The World Bank, Washington DC, 2006, p. xix.

意义。"20世纪的历史已经……导致了亚洲和非洲在世界上相对地位的改变,这种改变几乎肯定是我们时代最为重要的革命。亚洲和非洲的复兴赋予当代史一种与以前发生的任何事情都截然不同的性质;帝国的崩溃是其若干主题之一,但是另外的也是更为重要的是亚洲和非洲人民——以及拉丁美洲人民,尽管较为缓慢但确实也明白无疑——被提高到世界上一个新的尊严地位。"[①] 人类历史发展早已证明,西方国家建立起来的以自身为中心的等级制国际体系不可能长期存在下去,亚非各民族在20世纪通过浴血奋战打碎了西方的政治和军事枷锁,完成了"第一次民族解放",那么在21世纪,它们势必会通过经济、社会和文化的复兴来寻求全面意义上的自立自强,实现"第二次民族解放"。而一个真正意义上相互联系的全球化世界,也不可能长期以亚非世界的欠发展和屈居于西方世界为基础,而应当是各地区、各民族实现共同发展与和谐共存,这才是全球化浪潮之所以受到世界普遍欢迎的原因之所在,也是数十亿亚非人民对全球化的美好期待和向往。[②]

以一种"大历史"的视野观之,百余年国际关系结构转变的一个长期性趋向,是亚非世界相互合作的深入以及伴随这一进程所出现的亚非复兴浪潮。历时几个世纪形成的以西方世界为中心、亚非欠发达地区为外围的旧有等级制国际体系正在发生深刻而富有历史意义的变革,世界政治经济重心随之出现向地理上的"东方"和政治经济学意义上的"南方"世界转移。[③] 这些在近代资本主义世界体系中长期处于边缘的地区和国家,如今通过自主发展和横向联合,逐渐成为世界经济增长的新引擎,成为国际政治舞台的重要参与方。不争的事实是,世界财富、权力和话语权都在发生某种具有历史意义的结构性改变。[④] 这一进程虽然才刚刚起步,但却前景可期。

[①] [英]杰弗里·巴勒克拉夫:《当代史导论》,张广勇等译,上海社会科学院出版社1996年版,第195页。

[②] 刘鸿武:《当代中非关系与亚非文明复兴浪潮——关于当代中非关系特殊性质及意义的若干问题》,载《世界经济与政治》2008年第9期,第29—37页。

[③] 刘鸿武、罗建波:《中国在世界中的角色》,载《中国社会科学报》2011年12月29日,第24版。

[④] 罗建波:《亚非复兴进程与世界地缘政治转变》,载《西亚非洲》2009年第5期,第12—17页。

第一章

负责任的发展中大国：中国的身份定位与大国责任[*]

中国是一个发展中国家，也是一个大国。基于此，中国履行国际责任，应坚持量力而行、权责平衡和互利共赢的基本原则。它不只是维护既有国际秩序的稳定，也体现为致力于推动国际秩序更为公正合理的变革与完善。中国国际责任不是维护某些西方国家的私利，而主要在于维护并增进发展中国家及全人类的共同利益。作为"负责任的发展中大国"，中国应当继续把发展中国家作为自身履行大国责任的重点区域，进而推进世界的和平与发展进程。中国通过不断增进的国际责任担当，不仅显著扩大了自身国际合作空间、提升了自身国际影响力与话语权，也推动了发展中国家的和平与发展进程、国际秩序的合理变迁以及全人类共同福祉的增进。中国正在以自己的行动告诉世界，中国发展不仅造福自身，也必将惠及世界。

伴随中国实力、地位的显著变化及其与外部世界关系的不断调整，有关中国的国际身份及国际责任一直是过去十余年来国际社会热议的话题。自20世纪90年代后期以来，中国明确提出在国际社会做"负责任大国"的理念，开始更加积极地参与国际事务。不过，西方国家对中国的国际责任仍存在质疑，对谁负责、如何负责以及负多大责，仍是它们关注的重

---

[*] 本章是在《负责任的发展中大国：中国的身份定位与大国责任》（发表于《西亚非洲》2014年第5期）一文的基础上经修改而成。

要问题。我们认为,中国对国际秩序的积极参与和主动塑造推动了国际秩序的变革与完善,在寻求自身发展的同时也推动了发展中国家的和平与发展进程及全人类共同福祉的增进。展望未来,中国的大国责任必然会随着国力的增长而不断增加,但中国在相当长时期里仍将是一个"发展中的大国",这一基本国情要求中国在履行国际责任时必须坚持量力而行、权责平衡和互利共赢的基本原则,也要求中国继续把发展中国家视为自身履行大国责任的重点区域,进而推动世界的和平与发展进程。

第一节　中西方对中国国际责任的认识差异

国家的身份认同在很大程度上决定着国家的利益诉求,进而深刻影响着它的外交选择及其与外部世界的关系。探讨国家的国际责任,自然首先需要论及国家的身份认同。何为身份?身份(Identity)源于拉丁语"Idem",意思是同样的、相同的(即 the same),翻译成汉语,即为"身份"或"认同"。一般认为,"独特的身份在社会中具有三个基本功能:即它将告诉自己我们是谁、告诉他人我们是谁和告诉自己他人是谁"[1]。无论是在理论还是实践层面,国家的身份认同在很大程度上决定着它的利益诉求,进而深刻影响着它的外交选择及其与外部世界的关系。

新中国成立以来,中国国家身份经历过三个阶段的演变:20世纪50—70年代,作为一个"社会主义国家"和"民族独立国家",当时中国的外交任务主要在于维护国家主权、争取国际承认,同时支持其他亚非民族国家的民族解放运动及正义斗争。[2] 在中国同时面临来自美苏双重压力的特殊年代,中国注重联合广大第三世界国家并建立了广泛的国际

---

[1] 宫力、王红续主编:《新时期中国外交战略》,中央党校出版社2014年版,第138页。
[2] 新中国的国家身份并不是单一的,在中国做出"一边倒"的战略选择的同时,中国自始认为自己同时属于被压迫民族和新兴民族独立国家的一员,誓言联合亚非各被压迫民族共同反对帝国主义侵略。1949年9月中国人民政治协商会议通过了具有临时宪法作用的"共同纲领",规定了处理对外事务的政策和基本原则:"中华人民共和国联合世界上一切爱好和平、自由的国家和人民,首先是联合苏联、各人民民主国家和各被压迫民族,站在国际和平民主阵营共同反对帝国主义侵略,以保障世界的持久和平。"(第11条)谢益显主编:《中国外交史(中华人民共和国时期1949—1979)》,河南人民出版社1988年版,第11页。

统一战线以实现"战略突围"。改革开放后，中国开始强调自己是一个"最大的发展中国家"，积极推动对外开放并主动融入既有国际体系，中国在奉行独立自主全方位和平外交的基础上妥善处理了与西方大国的关系，同时增进了与发展中国家的团结合作。20世纪90年代后期以来，中国日益以一个"负责任的发展中大国"的身份积极参与国际事务，在坚持走和平发展道路的同时，努力践行互利共赢的合作观，以及以"互信、互利、平等、协作"为核心内容的新安全观，致力于推动"持久和平、共同繁荣"的和谐世界。党的十八大报告更是提出要倡导"人类命运共同体"意识，积极参与全球经济治理，推动国际秩序更为公正合理发展，进一步发挥负责任大国作用的论断。[①]

对中国的外交承诺及政策实践，西方学者历来多有怀疑。他们常根据中国对国际秩序的认同及参与程度来认识中国的国际身份与国际责任，并由此判断中国的外交取向与战略选择。他们习惯于讨论中国是一个所谓的"改变现状"（Revisionist Power）或"维持现状"（Status Quo）国家，据此谏言对中国的遏制、接触抑或"两面下注"。[②] 何为大国责任？江忆恩在论述中国对国际体制的行为时，强调"对国际体制的积极参与、承认相互依存是国际关系中的客观现实、承认在某些情况下可能弱化国家主权以解决某些全球性问题"是负责任大国的"可表示"的品质（"Acceptable" Traits）。[③] 无疑，中国对国际秩序的认识及相互关系是西方学者认识中国国际身份与国际责任的重要标尺。

中国要参与的国际秩序，虽然在很大程度上有助于国际社会的稳定与发展，但它从根本上讲仍然是西方大国主导的国际体系，在很大程度上反映了西方国家的观念和利益。2005年9月21日，美国前副国务卿罗伯特·佐立克在美中关系全国委员会上发表《中国往何处去？——从正式成员到承担责任》的演讲，他把中国积极参与国际体系视为当然的

[①] 《中国共产党第十八次全国代表大会文件汇编》，人民出版社2012年版，第42—45页。

[②] Alastair I. Johnston, "Is China a Status Quo Power?", *International Security*, Volume 27, Number 4, Spring 2003, pp. 5—56.; Nicholas Taylor, "China As a Status Quo or Revisionist Power? Implications for Australia," *Security Challenge*, Vol. 3, No. 1, 2007, pp. 29—44.

[③] ［加拿大］江忆恩：《中国参与国际体制的若干思考》，载《世界经济与政治》1999年第7期，第4—10页。

"政治正确",以"教师爷"的口吻敦促中国做国际体系"负责任的利益攸关方"。他不仅希望中国在亚太安全事务上发挥积极作用,也呼吁中国实现"和平的政治转型"、"公民社会参与"和"宗教自由"。① 欧盟委员会于 2006 年 10 月 24 日发表题为《欧盟与中国:更紧密的伙伴、扩大的责任》的对华政策文件②,以及同年 12 月欧盟理事会发表《欧中战略伙伴关系的结论》,都明确表示支持中国成为国际社会的负责任成员,呼吁中国在对外贸易、知识产权保护、政治改革、人权保护、援助政策、气候变化、地区安全等领域承担更大的国际责任。③

西方国家从它们的国际秩序及其全球利益出发,认为中国仍未承担应有的国际责任。西方人士多认为,中国奉行的是扩张式的经济重商主义,而又根据"不干涉内政"原则不愿意承担应有的安全投入和国际贡献。一些人甚至把中国不断增加的对外援助视为获取发展中国家资源和市场的手段④,怀疑中国奉行的睦邻外交也只是寻求大国地位的途径⑤。虽然国际社会也有人能客观看到近年来中国不断增加的国际责任,但他们也认为,中国在利用自身实力服务于全球利益方面还过于保守。⑥ 毫无

---

① Robert B. Zoellick, "Whither China: From Membership to Responsibility?" Remarks to National Committee on U.S. – China Relations, September 21, 2005.

② "EU – China: Closer partners, growing responsibilities", http://europa.eu/legislation_summaries/external_relations/relations_with_third_countries/asia/r14208_en.htm (2014 – 07 – 05)

③ Council of the European Union, "Council Conclusions on EU – China Strategic Partnership," 2771st External Relations Council Meeting, Brussels, 11 & 12 December, 2006.

④ Jonathan Weston, Caitlin Campbell & Katherine Koleski, *China's Foreign Aid Assistance in Review: Implications for the United States*, U.S. – China Economic and Security Review Commission, Updated September 1, 2011, pp. 1–14; Michael Klare & Daniel Volman, "America, China & the scramble for Africa's Oil," *Review of African Political Economy*, No. 108, 2006, pp. 297 – 309.

⑤ Justin S. Hempson – Jones, "The Evolution of China's Engagement with International Governmental Organizations: Towards a Liberal Foreign Policy?", *Asian Survey*, Vol. 45, No. 5, 2005, PP. 702 – 721.

⑥ Nathan Vander Klippe, "China Finally Getting Serious About Becoming a Good Global Citizen", *The Global and Mail*, Apr. 11, 2014, http://www.theglobeandmail.com/news/world/china – finally – getting – serious – about – becoming – a – good – global – citizen/article17936753/? page = all (2014 – 07 – 12)

疑问，中国应该根据国力的不断发展而不断提升其大国责任，为国际社会提供更多的公共产品，但在对谁负责、如何负责以及负多大责任的问题上，仍需要根据自身能力、国家利益及国际社会大多数人的需要来确定。

由此，我们试图阐述这样三个观点：（1）中国的国际责任不仅仅只是维护现有国际秩序稳定，也体现为致力于推动国际秩序更为公正合理的变革与完善；（2）中国国际责任不是维护某些西方国家的私利，而主要在于维护并增进发展中国家及全人类的共同利益；（3）中国的国际责任不能脱离中国的具体国情及发展阶段，应坚持量力而行、权责平衡和互利共赢的基本原则。

第二节　中国大国责任的重要体现：推动国际秩序变革与完善

与中国国际身份变迁大体相一致，中国与国际体系的关系也经历了三个阶段的演变：从最初作为西方主导国际秩序的"旁观者"和"反对者"，到改革开放后作为国际秩序的积极"参与者"，再到20世纪90年代中后期以来的积极"维护者"和"塑造者"，见证了中国对国际秩序及自身国际责任的不同理解。笔者大致以改革开放前后为界，来探讨中国在历史及当下对国际秩序变革与完善所做出的独特贡献。

一　改革开放前中国在国际体系之外推动亚非国家的民族解放运动及正义斗争是中国对国际秩序的特殊贡献

不可否认，历史上中国曾长期被孤立于国际体系之外，但我们不应据此认为，那一时期中国无助于甚至有害于国际体系。恰恰相反，中国在国际体系之外对亚非国家反帝反殖运动的广泛支持，有力捍卫了联合国确立的民族自决和主权平等原则，从根本上推动了二战后主权国家体系的真正建立。而且，这一时期中国所彰显的国际主义精神以及它与亚非国家建立的历史友谊，是今天中国外交的重要历史遗产。

回顾历史，新中国的外交任务主要在于维护国家主权、争取国际承认,同时作为一个曾经遭受殖民侵略的民族独立国家,中国也对其他亚非国家的民族独立运动抱有天然的同情并注重加强同它们的团结合作。1954年中国提出并与印度和缅甸共同倡导了"和平共处五项原则",1955年4月周恩来总理率团参加了在印尼万隆举行的第一次亚非会议,与其他亚非国家一道推动会议达成了以反帝反殖为核心内容的"万隆精神"。中苏关系破裂以后,中国更是注重团结广大亚非民族独立国家以建立广泛的国际统一战线,其中重要内容便是支持亚非世界的民族独立运动及正义斗争。1963年12月至1964年3月,中国总理周恩来和副总理陈毅于对亚非13个国家进行了历史性的友好访问,期间提出了中国同非洲国家和阿拉伯国家发展关系的"五项原则"和对亚非国家提供经济技术援助的"八项原则"。在20世纪60、70年代,中国在自身经济十分困难的条件下对部分非洲国家提供了大量的经济和物质援助,甚至一度超过中国自身所能承受的能力。[1] 中国举全国之力帮助坦桑尼亚和赞比亚修建了长达1860公里的坦赞铁路,是那一时期中国支持非洲民族独立运动最突出的历史见证,体现了中国对非洲国家追求独立和发展的深切同情和支持。赞比亚"国父"卡翁达曾高度评价中国的历史贡献:"中国是南部非洲同殖民主义、法西斯主义和种族主义进行斗争的爱国力量的主要支持者之一。中国对莫桑比克、安哥拉和津巴布韦人民的支持对这些国家的解放起了决定性的作用。"[2]

在中国看来,通过支持第二世界的独立与发展,不仅能极大改善自身面临的外交孤立,而且也可以动员尽可能多的国际力量反对帝国主义和霸权主义,体现了爱国主义(自身利益)与国际主义(国际义务)的高度统一。[3] 正是在中国与亚非国家的共同努力下,一大批亚非民族国家相继获得政治独立并有效捍卫了国家主权,并通过南南合作显著提升了

---

[1] 据统计,中国在1956—1977年间向非洲国家提供了超过24.76亿美元的经济援助,占中国对外援助总额的58%。李安山:《论中国对非洲政策的调适与转变》,载《西亚非洲》2006年第8期,第11—20页。

[2] 谢益显主编:《中国外交史(中华人民共和国时期1949—1979)》,河南人民出版社1988年版,第596页。

[3] 周弘:《中国对外援助与改革开放三十年》,载《世界经济与政治》2008年第11期,第33—43页。

第三世界在国际社会中的整体力量,让西方国家不得不重新思考和调整它们与亚非世界的关系。中国也因此获得了多数亚非国家的外交承认,借助它们的力量极大提升了自己的国际地位并最终于1971年成功恢复在联合国的合法席位。这是南南合作之于中国和第三世界的重要历史贡献。[1]

如果以中国处于主流国际体系之外而认为中国没有承担应有的国际责任,这种看法并不能反映历史事实。事实上,中国在国际体系之外对亚非民族解放运动及正义斗争的支持,有力打破了欧洲列强维系数百年的殖民体系,至少从政治层面较为彻底地改变了国际体系长期存在的不平等的国际政治结构和国家间交往原则,成为近代以来国际体系的一次重大变革。正如英国著名历史学家杰弗里·巴勒克拉夫所言,"在整个人类历史上,以前还不存在如此迅猛进行的这样一次革命性反复。亚洲和非洲人民的地位以及他们与欧洲关系的改变,是一个新时代来临的最有力表现"[2]。

这就涉及一个重要的理论问题,即如何历史地看待国际秩序与国际正义的关系。首先,应该承认,秩序应该受到尊重和维护,这是世界和平与发展及人类福祉增进的重要前提。但如果以损失国际正义或世界正义为代价而维护既有秩序,甚至为了少数国家的垄断地位和权力而维护对它们有利的国际秩序,对那些处于弱势地位的国家和人民而言则是不正义的,甚至是不道德的。以《正义论》闻名于世的约翰·罗尔斯认为,所有的社会基本价值(或者说基本善),自由和机会、收入和财富以及自尊的基础,都要平等地分配,除非对一种或所有价值的一种不平等分配合乎每一个人的利益。"这些原则拒绝为那些通过较大的利益总额来补偿一些人的困苦的制度辩护。减少一些人的所有以便其他人可以发展,这可能是方便的,但不是正义的。"[3] 概言之,正义最为基本的价值是实

---

[1] 罗建波:《如何认识21世纪上半叶非洲在中国外交战略中的重要地位》,载《西亚非洲》2011年第2期,第66—73页。

[2] [英]杰弗里·巴勒克拉夫:《当代史导论》,张广勇等译,上海社会科学院出版社1996年版,第149—150页。

[3] [美]约翰·罗尔斯:《正义论》,何怀宏等译,中国社会科学出版社2009年版,第12页。

现社会所有人之间的一种公平与公正。由于国际社会从根本上讲也是由不同国家、不同民族组成的人的社会,因此正义原则不仅适合国内社会,也应当适用于国际社会。英国著名政治哲学家戴维·米勒就认为:"没有什么理由认为分配正义的原则只能在民族社会内部得到应用,而不能应用于作为整体的人类。"① 即便是主张追求国际秩序的英国著名学者赫德利·布尔,在论述"秩序在世界政治中不仅是值得追求的目标,而且也是有理由优先于其他目标(比如正义)"的同时,也承认"但我们不能因此认为,秩序在任何情况下都是优先于正义的。事实上,秩序和正义的思想都是价值观念体系的组成部分,是所有世界政治行为体手中的辩解工具。革命秩序的倡导者期望新秩序将巩固革命成果。秩序的维护者之所以采取捍卫秩序的立场,部分原因在于他们认为现存的秩序从道义上说是令人满意的,或者说它没有必要被加以破坏"。②

从世界历史本身来看,国际秩序也是一个不断发展演变的历史进程。从《威斯特伐利亚和约》对平等与主权原则的确立,到《联合国宪章》将民族自决和主权平等推广到全世界;从近代以来欧洲列强间的相互征伐及遍布世界的殖民争夺,到二战后对和平原则的普遍追求;从早期各国对重商主义原则的推崇,到后来自由贸易原则的盛行及国际相互依赖的显著深化,我们可以看到,国际制度及更为广泛意义上的国际秩序是处于不断变化、发展和完善的过程中的。在这一进程中,大国的国际责任正在于推动了国际秩序的创新与变革。比如,从美国总统威尔逊在一战的血雨腥风还未消散之时提出了著名的"十四点原则",到二战正酣之时罗斯福和丘吉尔在大西洋军舰上发表著名的《大西洋宪章》,再到二战结束后美国主导建立了一系列国际机制以维护国际和平与安全、自由开放的贸易体系及全球金融稳定,美国的推动是国际秩序变革的重要力量,而且这种推动也并非都是和平地进行的。从这个角度讲,中国在历史上支持亚非民族解放运动并终结了殖民体系,也应该得到公允的肯定。虽然这一时期中国也曾过高估计过世界战争的风险并一度采取了激进的外交

---

① [英]戴维·米勒:《社会正义原则》,应奇译,江苏人民出版社2001年版,第19页。
② [英]赫德利·布尔:《无政府社会——世界政治秩序研究》,张小明译,世界知识出版社2003年版,第76页。

路线，但中国对于国际秩序的贡献不应被予以否定。

二 改革开放以来中国对国际秩序的积极参与和塑造显著推动了国际体系的变革与完善

中国于1978年启动了改革开放的历史进程，开始强调自身作为"最大发展中国家"的身份认同。这一身份变化的历史背景主要有三：（1）亚非民族解放运动于20世纪70年代已基本完成，各新兴民族国家开始注重发展经济而非继续"世界革命"；（2）中国与外部世界关系得到极大改善。1971年中国重返联合国、1972年美国总统尼克松访华后中美关系的解冻，以及随后一大批国家与中国建交，中国的外交舞台开始扩展到整个世界；（3）更为重要的是，伴随国内政治的变化及外部环境的极大改善，中国对时代主题有了重新判断并调整了国家战略重心，外交诉求也由过去主要着眼于国际政治斗争逐步转向于服务于经济建设和国家发展，由此开启了中国外交大变局的时代。

伴随国际身份及外交使命的变化，中国及时改变了过去对西方主导的国际秩序的看法，开始积极"参与"和"融入"既有的国际体系，从以前视之为斗争舞台转变到寻求合作、增进权益的重要平台。中国于1980年恢复了在世界银行和国际货币基金组织的合法席位，并于1981年开始向世界银行借款。2001年中国正式成为世界贸易组织的成员国，标志着中国全面参与了经济全球化进程。根据中国外交部的统计，中国在1949—1978年间共计加入33个国际公约，在1979年—2003年间则加入了240个国际公约，由此可以看出中国对国际制度的参与度显著加强。[①]

中国通过对国际秩序的参与，逐步认识到自己能够成为现有国际秩序的"受益者"。借助这些国际组织及国际机制，中国不仅获得了新的发展机遇、增进了自身国际影响，还通过外交舞台的扩大而显著改善了自身面临的外部环境。虽然对国际机制的参与可能影响到国家主权在某些方面的完整性，但各成员国在接受共同条约和义务约束的同时，也创造了新的权利和机会，换来的是更为稳定的行为预期以及"合作、共赢"

---

① 中国外交部：《中国参加多边国际公约情况一览表（1975—2003）》，http：//www.fmprc.gov.cn/mfa_chn/ziliao_611306/tytj_611312/tyfg_611314/t4985.shtml（2014-07-22）

的经济与安全收益。中国外交理念因此具有了日益明显的国际关系理论意义上的"自由主义"色彩。其次，中国也认识到，虽然当前国际政治领域的强权政治和单边主义以及世界经济领域的不公平、不公正还普遍存在，但在既定的情势下，中国只有在融入世界的过程中才能更好地改变世界，只有先在一定程度上遵从现有国际秩序，才更有条件逐步对其进行改良和完善。中国已无意以"另起炉灶"式的方式改变既有的国际秩序，而是在全面参与国际体系的进程中凝聚各方共识、共同致力于国际秩序的变革和发展。正如外交部王毅部长所言："中国将继续做当代国际秩序和公认国际关系准则的维护者，同时更积极有为地参与国际体系的变革与完善。"①

当前中国对国际秩序的"维护"和"塑造"主要体现在两个方面。在外交理念层面，中国从20世纪90年代中期起相继提出了一系列新的外交理念：为了超越冷战思维，中国倡导并践行以"互信、互利、平等、协作"为核心内容的新安全观，近年来更是提出了"共同、综合、合作、可持续"的亚洲新安全观，以推动建设亚洲命运共同体；为了推动国际秩序更为公平公正的发展，中国提出世界多极化发展趋势的新判断，积极倡导国际关系民主化；为打破历史上"国强必霸"的大国崛起传统模式，中国向世界表达了始终不渝走和平发展道路的庄严承诺；为破解历史上大国冲突的老路，中国更是善意提出了构建以"不冲突、不对抗，相互尊重，合作共赢"为内涵的"新型大国关系"的倡议。

在多边外交层面，中国开始同其他国家一道努力搭建新的地区组织甚至是全球性国际组织及国际机制，注重在地区乃至全球层面发出中国人的声音，表达中国及发展中国家对世界秩序的理解和认识。一是区域合作组织：中国与俄罗斯、中亚国家共同创建了上海合作组织，积极推动中国—东盟自由贸易区的建设，在世纪之交与非洲国家一道搭建了中非合作论坛并显著加强了同非洲国家的团结合作。二是全球性国际组织：中国一直致力于维护联合国所确立的公认国际准则及联合国在国际体系中的重要地位，积极参与G20合作并努力增强该组织在全球治理中的作用，不断提高在世界银行、国际货币基金组织中的份额和发言权，还与

---

① 王毅：《探索中国特色大国外交之路》，载《人民论坛》2013年8月上，第8—11页。

印度、巴西、俄罗斯一道创建了金砖国家组织并成为这个组织的最重要的推动者。中国以全新姿态积极推动南南合作及南北对话，是新时期中国国际责任的重要体现。

第三节　中国大国责任的重要目标：维护并增进发展中国家及全人类的共同利益

中国履行国际责任，自然需要与西方主要大国进行合作与协调，共同参与全球治理进程。但中国的国际责任不是分担西方大国的霸权成本，更不是去维护它们的私利，而主要是维护并增进发展中国家及全人类的共同利益。

这是因为，由于发展程度的不同及国家利益的差异，西方大国所关注的议题以及它们希望用国际机制去解决的问题就与发展中国家存在事实上的差异。比如，美国视反恐和大规模杀伤性武器的扩散为其国家安全战略的优先议题，并把它们作为当前全球治理中的重要议题。不过，在很多发展中国家看来，因贫困和疾病而带来的死亡远比恐怖主义的危害更甚，常规武器、轻小武器的扩散所带来的危害也比大规模杀伤性武器的危害更为现实。事实上，美国虽然是当前国际秩序的主导者和国际公共产品的主要提供者，但它代表不了全世界的利益和愿望。

发展中国家是世界的大多数，也是世界和平与发展问题及日益增多的全球性问题最为集中、最为突出的地区。以国际和平与安全为例，2002—2011 年间全球共计发生 73 起国家冲突（即当事方至少有一方为政府的武装冲突且一年内的死亡人数在 25 人以上），非洲 29 起（占 40%），亚洲 27 起（占 37%），中东 9 起（占 12%），欧洲 4 起（占 5%），美洲 4 起（占 5%），这些冲突的发生地大多集中在发展中国家及部分转型国家。同一时期内，全球共计发生 223 起非国家冲突（即当事方为非政府的族群或宗教团体且一年内的死亡人数在 25 人以上），几乎都集中在发展中国家和转型国家,其中非洲就有165起。① 再以世界范围的减贫与经济发展为例,虽然部分发展中国家获得了较为快速的发展,但这并未因此改变南北双方在物质财富、发展程度、科技水平和国际地位等方面存在的严重不平等,当今世界仍然是典型的非均衡发展的世界。尽管世界基尼系数难以准确计算因而难以用一个简单的数据来概括南北双方存在的发展差距和贫富分化,但联合国《2011年人类发展报告》明确指出:"世界收入不平等十分严重"②。

以发展中国家利益为重进而增进全人类共同利益,还与中国的身份认同与利益有关。虽然中国经济总量和国际地位得到显著提高,但中国发展的不平衡性及发展任务的艰巨性决定了它仍然是一个发展中国家。而且,中国对"发展中国家"概念也有自己独特的理解和认知,认为"发展中国家"自始便不是一个纯粹的经济概念,而具有更为丰富的政治、社会和文化属性。西方国家在使用这一概念时,通常是从发展经济学的角度指称那些经济发展水平尚未达到发达国家水平的欠发达或不发达国家。而在中国的外交思维中,当代"发展中国家"概念在很大程度上是过去"第三世界"的延续和发展,当代发展中世界的南南合作也与过去亚非万隆会议、不结盟运动和七十七国集团的活动一脉相承。虽然亚非各国已相继实现了政治独立,美苏两大集团对第三世界的争夺也已不复存在,但这些曾经并肩作战的亚非拉国家仍然面临实现经济发展和国家现代化的发展任务,在国际事务中也面临相似的政治和外交需求。正是从这个角度讲,中国现在是、将来仍然是发展中国家,一如既往地推动与发展中国家的关系仍是中国外交的重要方面。③

作为一个发展中大国,中国自然需要把发展中国家视为自身外交战略的重要依托,并在此基础上妥善运筹与外部世界的关系。中国也自然需要以发展中国家为自身履行大国责任的主要对象和重点区域,由此推动世界的和平与发展进程及人类福祉的增进。

---

① 斯德哥尔摩国际和平研究所:《SIPRI年鉴2013:军备、裁军与国际安全》,中国军控与裁军协会译,实事出版社2014年版,第64—92页。
② 联合国开发计划署:《2011年人类发展报告》,纽约,2011年,第73页。
③ 罗建波:《亚非复兴视野下中国与发展中国家关系:历史变迁与世界意义》,载《当代亚太》2009年第4期,第68—83页。

一 以"正确义利观"推动与发展中国家的互利共赢进而做好世界经济发展的主要推动者

中国人自古有重义轻利、先义后利、取利有道的传统。孔子曾言:"君子义以为上。"(《论语·阳货篇第十七》)孟子也讲:"生亦我所欲也,义亦我所欲也;二者不可得兼,舍生而取义者也。"(《孟子·告子上》)新中国成立后,中国曾长期以高度的国际主义精神对亚非民族独立国家提供了力所能及的援助。在当前中国实现快速发展的同时,又强调与发展中国家的互利共赢。由于多数发展中国家在产业发展能力上比中国弱,在与中国的经贸合作中难以取得在资金和技术上的优势,因此中国对外经贸合作还需体现出对它们的某些特殊的照顾、帮助和让利,做到"义利并举"、"多予少取"、"先予后取"。① 正如习近平主席强调的那样:"坚持正确义利观,有原则、讲情谊、讲道义,多向发展中国家提供力所能及的帮助。"②

言必信,行必果。为改善发展中国家的贸易条件,中国自 2001 年开始陆续给予与中国建交的最不发达国家部分输华商品零关税待遇,是最早给予最不发达国家零关税待遇的发展中国家之一。从 2013 年 7 月 1 日起,中国正式决定对已与中国建交的最不发达国家 95% 的税目产品实施零关税待遇。为提升发展中国家的产业发展能力并规范中国企业走出去,中国在非洲、东南亚、南亚、东欧和拉美等 15 个国家建立了 19 个经贸合作区。中国还不断创新对外援助方式并显著增加了对发展中国家的援助,援助数额从 21 世纪初期的年均 50 亿人民币迅速增加到了当前年均 300 亿人民币。根据《中国的对外援助(2014)》白皮书,中国在 2010—2012 年三年间共提供 893.4 亿元人民币的对外援助。③ 今后需要格外注意的是,中国对发展中国家的投资和援助要更加注重为当地创造就业机会,

---

① 卢沙野:《中国和平发展的"溢出效应"——以非洲为例》,载《中国党政干部论坛》2013 年第 7 期,第 90—93 页。

② 《为我国发展争取良好周边环境 推动我国发展更多惠及周边国家》,载《人民日报》2013 年 10 月 26 日第 1 版。

③ 国务院新闻办公室:《中国的对外援助(2014)》,载《人民日报》2014 年 7 月 11 日第 22 版。

更加注重技术培训和经验传递,积极回应当地社会和民众的利益关切。中国在加大对外援助规模的同时,也要进一步完善援助的方式方法,一方面少建面子工程而多建民生工程,二是适时增加人道主义援助的规模和比重,让援助真正惠及需要救助的普通民众。在中国商品和企业已经大规模"走出去"的今天,对外援助就不能仅仅强调对自身的经济价值,它本身更应体现出一种扶贫济困的人道主义精神,体现出一种先富带动后富以追求共同发展的和谐世界理念。

二 建设性参与世界和平与安全进而做好世界和平的坚定维护者

进入21世纪以来,中国以更加积极的姿态参与全球安全治理,在和平与安全领域为世界提供公共产品。当前世界的冲突与战乱主要不是国家间冲突而是国内冲突和战乱,且主要集中在发展中国家和地区,因此,中国建设性参与世界和平与安全问题,就是中国对发展中国家乃至世界和平的重要贡献。仅以非洲为例,中国是联合国在非洲维和行动的坚定支持者和参与者,非洲也成为中国参与联合国维和行动的重点区域。据联合国安理会网站的数据,当前中国在联合国9个任务区执行维和行动,其中7项在非洲。[①] 中国也一直积极支持非盟集体安全能力建设,希望看到非盟在地区安全事务中发挥更大作用。从中国方面公开的资料来看,自非盟成立以来,中国先后向非盟在刚果(金)、布隆迪、苏丹达尔富尔、索马里的维和部队提供了后勤物资援助或现汇支持。由于当前非盟90%的和平与安全经费来自西方国家[②],因此在中国自身经济不断发展的情况下,可以继续增加对非盟自主维和行动和常备军建设的资金和后勤支持,支持非盟于2013年提出的关于建立快速反应部队的倡议,同时与非盟及其和平与安全理事会建立定期的安全合作机制。借鉴欧盟设立

[①] 包括非盟—联合国达尔富尔混合行动、联合国驻苏丹特派团、联合国科特迪瓦行动、联合国利比里亚特派团、联合国刚果民主共和国特派团、联合国西撒哈拉全民投票特派团、联合国马里多层面综合稳定特派团。

[②] Solomon Ayele Dersso, "Although Africa's peace and security regime is promising, Serious Challenges remain", http://www.issafrica.org/iss-today/although-africas-peace-and-security-regime-is-promising-serious-challenges-remain(2014-06-22); Anthoni van Nieuwkerk, "South Africa and the African Peace and Security Architecture", *NOREF Report*, Norwegian Peace-building Resource Center, March 2014, p. 7.

"非洲和平基金"的做法，未来的中非合作论坛可以考虑设立"非洲和平与安全基金"，当非洲国家面临内战或大规模人道主义灾难的时候可以紧急筹措资金，同时常态化地支持非盟集体安全机制和非洲国家的安全能力建设。①

中国建设性参与世界和平与安全，还需更加与时俱进地理解"不干涉内政"的原则。在过去几十年里，中国始终以"不干涉内政"原则为基础来发展同世界各国的关系，注重维护发展中国家的主权独立，尊重它们自主选择发展道路和发展模式的权利，由此赢得了许多发展中国家的赞赏和肯定。中国坚持"不干涉内政"原则，并不意味着中国对世界的冲突与战乱不闻不问、漠不关心。中国同样关注世界的和平与安全，同样关心他国的人道主义危机，并同国际社会一道积极维护世界和平与稳定。以苏丹达尔富尔危机的解决为例，中国始终坚持在联合国和非盟框架下通过政治途径和维和行动来解决危机，同时利用自身影响力敦促苏丹巴希尔政府务实地参与和谈进程，从而有力推动了危机的逐步缓和。中国有必要向国际社会进一步说明：不干涉内政，不等于中国无所作为，不等于中国没有国际责任。事实上，当前中国所言的"不干涉内政"，只是表示中国一贯反对某些外部大国擅自干涉他国内部事务，特别是借人道主义之名行颠覆他国政权之实的这种做法。从根本上讲，中国反对的是国际社会仍然存在的单边主义、强权政治和在国际政治领域的为所欲为。

三 推动与发展中国家的治国理政经验交流进而做好世界发展理念的重要贡献者

时至今日，中国从未宣称自己的经验已经成熟或完美无缺，也不希望发展中国家照抄照搬。中国政府也从未接受西方人提出的所谓"北京共识"，更无意用"北京共识"去挑战"华盛顿共识"。但同时，中国也应有发展道路和发展理念上的自信。改革开放36年来，中国不仅成功实现了经济的快速发展并让6亿人口实现了脱贫，也在快速变迁的社会背

---

① 刘鸿武教授曾谏言在中非合作论坛下设立"安全基金"，作为应对非洲冲突及加强中非安全合作的平台。参见《中非合作把蛋糕做大》，http://news.xinhuanet.com/world/2013-04/09/c_124557616.htm（2014-05-02）

景下维护了社会秩序的基本稳定。从一般意义上讲，中国的发展道路是发展中国家追求现代化的道路，它为发展中国家实现经济发展提供了某些经验借鉴，为一些国家的政治改革提供了新的思考。中国治国理政与发展经验主要包括两方面的内容：一是经济和社会发展经验。比如，有效实现农村发展和减贫，以基础设施建设来推动经济发展，在工业化和城镇化方面的积极探索，以及有效利用外部援助来推动国家发展的经验。二是制度建设和政府治理能力。当前一些发展中国家之所以出现政治动荡甚至爆发军事冲突，重要原因在于它们的执政能力不足、治理不善以及由此导致的国家持续衰败。中国积累了许多治理经验及相关思考，比如，对改革、发展与稳定相互关系的认识，在实现社会公平、正义方面的积极探索，执政党在凝聚社会共识、维护政治稳定、推动国家发展所起的重要作用等，其中许多内容值得与其他国家分享。

作为当前南南合作的重要形式之一，中国通过与其他发展中国家分享治国理政与发展经验，可以从根本上培育它们的自主发展能力，提高它们治国理政与实现发展的本领。近年来许多中东非洲国家注重"向东看"，一些拉美国家开始"向西看"，东盟及多数东南亚国家也重视开展与中国的合作。它们不只是被中国不断扩大的对外贸易、投资和援助所吸引，同时也为中国当前的发展成就及发展经验所吸引。2006年，时任南非总统姆贝基在参加完北京峰会后，亲自撰文《希望在天安门广场诞生》来表达对中国快速发展的赞许。[①] 肯尼亚总统肯雅塔在2013年访问中国之前亲自撰文《当我们"向东看"时，我们看到什么?》，声称亚洲崛起给印度洋地区带来了巨大机遇。[②] 2013年，墨西哥总统培尼亚在出席博鳌亚洲论坛期间表示，中国发展经验值得墨西哥政府借鉴和学习。近年来非洲、中东和东南亚国家的主要政党纷纷派员来华交流研修，其中南非非国大、埃塞埃革阵和纳米比亚人组党等已相继把中央委员派往中国交流研修，中国与发展中国家政党在治国理政经验交流领域的规模

---

① Thabo Mbeki, "At the Heavenly Gate in Beijing Hope is Born!" *ANC Today*, November 10, 2006.

② Uhuru Kenyatta: "What we see when we look 'East'", *Opinion Leaders*, August 18, 2013.

和层次显著提高。① 对中国而言，通过开展与其他发展中国家的治国理政与发展经验交流，也有助于向世界正面阐释自己的发展道路和治理模式，培育与发展中国家的"共享价值"，从而提升自己在国际发展领域的影响力和话语权。

第四节　中国履行大国责任的基本原则：量力而行、权责平衡与互利共赢

中国要做一个负责任的国家，既是中国对国际社会的慎重承诺，也是国际社会包括发展中国家的普遍期待。但是，如何界定自身的责任大小，怎样做才能既有益于自身的发展又能满足国际社会的期待？这就涉及中国履行国际责任时所应坚持的基本原则。

一　坚持量力而行的原则

笔者以为，以"负责任的发展中大国"作为当前中国的身份定位是比较恰当的。首先，中国是一个发展中国家。从人均经济份额、工业化和城市化水平以及其他社会综合发展指标来看，中国在相当长时期里仍只能算作发展中国家，更何况中国还有幅员辽阔且经济仍十分落后的中西部地区，以及按联合国标准还有超过1亿的贫困人口。正如外交部王毅部长所提醒的那样："我们清醒地意识到，发展不平衡仍然是中国的基本国情，发展中大国仍然是中国的基本定位。中国还并非富国强国，要让13亿中国老百姓真正过上幸福生活，我们还有很长的路要走。"② 中国作为一个发展中国家，其紧迫的任务仍在于解决国内亟待解决的经济和社会问题，这是中国责任最为主要的方面。在笔者看来，思考和履行中国的国际责任要量力而行、量入为出，应该基于发展中国家这一基本国

---

① 《习近平会见南非非国大全国执委研修班一行》，载《人民日报》2011年10月12日第1版；《王刚会见埃塞俄比亚客人》，载《人民日报》2011年7月1日第4版；《李源潮会见纳米比亚人组党中央委员研修班成员》，http://news.xinhuanet.com/politics/2013-02/25/c_114796381.htm（2014-05-13）

② 王毅：《探索中国特色大国外交之路》，载《人民论坛》2013年8月上，第8—11页。

情而不能超前承担超过自身经济承受能力的责任和义务。所以，在气候变化问题上，中国始终坚持"共同但有区别的责任原则"，在积极推行节能减排的同时，也要求发达国家承担更多的责任。再比如，在对外援助领域，中国无意与西方大国攀比对外援助的绝对数额，而是以自身实力为基础力所能及地提供对外援助。2010—2012年间中国对外援助额年均300亿元人民币，而根据经合组织提供的数据，2012美国对外提供官方发展援助308.24亿美元，英国为138.92亿美元，德国为129.39亿美元，法国为120.28亿美元，日本为106.05亿美元。[①]

但同时，中国也需要自信地认为，中国是一个大国。无论是中国的经济总量、人口规模、外汇储备，还是不断增长的对外贸易和投资，都表明中国并非一个普通的发展中国家。而且，国际社会对一个国家是否是大国的评价，并不完全取决于该国的人均经济水平，而更多地看其经济总量及其总体的国际影响力。这也是为何中国一再宣称自己是发展中国家而国际社会总以为中国应该承担更大责任的重要原因所在。因此，在自身国力不断发展的基础上为世界提供更多的公共产品，也是一个发展中大国所应尽的国际责任。而且，坦诚地承认自身的大国地位及国际责任，也有助于中国从更大层面上运筹外交大局并增进自身利益与话语权，也有助于培育国人成熟的大国心态，从而更好地引导和改善国内舆论环境以支持中国奉行更加积极进取的外交政策。

二 坚持权责平衡的原则

权责平衡的原则首先意在说明，中国承担了国际责任，也就应当享有相应的国际权益。改革开放以来，中国通过参与和塑造国际秩序，显著增进了自身国际权益并极大改善了与外部世界的关系，成为当前国际秩序的主要受益者之一，这是中国和平发展之所以取得巨大成就的重要因素，也是当前中国愿意承担更大责任的重要前提。不过，国内仍有不少学者担忧，美国等西方大国一直呼吁中国做"负责任的利益攸关方"，承担更大的国际责任，其实质只是希望中国进一步分担其全球治理成本，

[①] OECD, "DAC Members' Net Official Development Assistance in 2012", http://www.oecd.org/statistics/ （2014 - 07 - 22）

不愿意也不会让中国分享甚至削弱其全球领导权。因此，中国在观念上务必清醒，中国所承担的国际责任，应当有助于提升自身在全球治理中的作用，增进在国际机制中的话语权和影响力。同时，通过与西方大国在全球治理中的相互合作，应明确要求美国、欧洲放松对中国的技术限制和垄断，尊重中国的核心利益及重大关切。

权责平衡原则还表明，一个国家在享有国际秩序所带来的经济机遇及和平红利的同时，也应根据自身实力来承担相应的国际责任，而不应只做国际社会的"搭便车者"。特别是对世界上的一些较大国家而言，它们就不仅仅只是关注自身利益，也应有心怀天下的大国精神，这是一个大国所必需的国际形象和声誉资产，是一个大国之所以赢得世界尊重的重要条件。所以，如何做到权与责的大致平衡，是中国在快速崛起进程中必须思考的重要外交课题。

三 坚持互利共赢的原则

互利共赢是当前中国外交的基本理念之一，也是中国履行国际责任所应坚持的基本原则。在笔者看来，中国不断增加对发展中国家的发展援助和安全投入，是当前南南合作的重要形式，是新形势下发展中国家实现互助互利、共同发展的重要途径。以对外援助为例，中国的对外援助不是一种单方面的赠与或恩赐，中国与受援国之间的关系也不是一种简单的援助与被援助的关系，而是一种互利共赢、共同发展的关系。通过对外援助帮助受援国缓解经济困难，夯实经济发展基础，提升经济发展能力；同时又有助于中国商品和企业走出去，赢得发展中国家的政治支持，彰显中国的大国责任并提升国家的道义形象。比如，在20世纪60、70年代，中国对亚非国家的民族解放运动及正义斗争给予了巨大帮助，也因此得到了这些国家的信任与支持，这是中国之所以能够在自身实力不济的情况下同美苏两个超级大国进行斗争并恢复在联合国合法席位的重要因素。这是中国外交的一大重要历史遗产，对当前中国处理与非洲国家、发展中国家关系以及运筹好自身外交大局仍具有重要的历史启示意义。

展望未来，中国大国责任的彰显还有赖于中国经济的继续发展，但也需要在同样重要的两个问题上取得更大的突破：一是如何在自身经济改革和政治转型不断推进的基础上适时提出引领世界发展趋势的理念、制度和模式。历史告诉我们,世界大国之所以受到世人的尊重,不仅仅只是它为世界提供了贸易机会、发展援助和物质产品,还在于它能够创造出让他人愿意学习和借鉴的新制度、新观念、新模式以及富有吸引力的价值观念。二是如何在参与和塑造现有国际秩序的基础上,进一步提出有关世界秩序未来发展的理想与愿景。这不仅仅是政府的某些政策宣示,更需要中国学者能够以胸怀天下的责任担当不断推动学术创新,就人类历史发展及世界秩序变迁提出中国人的见解和主张,彰显中国人的世界理想和人文关怀。一个真正的世界大国,应当是一个软实力大国。中国的世界贡献,也就应当包括软实力的贡献。这才是未来中国大国责任的真谛所在。

第二章

合作理念：中非合作的原则、理念及其世界意义

  大国之所以成为大国，不只在于其强大的经济和军事实力，还在于它能够对国际社会承担起特殊的责任，能够对世界做出自己独特的贡献。其中重要的方面是大国应当对人类的道德、伦理和价值观有重要贡献，特别是能够推动人类相互认知交往的理念、原则和方式有不断的发展和完善，这是一个大国应当肩负的使命和责任。60年来中非关系彰显了中国外交积极倡导的平等相待原则、相互支持原则、互利共赢原则、自主性原则以及当前时代的"正确义利观"。这些基本原则及其彰显的价值观念，反映了广大非西方世界对国际政治规范与国际伦理的思考，对长期以来由西方大国主导世界价值观和国际规范的局面形成了有力挑战，正在彰显越来越强大的道德引领力。

中国于2006年发布的《中国对非洲政策文件》归纳了中国对非政策的总体原则和目标：真诚友好，平等相待；互利互惠，共同繁荣；相互支持，密切配合；相互学习，共谋发展。[①]《中国的对外援助（2014）》专门列举了中国对非洲援助的基本原则：相互尊重、平等相待、重信守诺、互利共赢。同时声称，中国提供对外援助，坚持不附带任何政治条

[①]《中国对非洲政策文件》，载《人民日报》2006年1月13日第3版。

件，不干涉受援国内政，充分尊重受援国自主选择发展道路和模式的权利。① 习近平主席2013年3月访非演讲时曾用"真、实、亲、诚"四个字高度概括中国的对非政策，指出对待非洲朋友我们讲一个"真"字，开展对非合作我们讲一个"实"字，加强中非友好我们讲一个"亲"字，解决合作中的问题我们讲一个"诚"字，引起非洲领导人和民众的强烈共鸣。② 我们以为，六十年中非关系的不断发展特别是当前中非合作的全面深化，彰显了中国积极倡导的平等相待原则、相互支持原则、互利共赢原则、自主性原则以及当前时代的"正确义利观"。③

第一节 平等相待原则

现代国际关系意义上的"主权平等"是欧洲人在17世纪中叶正式确立的，但这个所谓的主权平等在创立之后的很长时期里只是欧洲大国、西方大国间的相互平等。在创立这个概念之时，欧洲人便开始征战全球，逐步用武力征服了广大亚非拉地区，先后把这些古老的民族和国家置于自己的势力范围之下。即便是在20世纪亚非地区实现政治独立后，西方国家仍试图延续它们苦心经营几百年的世界秩序及它们在世界的霸权统治。在非洲，西方大国通过影响非洲国家政治选举、驻军或军事干预、财政与金融控制、语言文化和宗教上的传播来维系与非洲国家的特殊关系，其虽有维护非洲国家的稳定与发展之意，但维系自身在非洲的既有利益实为其重要目标之一。当今世界的国际秩序，虽然看似主权平等，这也是联合国所重申的国际准则，但在南北关系的诸多方面仍存在一些事实上的不平等关系，西方国家建立的国际秩序及一些强权原则仍然在

---

① 国务院新闻办公室：《中国的对外援助（2014）》，载《人民日报》2014年7月11日第22版。

② 习近平：《永远做可靠朋友和真诚伙伴——在坦桑尼亚尼雷尔国际会议中心的演讲》，载《人民日报》2013年3月26日第2版。

③ 李安山教授曾把中非关系的基本原则归纳为四条，即平等相待原则、相互支持原则、自主性原则和共同发展原则。李安山：《论中非合作的原则与面临的困境》，载《上海师范大学学报（哲学社会科学版）》2011年第6期，第111—121页。

延续甚至固化。

与西方国家不同,中国自与非洲国家接触时便始终坚持"主权平等"和"不干涉内政"原则,以这样的原则为基础来发展与非洲国家的互助互利关系。1964年6月,毛泽东在同坦桑尼亚第二副总统拉希迪·姆·卡瓦瓦谈话时讲:"我们之间相互平等,讲真话,不是表面一套,背后一套。"① 同年7月,毛泽东在接见亚非朋友时进一步表示,"我们之间的相互关系是兄弟关系,不是老子对儿子的关系"②。胡锦涛主席于2006年4月访问非洲时,将中非友好合作关系概括为:好朋友、好伙伴、好兄弟。③ 习近平主席2013年3月访问非洲时,再次强调"中非关系的本质特征是真诚友好、相互尊重、平等互利、共同发展"④。

中非关系的平等原则有着深厚的历史文化渊源。儒家文化主张推己及人,强调"己所不欲,勿施于人"(《论语·颜渊》),即自己所不喜欢的,切勿强加于人。⑤ 中国文化也强调"己之所欲,亦勿强施于人",更是体现了对他人意愿和选择的尊重。中华王朝维系了千年之久的东亚朝贡体系,虽然其内部结构并非现代意义上的平等关系,但与近代西方列强建立的以侵略、干涉、控制为主的殖民体系也截然不同。在很大程度上,东亚朝贡体系是以边缘地区对中心地区的文明需求为动力,以中心地区向边缘地区的经济流动为实质,以儒家的"仁""礼"思想⑥及古

---

① 中华人民共和国外交部、中共中央文献研究室编:《毛泽东外交文选》,中央文献出版社、世界知识出版社1994年版,第528页。
② 同上书,第538页。
③ 《胡锦涛主席在中非合作论坛北京峰会上的讲话》,载《人民日报》2006年11月5日第2版。
④ 习近平:《永远做可靠朋友和真诚伙伴——在坦桑尼亚尼雷尔国际会议中心的演讲》,载《人民日报》2013年3月26日第2版。
⑤ 论语还讲到,"我不欲人之加诸我也,吾亦欲无加诸人"(《论语·公冶长》),即我不愿意别人强加于我的事物,我也不愿把它强加在别人身上。
⑥ "礼"以"五服"之制为模式,强调秩序、礼节和等级制,从内在规定了朝贡体系的等级制度,而"仁"则强调这一体制的内在精神是"德化"而非武力或征服。正如孔子所说:"为政以德,譬如北辰,居其所而众星拱之"(论语·为政),"若远人不服,则修文德以来之"(论语·季氏)。

代中国的"天下观"①为价值基础的地区秩序。②正是由于中国文化对平等与和平的强调以及中国处理周边关系的特殊经历,我们就不难理解,为何郑和下西洋已经远抵东非沿岸,且比哥伦布远洋航行早了半个多世纪,但中国并未侵占非洲一寸土地、抢夺一份财宝,而西方国家则随后开启了遍及亚非拉的血腥殖民历史。中非之间的最早接触,就完美体现了中国人的平等观。

中非关系的平等原则也源于中国对近代以来自身深受殖民侵略的惨痛记忆及对非洲国家争取民族独立的深刻同情。中国步入近代历史,伴随的是国力日渐衰微、外敌入侵及由此带来的丧权辱国、割地赔款,因此,争取实现民族独立并在此基础上实现民族伟大复兴,就成为近代以来仁人志士的不懈追求,成为中华民族的历史夙愿。因此,毛泽东在建国前夕就说过:"中国必须独立,中国必须解放,中国的事情必须由中国人民自己做主张,自己来处理,不容许任何帝国主义国家再有一丝一毫的干涉。"③对于非洲国家在20世纪60年代初期涌现出的民族独立浪潮,毛泽东给予了真诚的欢迎、鼓励和坚定的支持,他在1963年5月对来访的非洲朋友讲:"非洲正出现一个很大的争取民族独立、反对帝国主义、反对殖民主义的革命运动。非洲有多少人口?两亿吧!还有拉丁美洲两亿人口、亚洲十几亿人口和全世界的革命人民,到处都有我们的朋友。我们不是孤立的,你们也不是孤立的。你们来中国可以感到中国人民是十分欢迎你们的。"④正是出于对非洲民族独立运动及亚非合作的坚定支持,毛泽东提出了"两个中间地带"及后来的"三个世界"理论。虽然毛泽东对亚非合作的认识具有当时的时代烙印及鲜明的政治色彩,但中非合作所应有的平等相待、相互支持的原则具有超越特定历史时空的

---

① 《诗经》云:"普天之下,莫非王土",天下观早在周朝就逐步成为古代中国政治思想和社会哲学的重要组成部分,古代士人强调"修身、齐家、治国、平天下"也反映了中国古代知识分子的那份匡扶天下的责任担当。

② 日本学者信夫清三郎将朝贡体系的价值取向称为"慕化主义"和"不治主义",认为其内核在于文化上的吸引、认同和道德上的感召。[日]信夫清三郎:《日本政治史(第一卷)》,周启乾译,上海译文出版社1982年版,第7页。

③ 《毛泽东选集》(第四卷),人民出版社1991年版,第1465页。

④ 中华人民共和国外交部、中共中央文献研究室编:《毛泽东外交文选》,中央文献出版社、世界知识出版社1994年版,第490页。

意义。

具体而言，中非关系的平等原则体现在两个维度：

一是国家间的主权平等。新中国及时倡导了"和平共处五项原则"，以此作为发展与其他民族独立国家关系的基本准则。1963年5月，毛泽东在会见几内亚政府经济代表团时谈到："我们感到同你们是很接近的，我们两国、两党互相帮助，互相支持，你们不捣我们的鬼，我们也不捣你们的鬼。"[①] 中国总理周恩来和副总理陈毅于1963年12月至翌年3月对亚非13个国家进行了友好访问，期间提出了中国同非洲国家和阿拉伯国家发展关系的"五项原则"和对亚非国家提供经济技术援助的"八项原则"，其中重要方面就是主权平等和不干涉内政。

中国同非洲国家和阿拉伯国家发展关系的"五项原则"：

1、支持非洲和阿拉伯各国人民反对帝国主义和新老殖民主义、争取和维护民族独立的斗争；

2、支持非洲和阿拉伯各国政府奉行和平中立的不结盟政策；

3、支持非洲和阿拉伯各国人民用自己选择的方式实现统一和团结的愿望；

4、支持非洲和阿拉伯国家通过和平协商解决彼此之间的争端；

5、主张非洲和阿拉伯国家的主权应得到一切国家的尊重，反对来自任何方面的侵略和干涉。

中国对亚非国家提供经济技术援助的"八项原则"：

1、中国根据平等互利的原则对外提供援助，从来不把这种援助看作是单方面的赐予；

2、严格尊重受援国的主权，绝不带任何条件；

3、在需要的时候延长还款期限，以尽量减少受援国的负担；

4、提供援助的目的是帮助受援国逐步走上自力更生、独立发展

---

① 中华人民共和国外交部、中共中央文献研究室编：《毛泽东外交文选》，中央文献出版社、世界知识出版社1994年版，第491页。

的道路；

5、援助项目力求投资少，收效快，使受援国政府能够增加收入；

6、中国提供自己所能生产的、质量最好的设备和物资；

7、中国对外提供任何一种技术援助时，保证做到使受援国的人员充分掌握这种技术；

8、中国援外专家同受援国自己的专家享受同样的物质待遇。

二是中非人民交往中的平等相待。多年来，中国援外专家在非洲从不要求享受任何形式的特权，也体现了中国平等待人的一面。在1963年5月会见几内亚政府经济代表团时，毛泽东还讲到："如果我们有人在你们那里做坏事，你们就对我们讲。例如看不起你们，自高自大，表现出大国沙文主义态度。有没有这种人？如果有这种人，我们要处分他们。中国专家是不是比你们几内亚专家薪水高，有特殊化的情况？（面向叶季壮）恐怕有，要检查，待遇要一样，最好低一些。"① 在中国1964年2月提出的对亚非国家提供经济技术援助的八项原则中，就有"派到受援国帮助进行建设的专家，同受援国自己的专家享受同样的物质待遇"。② 同年6月，毛泽东在同坦桑尼亚第二副总统拉希迪·姆·卡瓦瓦的谈话中再次强调："我们一定要实行八项原则。……我们派出去的人，可能有不好的。我们要检查工作，如果发现有人对外国态度不好，就必须责令他改正错误；如果他不改，就调回来。"③

长期以来，中国援外人员都要求政治思想好，业务技术过硬。1980年12月中共中央、国务院发布的《关于认真做好对外援助工作的意见》指出：援外人员的言传身教、认真传授技术、平等相待、艰苦奋斗的优

---

① 中华人民共和国外交部、中共中央文献研究室编：《毛泽东外交文选》，中央文献出版社、世界知识出版社1994年版，第491页。

② 谢益显主编：《中国外交史（中华人民共和国时期1949—1979）》，河南人民出版社1988年版，第284页。

③ 中华人民共和国外交部、中共中央文献研究室编：《毛泽东外交文选》，中央文献出版社、世界知识出版社1994年版，第527—528页。

良作风,为中国对外援助赢得良好声誉。① 例如,1973年中国农林部援建的马里第二甘蔗农场位于原始森林地带,周围人烟稀少,生活条件艰苦,但中国援外人员的献身精神给当地人留下了深刻印象。

> 他们每天冒着酷暑,深入田间,同马里工人一起劳动,精心栽培甘蔗,传授种植知识和经验。雨季洪水成灾,中国专家同当地居民一起排涝抢险。有一次农场一条支渠决口,情况危急。中国专家闻讯赶到现场,跳下去用身体堵决口。②

中国援非医疗队是体现中国援外人员敬业与献身精神、彰显中国人平等待人、真诚友好面貌的最突出的群体,是践行八项原则的突出代表。1968年1月中国首批医疗队抵达坦桑尼亚,当时坦桑尼亚经济贫困、医疗条件落后,中国医疗队在这种条件下克服种种困难,发扬救死扶伤的人道主义和国际主义精神,尽职尽责地完成了援助任务,为中国援非事业增添了浓重一笔:

> 在那里,他们克服了生活、工作中的诸多困难,不怕苦,不怕累,不怕脏,满腔热血地投入到工作中去。没有医疗设备,他们就自己动手制作简单的器械;缺少药品就采用针灸、推拿等方法治疗;做手术,人手不够,他们就集体上阵,外科医生主刀,内科医生负责麻痹和护理;当病人急需输血的时候,他们会毫不犹豫地伸出胳膊,献出自己的鲜血……③

对于中国援外人员的平等相待精神,美国学者黛博拉·布罗蒂加姆在其大作《龙的礼物——中国在非洲的真实故事》中也有精彩叙述。她曾在1984年抵达了塞拉利昂边境小镇戈马考察一个中国的援建项目,见

---

① 张永蓬:《国际发展合作与非洲——中国与西方援助非洲比较研究》,社会科学文献出版社2012年版,第157—162页。
② 石林主编:《当代中国的对外经济合作》,中国社会科学出版社1989年版,第584页。
③ 摘自纪录片《中国医疗队在坦桑尼亚》,转引自于海洋、吴敏《走进坦桑758天》,江西高校出版社2011年版,第4页。

证了中国人与西方人对外援助的不同方式:

> 大坝现场一派忙碌的场景,有 600 多名当地村民和 105 名中国人,其中包括 3 名厨师在那里工作。在建筑工地工作了一整天后,中国工人还要在他们的菜园里劳作几个小时,以保证他们能够吃上熟悉的食物和赚取一点零花钱。靠近中国工人营地的一片山坡被木栅栏围了起来。那天晚些时候,在他们下班之后,我看到十几个中国人正在用锄头锄种着大葱的斜埂,蹲在那里将豆角秧固定在桩子上,或者为南瓜地除草。在公共厨房旁边,几个男人正在一杆小秤前排队,他们每个人都挑着一个扁担,两边的筐子里装满了等着称重和记账的蔬菜。

> 80 英里外的本布纳瀑布,几个意大利工程师正监管一个大坝的早期建筑进程,这项工程将遇到很大的障碍,并最终在内战爆发前停止修建。这项工程基本使用机械修建,只雇用了很少的当地人。每两个星期,意大利人就会从罗马空运一批食物。一个由美国国际开发署资助的农业项目利用项目经费将他们的外籍专家安置在一个小的郊外社区,里面是宽敞的牧场式房屋,并配有小巷和路灯。只有在美国的俄亥俄州,这个小区才不会显得那么突兀。中国的农学家和工程师则挤在一个将来会被用来存储水稻种子的房子内。

> 几年之后,在坦桑尼亚,一位官员向我回忆了他在 1970 年参观坦赞铁路建设工地的场景。中国工人住在极其简单的地方,他一边告诉我一边摇头,以此强调究竟有多么简陋。他将中国人与瑞典人进行了对比。他说,瑞典人在基达图修建水电站大坝的时候,住在 150 英里外的一个海滨酒店里,每次都是乘坐直升机前往建筑工地。几十年后,他们各自在非洲的实际工作方式并没有发生多少改变,有些反差仍然非常明显。[①]

对于六十年的中非友好合作,一些西方人士经常不理解,他们在问:

[①] [美]黛博拉·布罗蒂加姆:《龙的礼物——中国在非洲的真实故事》,沈晓雷、高明秀译,社会科学文献出版社 2012 年版,第 110—111 页。

为何中国能以相对较少的投入而赢得非洲国家的外交支持？原因自然很多，但其中一个重要因素是中国始终能以平等的方式同非洲国家、同非洲人民相处，这是经受过西方殖民压迫且至今仍处于国际社会边缘的非洲国家所特别看重的，也是中非双方因为共同的历史遭遇而能够惺惺相惜的地方。

第二节 相互支持原则

南南合作，其实质是第三世界国家、广大发展中国家的相互支持和相互帮助，以维护国家主权独立与应有的权益和尊严，以相互团结之合力来寻求国家的发展与复兴。

历史上，以万隆会议为起点，中非双方在维护国家主权、支持亚非国家实现民族独立过程中相互支持、相互声援。在1955年4月召开的亚非万隆会议上，某些亲西方国家的代表对社会主义国家进行了恶毒的攻击，以图转移会议的反殖民主义的主题。为争取大会的团结并取得成果，中国代表团团长周恩来明确向大会提出："中国代表团是来求团结而不是来吵架的"，"是来求同而不是来立异的"。[①] 也就是说，虽然参加会议各国在社会制度方面有着差异，但是亚非国家存在着共同的愿望和要求，这就是反对殖民主义，争取和维护民族独立，反对侵略战争，维护世界和平。因此，在中国的推动下，亚非国家避免了陷入社会制度和意识形态的争论，而是在求同存异的基础上，推动会议达成反对帝国主义和殖民主义，争取民族独立，要求亚非各国友好、团结、合作，以及为维护世界和平而进行斗争的共识，史称"万隆精神"。

中国是万隆精神的倡导者，也是这一精神的践行者和捍卫者。1959年2月，毛泽东在会见非洲国家代表时，一方面鼓励非洲国家"要依靠非洲人自己解放非洲"，"非洲的事情非洲人自己去办，依靠非洲人自己的力量"。同时，也强调广泛的国际合作，他指出："至于各国要帮助你

---

① 谢益显主编：《中国外交史（中华人民共和国时期1949—1979）》，河南人民出版社1988年版，第157页。

们,那毫无问题。各国人民,特别是社会主义国家,已经独立了的国家,一定要帮助、支持你们。你们需要支持,我们也需要支持,而且所有的社会主义国家都需要支持。谁来支持我们?还不是亚洲、非洲、拉丁美洲的民族解放运动,这是支持我们的最主要的力量。……你们可以考虑,中国可以当做你们的一个朋友。我们能牵制帝国主义,使它力量分散,不能集中力量去压迫非洲。"①

中国在自身经济仍十分困难的情况下对非洲国家的民族解放和经济发展给予了大力帮助。2007年9月12日,坦桑尼亚前总统本杰明·威廉·姆卡帕(Benjamin William Mkapa)② 在访华期间到访北京大学并作了演讲,深情地讲到历史上中坦、中非之间的南南相互合作以及由此锻造的中非历史友谊。他这样说道:

> 由于坦桑作为新兴民族国家获得独立时,其周围还处在殖民主义的统治之下。因此,为了生存,我们不仅要建立一个民族国家,还要帮助我们的邻居挣脱殖民统治、获得独立。在这方面,中国也给予了我们很大的帮助,例如帮助我们建立军队,这不仅可以捍卫我们国家的领土完整,还可以支持我们周边国家的独立解放运动。它们是莫桑比克、津巴布韦、纳米比亚和处在种族隔离政权下的南非。因此,来自中国的友谊和团结,不仅帮助我们实现了坦噶尼喀和桑给巴尔的联合,以实现"一个坦桑尼亚"的理念,正如你们"一个中国"的理念一样;而且,还有助于我们国家的生存和发展,并支持尚处在殖民统治下的南部非洲国家赢得解放和独立。
>
> 另外,我们还认识到,一个国家的力量还要取决于该国的经济稳定和发展。在这方面,中国也秉承友谊和团结的精神,在经济建设上支持我们,给予我们贷款和无偿援助,这有助于我们建设和实现民族独立的另一支柱:国民经济。我们的经济实际上是欧洲帝国殖民经济的一种延伸,我们感觉必须结束这种局面,并建立我们自

---

① 中华人民共和国外交部、中共中央文献研究室编:《毛泽东外交文选》,中央文献出版社、世界知识出版社1994年版,第370页。
② 曾于1995—2005年出任坦桑尼亚总统。

己的国民经济。我们必须在经济领域拥有自己的东西,在这方面,中国支持和援助我们建立自己的公有制和全民所有制经济,使我们感觉拥有自己的国民经济。你们还在基础设施建设方面帮助我们,比如坦赞铁路,一方面帮助开发我们国家的资源,另一方面帮助赞比亚获得通往非洲独立国家的通道。

因此,"团结、友谊、平等与合作共赢"作为维系我们关系的原则,有坚实的基础。

姆卡帕也谈到了历史上非洲国家对中国的外交支持:

中国人民不会忘记非洲朋友当年全力支持中华人民共和国恢复在联合国的合法席位,不会忘记非洲国家和人民真诚希望中国完成和平统一大业、热切盼望中国实现现代化建设的宏伟目标。今天,中非友好已深深扎根在双方人民心中。中非友好之所以能够经受住历史岁月和国际风云变幻的考验,关键是我们在发展相互关系中始终坚持真诚友好、平等相待、相互支持、共同发展的正确原则。[①]

正是有了包括非洲国家在内的广大亚非国家的政治声援和外交支持,中国在相继面临来自美苏的外交和安全压力的年代,得以更为有效地维护国家主权独立并不断走向国际社会,更为有效地捍卫自身的国际地位和尊严。有三件事,我们不能忘。

第一件事,非洲朋友把我们"抬进"了联合国。一位研究美国问题的朋友曾对笔者说,新中国之所以被拒联合国之外长达 22 年,主要是因为美国的阻挠;而中国之所以能够恢复在联合国的合法席位,也主要因为中美关系的改善。前半句话,笔者是赞同的;但对于后半句,笔者以为还须作些说明。中美关系的改善的确是"中国重返联合国"的重要背景,但是直到最后,美国也是希望把中国台湾同时留在联合国之内的。所以,正是众多亚非国家的共同努力才得以成功否决美国的议案,从而

[①] 《坦桑尼亚前总统姆卡帕谈中非关系和非洲形势》,载《西亚非洲》2007 年第 12 期,第 64—68 页。

为恢复我国在联合国合法席位铺平了道路。也正是因为这样，毛主席才讲，是非洲黑人兄弟把我们"抬进"联合国的。

第二件事，1989年政治风波后非洲国家对我国的外交支持。当时美国带头，一大批西方国家纷纷对中国采取经济制裁，进行外交封锁，中国外交环境骤然紧张。怎么办？当时外交的首要任务是要找到外交突破口，与20多年前相似，这个突破口自然又是非洲。当年8月和9月，在西方国家的一片围堵声中，钱其琛外长先后应邀出访了8个非洲国家。当时，顶着西方巨大压力到中国访问的第一位外国元首来自非洲，第一位政府首脑来自非洲，第一位外长也来自非洲。作为回应，从1991年开始，每年年初中国外交部长首次出访都是去非洲国家，这一外交惯例一直延续到现在，已经坚持了25年。

第三件事，非洲国家在台湾问题、人权问题、申奥、申博等问题上对中国的一贯支持。

2013年初，习近平就任国家主席的第一个外交大手笔，是他首访俄罗斯和非洲，显现出当代中国领导人的外交智慧。为什么要选择非洲做为首访目的地之一？用形象的话讲，是"跳到外线打运动战"，下了"先手棋"。中美之间的结构性矛盾，大国权力转移加上意识形态的差异，估计未来20年、30年都难以解决，而在中国将起未起、将强未强之时，部分周边国家对我国的猜疑显著增加，一些国家甚至奉行对华机会主义政策。这就需要中国跳出自身快速崛起时所面对的这种战略困局，跳到更广阔的世界去，采取"外线作战"的方法化被动为主动，来盘活中国外交这盘大棋。这就需要我们利用好侧翼的配合，充分调动外围的助力。这让人多少想起毛主席的"三个世界"的宏大战略，联合第三世界，争取第二世界，共同反对第一世界。

历史一再证明，中国外交环境越是复杂，越是困难，非洲在中国外交战略中的地位就越是必要，越是重要。我们有时讲，中国之所以是一个大国，因为它手里有三样东西：巨大的经济规模，安理会常任理事国席位，还有能够进行自我防卫的核武器。在这三样东西之外，还需要加上，友好国家的巨大外交支持。这其中，非洲国家是主力。

今天，中非南南合作的意义，不仅在于它能为中非双方创造更大的**贸易和投资机会**，还在于它有助于发展中国家以集体力量来抗衡西方强权并逐步改善南北关系，从而为发展中国家营造更为有利的国际环境。这是中非相互支持所具有的时代价值。

第三节 互利共赢原则

近代以来的世界经济体系是伴随西方资本主义的全球扩张建立起来的，在很长时期里维持着一种以西方为中心、以亚非拉地区为外围的等级格局。非洲国家的政治独立并没有彻底改变非洲经济所处的从属地位，欧洲殖民体系的失败也并不代表西方经济霸权的崩溃，后来美国的崛起更是加强了西方大国在经济方面对世界的控制。新中国自与非洲国家接触开始，所奉行的合作理念就与西方国家有着天壤之别。在最初的二三十年里，中国为了支持非洲的民族解放运动，在自身经济仍十分贫弱的情况下对非洲国家提供了经济支持和援助。同时，非洲国家也给予新中国以巨大的政治支持和外交声援，成为当年中国反对美国和苏联霸权主义的重要借助力量。毛主席曾深刻阐述道："我们在合作方面得到一条经验：无论是人与人之间、政党与政党之间、国与国之间的合作，都必须是互利的，而不能使任何一方受到损害。"[①]

在非洲国家实现政治独立后，中国又于1982年适时提出了对非经济技术合作的"四项原则"，即平等互利、讲求实效、形式多样、共同发展，开启了中非经济互利合作的新时代。这表明，在非洲国家大多实现了政治独立及中国实现改革开放之后，中非合作开始更多转向经济与社会发展，且这种合作的特点是平等互利、共同发展。中国政府于2015年发布的第二份《中国对非洲政策文件》，再度强调，"中非双方坚持真诚友好、平等相待"，"致力于实现合作共赢，共同发展"。[②]

当前中非合作中的互利共赢和共同发展，首先体现在中非经贸合作中的高度互补和相互需求。中国从非洲国家获得了经济发展所需的战略资源，向非洲国家出口它们在现阶段尚无法生产的工业制成品和高技术

---

① 《毛泽东文集》（第六卷），人民出版社1999年版，第364页。
② 《中国对非洲政策文件》，载《经济日报》2015年12月5日第5版。

产品,虽然这一结构受到了不少非议,但从客观上讲,也能极大地降低非洲国家的进口商品价格,特别是让普通非洲民众受益良多,同时中国对原材料的需求也拉升了非洲国家的资源出口价格,让非洲国家从资源出口中获得了更多的财富。虽然我们很难找到精准的数据来说明,中国从非洲的资源进口到底在多大程度上提升了非洲的资源价格,但毫无疑问,来自中国的需求是世界大宗商品保持价格相对稳定甚至稳步上升的一个重要因素。《2011年非洲经济展望》声称,新兴伙伴国家为非洲国家提供了交换商品、技术和发展模式的新机会。它们提供了非洲新兴中产阶级支付得起的消费品,提供了适合发展中国家生产条件的产品和技术,从而有助于帮助非洲企业增强它们的生产能力并提升其在全球产业链中的位置。[1]

中非合作中的互利共赢和共同发展,还更多体现在中国愿意通过技术转让和经验共享来推动非洲国家的自主发展能力。中国一直强调"授人以鱼,更授人以渔"的合作理念。长期以来,中国通过对非投资和援助帮助非洲国家提升技术水平,当前正在稳步推进的中非产业对接与产能合作更是有助于非洲的工业化和现代化。中国还通过向非洲国家提供奖学金、向非洲国家派遣教师、在国内举办对非人力资源开发的研讨班,帮助非洲国家建立职业技术学校等方式,提升非洲国家的教育、科技水平以及自主发展能力。

中非合作中的互利共赢、共同发展,还体现在中国不断增加对非洲的发展援助和人道主义援助,推动非洲国家的社会进步和民众福祉的提升。仅以对非医疗援助为例,2013年是中国向非洲派出医疗队50周年,50年来累计派出1.8万人次的医疗人员,诊治了2.5亿人次的非洲患者。[2] 特别是2014年2月西非国家爆发埃博拉疫情以来,中国第一个向西非国家提供埃博拉疫情专项援助;第一个向疫区派出专家组和医疗队,指导并直接参加一线救治;第一个用专机运送医疗防护物资,援助物资

---

[1] AfDB, OECD, UNDP, ECA, *African Economic Outlook* 2011, pp.103—114,经合组织网站,http://www.oecd-ilibrary.org/development/african-economic-outlook-2011_aeo-2011-en(2014-03-26)

[2] 习近平:《永远做可靠朋友和真诚伙伴——在坦桑尼亚尼雷尔国际会议中心的演讲》,载《人民日报》2013年3月26日第2版。

在第一时间运抵疫区并迅速分发使用。同时，我国还是累计向非洲提供援助批次最多和医疗物资最多的国家之一。①

帮助非洲也是在帮助我们自己。即便是对非洲援助，也并非是单向的给予而是双向的互惠。正如外交部非洲司司长林松添在人民网与广大网友交流，畅谈有中国特色的大国对非外交时讲道：

> 疫情无国界。面对西非埃博拉疫情，任何国家都难以独善其身。今年 8 月，疫情就曾迅速蔓延并溢出到美国和西班牙等国家，造成国际社会的一度恐慌。中国与非洲国家联手将疫情控制在源头，不仅是在帮助非洲，更是在帮助自己。据统计，中国是非洲第一大贸易伙伴国，在非洲共有 2500 多家企业、100 万各类人员，每年超过 100 万人次赴非旅游，非洲已成为中国第二大工程承包市场和重要投资目的地，双方人员往来密集。如果我们坐视非洲深陷埃博拉泥潭而袖手旁观，那么最终受害的不仅仅是非洲人民，我们自己也难免受到病毒的现实威胁，长此下去必将严重影响中非各领域合作的正常开展。埃博拉是全世界人民的公敌，我们倾力支持非洲抗击埃博拉符合包括中国人民在内的全世界人民的共同利益。事实证明，我们率先行动，紧急驰援，始终同疫区人民战斗在最前列，不仅充分体现出中非兄弟般的真挚情谊，有效增强了中非人民之间的情感联系纽带，而且全面展示了中国的大国责任与担当，培育和增强了中国人的大国情怀。②

传统捐助国习惯于以"捐助者—受捐者"（donor‐recipient）的关系模式来审视对外援助，而中国则始终视对外援助为发展中国家间的平等合作，强调中非合作过程中的互助互利与共同发展。有外国学者注意到，《中国对非政策文件》没有使用帮助非洲国家"削减贫困"或者"贫穷"这样的表述，而是多次出现了"共同繁荣"的字样，突出强调中非在经

---

① 《我国摘取抗击埃博拉疫情多项第一》，载《经济日报》2014 年 11 月 19 日第 3 版。
② 《外交部非洲司司长林松添谈有中国特色的大国对非外交》，2014 年 12 月 31 日，中非合作论坛官网，http://www.focac.org/chn/zfgx/zfgxdfzc/t1224756.htm（2015-01-04）

济、教育和医疗卫生等领域的合作。①

长期旅居西方国家、曾在高盛公司工作多年的赞比亚裔经济学家丹比萨·莫约，在其著作《援助的死亡》中严厉批评西方对非援助无助于非洲的发展，却高度称赞中国对非投资所带来的互利共赢：

> 中国在非洲的存在不仅被视为是有益的，而且这些益处正朝着更广的方向扩展。传统上，中国只关注资源利益，受益者仅占一小部分。然而，正如前面所说，近年来，中国拓宽了它的投资范围（现在包括其他部分），人们也从其资源投资的涓滴效应中获益——就业，住房和更好的生活。对许多非洲人来说，这些好处都很真实——以前没有公路的地方现在有了公路，以前没有工作的地方现在有了工作。与死盯着援助这种具有破坏性的方式不同，最终，他们看到了中国参与的成果——后者显然是近年来非洲经济保持5%的增长率的一个显著因素。②

2014年5月8日，李克强总理在"尼日利亚世界经济论坛非洲峰会"上发言说，中国和非洲加起来有23亿多人口，中非加强互利合作，有助于提升双方人民的福祉，促进世界经济平衡发展，这本身就是世界上最大的包容性增长。③ 中国帮助非洲一起发展，通过互利互惠的合作使占全世界总人口近三分之一的民众真正从经济增长中受益，实现生活改善，这对世界经济的平衡发展和人类社会的整体进步有极大促进作用，这是中国大国"责任担当"的重要体现。

---

① [英]肯尼斯·金：《中国与非洲的伙伴关系》，载《国际政治研究》2006年第4期，第10—20页。

② [赞]丹比萨·莫约：《援助的死亡》，王涛、杨惠译，世界知识出版社2010年版，第70—82页。

③ 李克强：《共同推动非洲发展迈上新台阶——在第二十四届世界经济论坛非洲峰会上的致辞》，载《人民日报》2014年5月9日第2版。

第四节 自主性原则

中国外交一贯倡导相互平等、互不干涉内政等原则，体现了中国对非洲国家、对广大发展中国家自主性的尊重。毛泽东曾强烈反对某些大国对小国、弱国的不平等待遇。他说："我们反对大国有特别的权利，因为这样就把大国和小国放在不平等的地位。大国高一级，小国低一级，这是帝国主义的理论。……既然说平等，大国就不应该损害小国，不应该在经济上剥削小国，在政治上压迫小国，不应该把自己的意志、政策和思想强加在小国身上。"① 他在谈及非洲国家借鉴中国的革命和建设经验时，也注重尊重非洲国家的自主性和自主选择，他说："大家要看一看中国的经验，我们很欢迎。……可是我要提醒朋友们，中国有中国的历史条件，你们有你们的历史条件，中国的经验只能做你们的参考。"②

各国有自己的历史条件和具体国情，也就应该有符合自身实际需要的发展道路、发展模式和政策选择。邓小平曾对非洲客人强调："外国的经验可以借鉴，但是绝对不能照搬。"③ 1988年前后邓小平会见非洲国家领导人时反复强调这一主题，如1987年3月会见喀麦隆总统比亚时指出，"各国情况不同，政策也应该有区别。中国搞社会主义，强调要有自己的特色"。④ 他在1988年5月会见莫桑比克总统希萨诺时强调，"要紧紧抓住合乎自己的实际情况这一条。所有别人的东西都可以参考，但也只是参考。世界上的问题不可能都用一个模式解决，中国有中国自己的模式，莫桑比克也应该有莫桑比克自己的模式"。⑤

中国对非洲援助很好地体现了中国对非洲国家自主性的尊重。一般而言，西方发达国家在提供援助的同时通常附带许多政治条件，如20世

---

① 《毛泽东文选》（第六卷），人民出版社1999年版，第378页。
② 中华人民共和国外交部、中共中央文献研究室编：《毛泽东外交文选》，中央文献出版社、世界知识出版社1994年版，第413页。
③ 《邓小平文选》（第三卷），人民出版社1993年版，第140页。
④ 同上书，第213页。
⑤ 同上书，第261页。

纪80年代的"经济结构调整计划"要求非洲国家实行自由化、私有化并放松政府管制,90年代以来在非洲推广的民主和良治建设更是体现了西方发达国家一贯倡导的政治理念。美国政府于2004年设立了"千年挑战账户"(MCA),也是旨在通过援助方式鼓励包括非洲国家在内的发展中国家实现西方国家所谓的良治、法治与民主。相比之下,中国始终恪守"互不干涉内政"的外交原则,在向非洲国家提供援助时从不附加任何形式的政治条件。正如周恩来总理在1964年访问亚非国家归来后指出:"目前,中国在力所能及的范围内,正在向某些亚非国家提供一些经济援助。这些援助就其数量来说是极其微小的,然而是不附带任何条件的,这表示我们帮助这些国家独立发展的真实愿望。"[1]

美国学者黛博拉·布罗蒂加姆在《龙的礼物——中国在非洲的真实故事》一书中曾对中国与西方国家对非援助对于受援国自主权或主事权(ownership)的尊重做了很好的对比,她写道:

> 在巴黎宣言中,西方国家承诺注重东道国的"主事权"和将援助与伙伴国家的议程相对接。捐助者承诺培育他们的能力,而非依赖外国专家。但主事权并没有很好地契合捐助者对条件限制的持续依赖:我们承诺我们将帮助你们,但你们必须首先满足X、Y和Z等项条件。而且,所谓的合作伙伴在如下现实面前似乎有些站不住脚:西方国家派遣的援助专家每年可能花费30多万美元,像总督一样居住在通常院墙墙头插满玻璃碎片的舒适房子里。在莫桑比克,捐助者雇用了3500名技术专家(通常为外国专家),每年的费用为3.5亿美元,这笔开支相当于当地40万人的工资。这些专家中有些人是我的朋友,还有些人曾是我的学生。我相信他们做了大量工作,但他们也耗资甚大。
>
> 在许多非洲国家从20世纪70年代末开始陷入长期的糟糕岁月和债务与经济危机期间,捐助者同意在对援助附加条件的问题上相互支持。这些条件最初仅仅是经济上的,但随着受援国的信用崩溃而

---

[1] 谢益显主编:《中国外交史(中华人民共和国时期1949—1979)》,河南人民出版社1988年版,第240页。

逐步扩大范围。截至20世纪80年代末，世界银行发放的各类贷款平均已经有了60种不同的条件和基准。但正如塞内加尔总统瓦德所指出的那样，中国的要求没有这么苛刻。中国应对我们需要的方式，要比欧洲缓慢有时甚至以恩人自居的方式更适合我们。

黛博拉还转述了塞拉利昂前外交部长的话来进一步阐述中国与西方国家在尊重非洲自主性上的差异。

> 当我要求哈吉·莫莫杜·科罗马（塞拉利昂前外交部长）对中国与其他捐助者进行比较的时候，他告诉我：
> 二者之间确有差别，且差别很大。他们希望帮助你的，是你已经确定你所需要的东西。但对于英国、美国而言，则是他们确定你的需要。他们会说："看，我们认为这里有需要。"德国总统来访后，承诺提供1250万欧元（1750万美元）的援助。卡巴总统表示我们将把这笔援助用于农村电气化，但几个月后，德国援助署说援款将被用于他们的人类安全项目。
> 在他看来，要想让传统捐助者（或许有充分的理由）充分信任塞拉利昂的国家主事权，仍然还有一段路要走。①

改革开放后中国共产党处理党际关系，也很好地体现了对自主原则的恪守。邓小平在总结国际共产主义运动经验教训的基础上，提出了各国政党间相互尊重、完全平等的原则。他指出："一个党评论外国兄弟党的是非，往往根据的是已有的公式或者某些定型的方案，事实证明这是行不通的。""各国党的国内方针、路线是对还是错，应该由本国党和本国人民去判断。""各国的事情，一定要尊重各国的党、各国的人民，由他们自己去寻找道路，去探索，去解决问题，不能由别的党充当老子党，去发号施令。我们反对人家对我们发号施令，我们也决不能对人家发号施令。这应该成为一条重要的原则。"在这些思想观点的指导下，中国共

---

① ［美］黛博拉·布罗蒂加姆：《龙的礼物——中国在非洲的真实故事》，沈晓雷、高明秀译，社会科学文献出版社2012年版，第111—118页。

产党逐渐形成了与其他兄弟党建立新型关系的四项原则:"独立自主、完全平等、互相尊重、互不干涉内部事务。"① 21世纪以来,中国共产党根据非洲政党政治变化的实际情况,不仅注重与非洲国家的执政党建立关系,也广泛开展了与其他参政党、在野党和反对党的联系,已与近50个非洲国家的100多个政党和政党组织建立了党际交流关系。②

第五节 "正确义利观"

近年来,伴随中国自身的快速发展及其对国际事务的深度参与,中国开始更加主动地强调自身的大国身份及国际责任,更加积极地倡导发展中国家间的互利共赢、相互支持和共同发展,"正确义利观"是最为集中的表述。习近平主席在一系列重要外交活动中多次强调,我们在同发展中国家和周边国家发展关系时,要树立正确的义利观,政治上坚持正义、秉持公道、道义为先,经济上坚持互利共赢、共同发展。③

一 正确义利观是对传统义利观的继承和发扬④

中国的传统义利观,主要有儒家的重义轻利、墨家的义利相一、道家的绝义弃利、法家的重利轻义等。义利之论虽各家都有言说,但儒家学说对其尤为看重,朱熹曾说"义利之说,乃儒家第一要义"(《朱文公文集·与延平李先生书》),而重义轻利则是儒家义利观的基本价值取向。由于儒家思想在中国传统思想中占据着支配地位,可以说,儒家的义利观也基本上构成了中国传统义利观的主要方面。

孔子曾提出"君子喻于义,小人喻于利"(《论语·里仁》),把

---

① 《邓小平文选(第二卷)》,人民出版社1994年版,第319页。
② 钟伟云:《新世纪中非党际关系的回顾与展望》,载张宏明主编《非洲发展报告(2011—2012)——新世纪中非合作关系的回顾与展望》,社会科学文献出版社2012年版,第78—89页。
③ 《以正确义利观指导对外合作——五论新形势下的中国外交》,载《人民日报》2013年8月28日第3版。
④ 笔者的研究生杜飞阳提供了部分研究资料。

"义"看作是一个人立命安身的根本,并使之成为评判君子和小人的道德准绳。孔子又提出"不义而富且贵,于我如浮云"(《论语·里仁》);"富与贵,人之所欲也,不以其道得之,吾不处也;贫与贱,人之所恶也,不以其道得之,吾不去也"(《论语·述而》)。这说明他在重"义"的同时并不排斥"利",但对利的追求又必须符合道义的标准,即不论是获得富贵还是摆脱贫贱,都必须遵守严格的道义准则,否则便是"不义"的行为。

孟子继承并发扬了孔子"重义轻利"的观点,他在与梁惠王论政时提出"王何必曰利,亦有仁义而已矣"(《孟子·梁惠王章句下》)。他认为,如果在一个社会里,人人都"利"字当头,大家就会互相坑害;但如果在一个社会里,人人宣扬仁义的价值,大家便会互相关爱。在义利关系问题上,孟子提出"非其道,则一箪食不可受于人;如其道,则舜受尧之天下不以为泰"(《孟子·滕文公下》);"生亦我所欲也;义亦我所欲也。二者不可得兼,舍生而取义者也"(《孟子·告子上》)。他主张非义勿取、唯义是从,不能为个人私利牺牲道义,而"舍生取义"的论断更是把儒家的重义轻利发展到了极致。

汉代著名儒学家董仲舒在义利观上继承了先秦儒家重义轻利的思想,将其发展为"仁人正其谊不谋其利,明其道不计其功"(《汉书·董仲舒传》)。意思是仁爱的人,言行合乎正义,不谋个人私利,宣明大道而不计较功利。宋代张载也说:"义公天下之利"(《正蒙·大易》)。他们实际上都认为应该坚持公利为上的原则。

温习经典,我们可以发现,以儒家为主的中国传统义利观讲求重义轻利,但轻利的同时并非不要利或抵制利,而是反对"见利忘义"、"保利弃义"、"因利害义",主张在合乎"义"的前提下,去取得正当的、更大的、长远的利益。具体来讲,中国传统义利观又有着十分鲜明的特点。在其内涵上,"义"是指道义、正义,是人们在日常生活中要遵循的道德规范,也是相互之间进行道德评价的准绳;"利"是指利益、名利,既指国家、集体、社会利益,也包括个人利益。在其视野内,"利"是眼前的、狭隘的利益;"义"是长远的、广大的利益。在其追求中,弃义而图利,图的是眼前利益;舍利而取义,谋的是长远利益。在其境界里,"义"作为一种普遍的道德原则,其在一定意义上超越了狭隘的个人利益，体现着国家整体利益的公利；超越了纯粹的物质需求，而具有了更高的道德和精神境界。

中国传统义利观从本质上体现着实现天下大治的意愿，体现着一种天下有道的社会和谐秩序的理想追求。毋庸置疑，以义制利，公利为上，作为传统义利观的合理内核，对中华文明的延续和发展起着巨大的作用，至今仍深入到我们的国家、社会、家庭等方方面面，深刻影响我们的思考与行为方式。仅仅以对外政策领域为例，随着时代的演进，"义"具有了更为丰富的内涵，既有中华文明中根深蒂固的道义、正义的传统观念，又有追求国家主权独立、捍卫民族尊严，反对单边主义、强权政治，以及维护世界和平、推动世界发展等新的理念与追求，体现了中国人应有的民族大义与国际正义。这些内涵又具体映射在中国与发展中国家关系上，在处理同广大发展中国家关系时，中国政府非常重视对"义"的运用。

二 "正确义利观"的内涵与时代价值

2013年3月，习近平主席在访问非洲时首次提到义利观的概念，并倡导用正确义利观进一步深化中非合作[①]；2013年10月，在周边外交工作座谈会上，习近平主席又提出以正确义利观作为中国构建与周边国家及广大发展中国家合作共赢新型国际关系的指导方针[②]。正确义利观的提出，一方面是对中国优秀文化的传承发展，是对优良外交传统的总结升华，是中国外交理论的思想创新；另一方面则是对当前与发展中国家关系所面临挑战的积极回应，为新时期如何深化中国与发展中国家关系提供了理论依据。

"义，反映的是我们的一个理念，共产党人、社会主义国家的理念。这个世界上一部分人过得很好，一部分人过得很不好，不是个好现象。真正的快乐幸福是大家共同快乐、共同幸福。我们希望全世界共同发展，特别是希望广大发展中国家加快发展。利，就是要恪守互利共赢原则，

[①] 《习近平主席访问非洲成果丰硕》，载《人民日报》2013年4月11日第3版。
[②] 习近平：《为我国发展争取良好周边环境推动我国发展更多惠及周边国家》，载《人民日报》2013年10月26日第1版。

不搞我赢你输,要实现双赢。我们有义务对贫穷的国家给予力所能及的帮助,有时甚至要重义轻利、舍利取义,绝不能惟利是图、斤斤计较。"①习近平主席的这段讲话生动地诠释了正确义利观的内涵。中华民族从来都不是一个见利忘义的民族,讲情义、讲仁义、有信义是中国文化的精髓。当前中国人民所信奉的大义与世界和平发展的大义是息息相通的,中国在实现自身发展的过程中,重视帮扶发展中国家的无私仁义,重视维护世界和平发展的国际正义,重视构建人类命运共同体的责任与道义。可以说,正确义利观就是要把中国自身发展与世界的发展联系起来,就是要把中国人民利益同广大发展中国家人民共同利益统一起来,就是要把中国梦与世界梦结合起来。②

正确义利观致力于实现中国与发展中国家之间的团结互助与互利共赢。正如外交部部长王毅所说,中国始终知道自己的根基在哪里,中国从来没有,也永远不会离开发展中国家这个群体。③ 现在的中国不仅是发展中国家群体中的一员,更是发展中国家中的大国,正确义利观要求我们在外交实践中旗帜鲜明地向发展中国家给予力所能及的帮助。在未来的发展中,我们要找到与其他发展中国家之间的利益共同点和交汇点,不断的创新与其他发展中国家之间的合作方式,有原则、有情谊、讲道义,继续坚持以义为先,多向发展中国家让利,并最终实现互利共赢。在国际舞台上,中国要继续按照责任、权利、能力相一致的原则,力所能及地承担更多国际责任,积极参与多边合作,努力与发展中国家共同应对挑战,推动国际秩序向着更加公平、正义的方向发展。

---

① 苏长和:《习近平外交理念四观》,《人民论坛》2014 年 2 月下,第 28—30 页。

② 秦亚青:《正确义利观:新时期中国外交的理念创新和实践原则》,《求是》2014 年第 12 期,第 55—56 页。

③ 王毅:《探索中国特色大国外交之路》,《人民论坛》2013 年 8 月上,第 8—10 页。

第三章

民生与发展援助：中国对非援助与非洲的减贫和发展

对非援助是中国对非洲外交的重要组成部分，也是中非合作关系的重要方面，在当代中非关系全局中一直占有十分特殊的地位。应该说，基于真诚相待、平等互信基础上的互助互援，本就是中非战略合作的核心内容。这种真诚的相互援助，相互支持，正是过去50多年中非关系不断发展的助力，是维系中非友谊的重要纽带。在当前中国逐步实现自身发展的同时，在量力而行、量入为出的基础上适度增加对外援助，以此推动非洲国家的经济发展与民生建设，是中国践行"正确利益观"，彰显自身不断提升的大国责任的重要途径。

自20世纪50年代开始，中国便开始对非洲国家提供经济、技术和人道主义方面的援助。进入21世纪以来，伴随中国国力的显著增长及中非关系的快速发展，中国对非援助的规模不断扩大，领域不断拓展，方式不断创新，援助理念也有新的发展。对非援助在推动非洲经济社会发展，增进中非友好合作，提升中国大国形象和软实力等方面发挥了积极作用，其相关理论思考和实践经验值得认真归纳和总结。

第一节 六十年中国对非援助的阶段性演变

中国对非援助是中国对非洲外交的重要组成部分，也是中非合作关系的重要方面。在过去60年里，中国对非援助大致经历了三个阶段的发展演变，从20世纪50—70年代的初步创立，到80—90年代的调整与改革，再到2000年以来的新发展，对非援助政策逐步趋于成熟，对非援助的内容与形式不断得到完善。从中既可以看到中国对非援助理念、原则和政策的延续性，又可以看到鲜明的时代特征。中国对非援助形成了具有自身特色的援助模式。

一 中国对非援助政策的初步形成（20世纪50—70年代）

新中国成立后面临的国际环境异常复杂而险恶。中国先是受到以美国为首的西方阵营的封锁与包围，而后又与苏联发生了严重的冲突与对抗，在国际社会处于十分孤立的境地。这一时期，非洲大陆掀起民族解放运动的高潮，如何尽快摆脱西方殖民统治并巩固新生的国家政权是当时非洲面临的主要历史任务。本着共同的历史命运和相互间的深切同情，新中国对非外交重在支持非洲人民的民族独立运动，与非洲国家一道进行反帝、反殖和反霸斗争。在当时的特定时期，中国把非洲视为国际统一战线阵营中的重要盟友，发展与非洲国家关系也就成为打开中国外交新局面的一个基本立足点，非洲国家也把东方中国看作其重要的外部支持力量，双方由于共同的历史遭遇和历史任务走到了一起。

1956年，为支持埃及收回苏伊士运河的合法斗争，中国向埃及提供了2000万瑞士法郎的现汇援助，这是中国向非洲国家提供的第一笔援助。之后，中国对阿尔及利亚的民族解放斗争予以了支持，向其提供了经济和军事援助，还对几内亚提供了援助。在1960年非洲迎来独立高潮时，毛泽东主席频频接见来自非洲的朋友和组织，宣布"对于非洲人民反对帝国主义、殖民主义的英勇斗争，表示完全同情和完全支持"。[①] 非洲大陆形势的变化为中非关系发展提供了机遇，向非洲国家提供援助自然成为中国发展与非洲国家关系的重要方面。

这一时期，中国对非援助政策集中体现为"八项原则"的提出。1964年1月14日，周恩来总理在访问非洲时与加纳总统克瓦米·恩克鲁

---

① 谢益显主编：《中国外交史（中华人民共和国时期1949—1979）》，河南人民出版社1988年版，第306—307页。

玛（Kwame Nkrumah）会谈时，提出了中国对外提供经济技术援助的"八项原则"。其内容是：（1）中国政府一贯根据平等互利的原则对外提供援助，从来不把这种援助看作是单方面的赐予，而认为援助是相互的；（2）中国政府在对外提供援助的时候，严格尊重受援国的主权，绝不附带任何条件，绝不要求任何特权；（3）中国政府以无息贷款或低息贷款的方式提供经济援助，在需要的时候延长还款期限，以尽量减少受援国的负担；（4）中国政府对外提供援助的目的，不是造成受援国对中国的依赖，而是帮助受援国走上自力更生、独立发展的道路；（5）中国政府帮助受援国建设的项目，力求投资少，收效快，使受援国政府能够增加收入，积累资金；（6）中国政府提供自己能够生产的、质量最好的设备和物资，如果中国政府所提供的设备和物资不合乎商定的规格和质量，中国政府保证退换；（7）中国政府对外提供任何一种技术援助的时候，保证使受援国的人员充分掌握这种技术；（8）中国政府派到受援国帮助进行建设的专家，同受援国自己的专家享受同样的物资待遇，不允许有任何的特殊要求和享受。

援外"八项原则"的提出，标志着中国对非援助政策的正式形成。这是新中国的重大外交宣示，清楚地表达了中国坚定地与非洲国家站在一起，真诚支持非洲民族解放斗争的外交立场和政治决心。中国在自身经济非常困难的情况下，给予非洲国家大量的无私援助，在1956—1977年间向非洲国家提供了超过24.76亿美元的经济援助，占中国对外援助总额的58%。[1] 特别典型的是，中国历时6年帮助非洲国家修建了长达1860公里的坦赞铁路，有力支援了南部非洲国家的民族独立和解放运动，同时也成功地展示了中国真诚帮助非洲国家的意志和能力，扩大了中国在非洲大陆的影响，提高了中国在第三世界乃至在国际上的地位和声望。作为一个象征符号，坦赞铁路是中非之间的"友谊之路"，它把中国和非洲这两个各自寻求独立自主国际地位的国家和地区紧紧地联系在了一起。对非援助以事实证明了中国对非洲人民的承诺是算数的，在非洲大陆牢牢树立了"患难与共"、"真诚帮助"的国家形象，其积极影响一直惠及

---

[1] 李安山：《论中国对非洲政策的调适与转变》，载《西亚非洲》2006年第8期，第11—20页。

今天的中非关系发展。

这一时期的中国对非援助,既体现了中国力图以援助为手段来建立和发展与非洲国家的友好关系、拓宽自身外交空间的努力,也体现了中国支持非洲国家和人民进行正义斗争的国际主义精神,是爱国主义和国际主义的结合。周恩来总理曾对这种爱国主义和国际主义的高度吻合做出过具体的解释:"我国对外援助的出发点是,根据无产阶级国际主义精神,支援兄弟国家进行社会主义建设,增强整个社会主义阵营的力量;支援未独立的国家取得独立;支援新独立的国家自力更生,发展民族经济,巩固自己的独立,增强各国人民团结反帝的力量。我们对兄弟国家和新独立国家进行援助,把他们的力量加强了,反过来就是削弱了帝国主义的力量,这对我们也是巨大的支援。"①

此阶段中国对非援助的特点有三方面。第一,援助完全在政治和意识形态的指导下进行,即援助为政治目的服务。因此,援助的政治功能压倒了经济功能,援助很少考虑经济效益。第二,援助规模超出了当时中国经济的承受能力,外援一度给中国自身发展带来了极大负担。在1971—1975年间,中国对外援助占同期国家财政总支出的比重高达5.88%,其中1973年更是高达6.92%。② 第三,为了表示中国方面的真诚,援助几乎表现为单一的无偿援助。

二 中国对非援助政策的改革与调整(20世纪80—90年代)

这一时期,中国和非洲国家都经历了重大的战略调整与转变。在中国,党的十一届三中全会确立了以经济建设为中心、实行改革开放的基本路线,明确提出在平等互利的基础上发展同世界各国的关系,从而为中国调整对非经济政策提供了理论依据。1982年党的第十二次全国代表大会总结了建国30多年以来外交工作的经验教训,对外交政策做出重大调整,外交工作重心由服务于政治需要转向服务于国内经济和现代化建设。在非洲,绝大多数国家在20世纪60、70年代相继获得了政治独立,

---

① 《在第三届全国人民代表大会第一次会议上周恩来总理作政府工作报告》,载《人民日报》1964年12月31日。

② 石林主编:《当代中国的对外经济合作》,中国社会科学出版社1989年版,第68页。

实现民族解放任务的逐步完成，经济和社会发展开始成为非洲国家的优先目标。由于受到20世纪70年代中后期世界性经济危机的影响，非洲国家纷纷出现经济发展的缓慢、停滞甚至是倒退，迫切希望获得经济社会发展所需的资金和技术援助。在此背景下，中非合作的战略基础逐步由反帝、反殖、反霸斗争中的相互支持转向了对和平与发展的共同追求，中非关系逐步体现出务实和互惠的特征。

形势的变化对中国援外工作提出了新的要求。1982年底到1983年初，中国政府总理在访问非洲国家时宣布了中国对非洲经济技术合作的"四项原则"，即平等互利、讲求实效、形式多样、共同发展，成为指导新时期中非经贸合作特别是对非援助工作的基本原则。中国政府领导人对此作了具体解释，即中国同非洲国家进行经济技术合作，其一，遵循团结友好、平等互利的原则，尊重对方的主权，不干涉对方的内政，不附带任何政治条件，不要求任何特权；其二，从双方的实际需要和可能条件出发，发挥各自的长处和潜力，力求投资少、工期短、收效快，并能取得良好的经济效益；其三，合作的方式可以多种多样，因地制宜，包括提供技术服务、培训技术和管理人员、进行科学技术交流、承建工程、合作生产、合资经营等，中国方面对所参与承担的合作项目负责守约、保质、重义，中国方面派出的专家和技术人员不要求特殊的待遇；其四，双方合作的目的在于取长补短、相互帮助，以利于增强双方自力更生的能力和促进各自民族经济的发展。

在新的原则指导下，中国对外经济技术援助的政策、方式开始出现调整。当时改革的核心内容是调整此前不计经济成本、政治主导和意识形态挂帅的援助，将援助与增进经济合作、促进共同发展结合起来。通过对外援助促进中国与各受援国的互利合作开始受到重视，具有独立法人资格的企业或公司开始更多地参与到对外援助工作中去。1995年以来，中国进一步加大了对外援助的改革力度，大力推行政府贴息优惠贷款的援助方式、援外项目合资合作方式，鼓励中国企业到海外开拓市场，努力把对外援助与对外贸易投资相结合，开拓中国与发展中国家经贸合作的新领域、新局面。援外政策改革不仅提高了援外项目的效益，扩大了援外资金的来源，更多更好地帮助受援国实现减贫和发展，同时有助于推动中国企业"走出去"，通过对外援助实现与发展中国家的互利共赢与共同发展。在新的援外政策下,中国与非洲国家的经贸合作关系开始稳步发展。

这一时期,中国对非援助具有了许多新的特点:其一,援助的出发点开始由政治需要转向经济合作,政治和意识形态的色彩逐步淡化,发展经济成为对外援助关注的重心。其二,援助更加务实,通过援助一方面促进受援国的经济发展和社会进步,另一方面也推动中国和非洲国家之间的经济技术合作,以达到互利共赢、共同发展的目的。其三,援助形式和方式逐步多样化,其中包括能够带来互利互惠的承包工程、劳务合作、合资经营和合作生产等。

三 中国对非援助政策的创新与新发展(2000年以来)

进入新世纪,伴随中国经济的快速发展及非洲复兴进程的加快,中非合作关系得到了显著拓展与提升。中非双方于2000年10月召开了首届中非合作论坛部长级会议,创设了中非双方的第一个政府间多边磋商与集体对话机制,为21世纪中非关系的发展搭建了新的制度平台。中国对非援助也纳入中非合作论坛机制化框架,其特点是:随着每三年一次部长级会议,中国都会推出一揽子三年期援助措施,并通过行动计划加以落实。其中,2006年中非合作论坛北京峰会通过的"八项举措",2009年第四届部长级会议通过的"新八项举措",2012年第五届部长级会议上做出的新承诺,以及2015年中非合作论坛约翰内斯堡峰会上中方决定提供600亿美元资金支持以助推中非实施"十大合作计划",很多方面都涉及了对非洲的援助。中国对非洲援助的内容、领域与方式有了许多新的发展。

"八项举措"的内容为:(1)扩大对非洲援助规模,到2009年使中国对非洲国家的援助规模比2006年增加1倍。(2)今后3年内向非洲国家提供30亿美元的优惠贷款和20亿美元的优惠出口买方信贷。(3)为鼓励和支持中国企业到非洲投资,设立中非发展基金,基金总额逐步达到50亿美元。(4)为支持非洲国家联合自强和一体化进程,援助建设非洲联盟会议中心。(5)免除同中国有外交关系的所有非洲重债穷国和最不发达国家截至2005年年底到期的政府无息贷款债务。(6)进一步向非洲开放市场,把同中国有外交关系的非洲最不发达国家输华商品零关税待遇受惠商品由 190 个税目扩大到 440 多个税目。（7）今后 3 年内在非洲国家建立 3 个至 5 个境外经济贸易合作区。（8）今后 3 年内为非洲培训培养 15000 名各类人才；向非洲派遣 100 名高级农业技术专家；在非洲建立 10 个有特色的农业技术示范中心；为非洲援助 30 所医院，并提供 3 亿元人民币无偿援款帮助非洲防治疟疾，用于提供青蒿素药品及设立 30 个抗疟中心；向非洲派遣 300 名青年志愿者；为非洲援助 100 所农村学校；在 2009 年之前，向非洲留学生提供中国政府奖学金名额由目前的每年 2000 人次增加到 4000 人次。①

"新八项举措"的内容为：（1）倡议建立中非应对气候变化伙伴关系，不定期举行高官磋商，在卫星气象监测、新能源开发利用、沙漠化防治、城市环境保护等领域加强合作。中方决定为非洲援建太阳能、沼气、小水电等 100 个清洁能源项目。（2）加强科技合作，倡议启动"中非科技伙伴计划"，实施 100 个中非联合科技研究示范项目，接收 100 名非洲博士后来华进行科研工作，并为其回国服务提供资助。（3）增加非洲融资能力，向非洲国家提供 100 亿美元优惠性质贷款；支持中国金融机构设立非洲中小企业发展专项贷款，金额 10 亿美元。对非洲与中国建交的重债穷国和最不发达国家，免除截至 2009 年年底对华到期未还的政府无息贷款债务。（4）扩大对非产品开放市场，逐步给予非洲与中国建交的最不发达国家 95% 的产品免关税待遇，2010 年年内首先对 60% 的产品实施免关税。（5）进一步加强农业合作，为非洲国家援建的农业示范中心增加到 20 个，向非洲派遣 50 个农业技术组，为非洲国家培训 2000 名农业技术人员，提高非洲实现粮食安全的能力。（6）深化医疗卫生合作，为援非 30 所医院和 30 个疟疾防治中心提供价值 5 亿元人民币的医疗设备和抗疟物资，为非洲培训 3000 名医护人员。（7）加强人力资源开发和教育合作，为非洲国家援助 50 所中非友好学校，培训 1500 名校长和教师；到 2012 年，向非洲提供的中国政府奖学金名额将增至 5500 名；今后 3 年为非洲培训各类人才总计 2 万名。（8）扩大人文交流，倡议实施"中非联合研究交流计划"，促进学者、

---

① 《胡锦涛在中非合作论坛北京峰会开幕式上的讲话》，载《人民日报》2006 年 11 月 5 日第 2 版。

智库交往合作，交流发展经验，并为双方出台更好合作政策提供智力支持。①

2012年第五届部长级会议上，中国承诺"继续扩大对非援助，让发展成果惠及非洲民众"。具体内容有：中国将适当增加援非农业技术示范中心，帮助非洲国家提高农业生产能力；实施"非洲人才计划"，为非洲培训3万名各类人才，提供政府奖学金名额18000个，并为非洲国家援建文化和职业技术培训设施；深化中非医疗卫生合作，中方将派遣1500名医疗队员，同时继续在非洲开展"光明行"活动，为白内障患者提供相关免费治疗；帮助非洲国家加强气象基础设施能力建设和森林保护与管理；继续援助打井供水项目，为民众提供安全饮用水。同时，中国还承诺支持非洲一体化建设，帮助非洲提高整体发展能力，特别是将同非方建立非洲跨国跨区域基础设施建设合作伙伴关系，为项目规划和可行性研究提供支持，鼓励有实力的中国企业和金融机构参与非洲跨国跨区域基础设施建设；中国还将发起"中非和平安全合作伙伴倡议"，深化同非盟和非洲国家在非洲和平安全领域的合作，为非盟在非开展维和行动、常备军建设等提供资金支持，增加为非盟培训和平安全事务官员和维和人员数量。②

在2015年中非合作论坛约翰内斯堡峰会上，中国承诺将提供600亿美元的资金支持，推动中非双方共同实施"十大合作计划"，其中涉及援助的部分有：中非工业化合作计划，设立一批区域职业教育中心和若干能力建设学院，为非洲培训20万名职业技术人才，提供4万个来华培训名额；中非农业现代化合作计划，中方将在非洲100个乡村实施"农业富民工程"，派遣30批农业专家组赴非洲，将向受灾国家提供10亿元人民币紧急粮食援助；中非基础设施合作计划，支持非洲国家建设5所交通大学；中非绿色发展合作计划，支持非洲实施100个清洁能源和野生动植物保护项目、环境友好型农业项目和智慧型城市建设项目；中非贸易和投资便利化合作计划，中方将实施50个促进贸易援助项目，支持非洲

---

① 《温家宝在中非合作论坛第四届部长级会议开幕式上的讲话》，载《人民日报》2009年11月9日第1版。

② 胡锦涛：《开创中非新型战略伙伴关系的新局面——在中非合作论坛第五届部长级会议开幕式上的讲话》，载《人民日报》2012年7月20日第2版。

改善内外贸易和投资软硬条件；中非减贫惠民合作计划，在非洲实施200个"幸福生活工程"和以妇女儿童为主要受益者的减贫项目，免除非洲有关最不发达国家截至2015年年底到期未还的政府间无息贷款债务；中非公共卫生合作计划，支持中非各20所医院开展示范合作，继续派遣医疗队员，开展"光明行"、妇幼保健在内的医疗援助，为非洲提供一批复方青蒿素抗疟药品；中非人文合作计划，为非洲援建5所文化中心，为非洲1万个村落实施收看卫星电视项目，为非洲提供2000个学历学位教育名额和3万个政府奖学金名额，每年组织200名非洲学者访华和500名非洲青年研修，每年培训1000名非洲新闻领域从业人员；中非和平与安全合作计划，中方将向非盟提供6000万美元无偿援助，支持非洲常备军和危机应对快速反应部队建设和运作。①

进入新世纪后，中国对非援助政策较此前有了许多新的亮点：

第一，援非机制更趋完善。通过中非合作论坛，中国对非援助逐步形成了比较完备的工作机制，除了商务部作为对外援助工作的主管部门以及以商务部为核心的援外协调机制以外，还有中非合作论坛框架下定期召开的部长级会议、高官会议和后续工作委员会等，这些机制在一定程度上加强了国内有关部门的相互联系，增强了中国与非洲国家在援助事宜上的沟通与协调。

第二，援非的领域不断扩展。中国对外援助项目主要分布在农业、工业、经济基础设施、公共设施、教育、医疗卫生等领域，重点帮助受援国提高工农业生产能力，增强经济和社会发展基础，改善基础教育和医疗状况。近年来，除了传统的经济援助外，在教育、卫生、文化和科学技术等相关人文领域的援助有了明显的增加，诸如气候变化等新的合作领域也逐步纳入中国对非援助的范畴。

第三，援非方式不断创新。到目前，中国对非援助的方式主要有8种：成套项目、一般物资、技术合作、人力资源开发合作、援外医疗队、紧急人道主义援助、援外志愿者和减免债务。在中非合作论坛框架下，诸如物资援助、成套项目等"硬援助"在继续发展的同时，以技术合作、

---

① 习近平：《开启中非合作共赢、共同发展的新时代》，载《人民日报》2015年12月5日第2版。

人力资源开发合作为主要内容的软援助得到了前所未有的发展。对外援助从以前的"输血"为主转变为以"造血"为主，体现了中国一以贯之的"授人以鱼，更授人以渔"的援助理念，更适合非洲国家实现长期发展的需要。

回顾历史，中国对非援助政策经历了三个阶段的调整与演变。在初始阶段，中国的对非援助带有浓重的政治色彩，对非援助是为了支持非洲国家的反帝、反殖和民族解放运动，同时配合中国自身的国际斗争需要。进入调整阶段后，对非援助突破了意识形态的束缚，在政治利益之外赋予了更多的经济意义。通过对非援助，一方面促进受援国的经济发展和社会进步，另一方面也推动中国和非洲国家之间的经济技术合作，以达到共同发展、共同繁荣的目的。在新世纪，中国对非援助的内容和方式更加多样化，对非援助的运作机制更趋成熟、稳定，互利互惠特点更加突出，援助的效果和项目的可持续性也得到明显的提升。

第二节 中国对非援助的模式及特点

半个多世纪以来，中国对非援助在理念、原则及具体方式上不断得到调适与完善，逐步形成了具有自身特色的援助模式。特别是与西方国家相比，中国对非援助的特点十分鲜明。

一 中国对非援助的最大特色：不附加任何政治条件

一般而言，西方发达国家在提供援助时通常附带许多人为设定的政治条件，其中许多条件损害了受援国的主权，特别是有损受援国自主选择发展道路的权力。比如，20世纪80年代的"经济结构调整计划"，90年代以来在非洲推广的民主和良治建设。美国政府于2004年设立的"千年挑战账户"（Millennium Challenge Account，MCA），也是旨在通过援助方式鼓励包括非洲国家在内的发展中国家实现西方国家所谓的良治、法治与民主，其具体评审标准涉及三大领域共计20项指标（见表3—1）。截至2014年，"千年挑战账户"在全球选择了39个重点需要帮助的国家，其

表3—1 千年挑战账户的评选领域和指标

领域（Categories）	标准（Indicators）
公正统治（Ruling Justly）	公民自由权（Civil Liberties） 政治权利（Political Rights） 控制腐败（Control of Corruption） 政府绩效（Government Effectiveness） 法治（Rule of Law） 信息自由（Freedom of Information）
投资于人（Investing in People）	接种率（Immunization Rates） 公共卫生支出（Public Expenditure on Health） 女子教育（Girls' Education） 小学教育公共支出（Public Expenditure on Primary Education） 儿童健康（Children's Health） 自然资源保护（Natural Resource Protection）
鼓励经济自由（Encouraging Economic Freedom）	创业（Business Start-Up） 土地权利和机会（Land Rights and Access） 贸易政策（Trade Policy） 管制质量（Regulatory Quality） 通货膨胀（Inflation） 财政政策（Fiscal Policy） 贷款准入（Access to Credit） 经济中的性别（Gender in the Economy）

资料来源：https://www.mcc.gov/pages/docs/doc/report-guide-to-the-indicators-and-the-selection-process-fy-2015（2015-05-10）

中 20 个是非洲国家。① 西方发达国家开出的附加条件、指标或标准，虽然也有帮助发展中国家改善治理能力和人权状况的初衷，但也有借此规范和改造受援国发展路径的政治意图。

相比之下，中国始终恪守"互不干涉内政"的原则，在向非洲国家提供援助时从不附加任何政治条件。1964 年，周恩来总理在访问亚非国家归来后指出："目前，中国在力所能及的范围内，正在向某些亚非国家提供一些经济援助。这些援助就其数量来说是极其微小的，然而是不附带任何条件的，这表示我们帮助这些国家独立发展的真实愿望。"② 这一原则，一直为中国政府所坚持，成为中国对非外交的一个显著特点。

不过，一些西方人士对中国外援不附加政治条件的原则十分担忧，指责中国外援加剧了非洲国家的政治腐败，削弱了非洲国家致力于民主改革和追求良治的努力。③ 2006 年 10 月，世行行长保罗·沃尔福威茨公开批评中国政府及其银行，称其在向非洲发展中国家提供贷款时忽视当地人权和环境状况。美国智库对外关系理事会高级学者费恩波姆（Evan A. Feigenbaum）于 2010 年 5 月 20 日在《外交政策》发文称："中国因其向世界其他地区提供援助时不遵守现有力量和国际机构制定的规则而受到频繁的批评。这毫不奇怪，中国的贷款通常是秘密协商，没有传统的期望或附加条件，并往往提供给那些西方国家资金出于某些良好的原因害怕去的地方。"④ 这些指责主要是西方人士基于自身价值观念和利益立场来理解中国的对非援助，对不附带政治条件的内涵做了不应有的误读、曲解甚至是恶意攻击。事实上，中国也十分关注非洲国家的治理状况，

---

① 这 20 个非洲国家是贝宁、布基纳法索、佛得角、加纳、肯尼亚、莱索托、利比亚、马达加斯加、马拉维、马里、摩洛哥、莫桑比克、纳米比亚、尼日尔、卢旺达、圣多美和普林西比、塞内加尔、坦桑尼亚、乌干达、赞比亚。"千年挑战公司"网站，https://www.mcc.gov/pages/countries（2015 - 05 - 10）

② 谢益显主编：《中国外交史（中华人民共和国时期1949—1979）》，河南人民出版社 1988 年版，第 240 页。

③ Michael Klare & Daniel Volman, "America, China & the scramble for Africa's Oil", *Review of African Political Economy*, No. 108, 2006, pp. 297—309; Denis M. Tull, "China's Engagement in Africa: Scope, Significance and Consequences", *The Journal of Modern African Studies*, Vol. 44, No. 3 2006, pp. 459—479; "Africa - China: For Better Or For Worse", *Africa Research Bulletin: Political, Social and Cultural Series*, Vol. 43, No. 6, 2006, pp. 16696—16697.

④ Evan A. Feigenbaum, "Beijing's Billions", May 20, 2010, http://www.foreignpolicy.com/articles/2010/05/19/beijings_ billions（2014 - 02 - 23）

积极支持非洲国家的能力建设和人才培养,并通过中非治国理政经验交流来推动非洲国家的发展。但同时,中国政府认为,非洲国家的内部事务应该由非洲国家政府和人民自主解决,外界对非洲的发展援助是非洲大陆实现复兴的重要条件,但这些援助应当尊重非洲国家的主权和内政,应有利于促进非洲国家通过自身努力实现国家的稳定和发展。这一原则践行了中国一贯倡导的和平共处五项原则,增强了中国外援的道义性,使得中国外援更易于为非洲受援国接受。在尊重非洲国家主权完整基础上提供对外援助,体现了中国真诚帮助非洲国家实现独立和发展的愿望。

二 中国对非援助的前提:尊重非洲国家的自主选择

西方发达国家秉持天然的优越感,常常自视为世界发展的"导师"和"教师爷",钟情于为非洲国家制定发展蓝图和计划,在对非援助的领域、重点和具体项目上多从自己的主观意愿出发,而甚少考虑非洲国家的发展意愿。虽然西方发达国家在2005年的《巴黎援助有效性宣言》(Paris Declaration on Aid Effectiveness)中明确承诺尊重伙伴国(受援国)设定议程的"主事权"(ownership),并使捐助者与伙伴国的议程相"对接"(alignment),但正如美国学者黛博拉·布罗蒂加姆(Deborah Brautigam)所言,"对于传统捐助者而言,所有这些都是一个相当大的挑战"[①]。

与此不同的是,中国在拟定对非援助的重点、领域和具体项目时,注重尊重非洲国家的发展需要和意愿。在非洲国家开展民族解放运动时,中国重在支持非洲国家反殖、反帝和反种族主义斗争。在当前非洲国家追求和平与发展的时代,中国对非援助开始更为紧密地结合非盟和"非洲发展新伙伴计划"设置的发展议题,注重与非洲"2063议程"设定的优先议题相对接,如路桥、水电等基础设施建设,饮用水、卫生医疗等民众急需的民生项目,食品加工、轻纺工业等生产加工型企业,以援建学校、技能培训为主的人力资源开发,以及帮助非洲国家实现政治稳定和提高治理能力。

三 中国对非援助的风格:相互平等而非高人一等

西方国家经常不理解,为何中国能以相对较少的投入赢得发展中国

[①] Deborah Brautigam, *The Dragon' Gift: The Real Story of China in Africa*, New York: Oxford University Press, 2009, p. 133.

家的外交支持。原因自然很多，其中一个重要因素是中国始终能以相互平等的原则同发展中国家相处，这是经受过西方殖民压迫且至今仍处于国际社会边缘的亚非拉国家所特别看重的，也是中国与这些国家因为共同的历史遭遇而能够相互理解和相互支持的地方。传统捐助国习惯于以"捐助者－受捐者（donor-recipient）"的关系模式来审视对外援助，而中国则始终视对外援助为发展中国家间的平等合作，强调中非合作过程中的互助与共同发展。正如英国学者肯尼斯·金注意到的那样，《中国对非政策文件》没有使用帮助非洲国家"削减贫困"或者"贫穷"这样的表述，而是突出强调中非在经济、教育和医疗卫生等领域的合作，多次出现追求"共同繁荣"的字样。[1]

多年来，中国援外专家在受援国从不要求享受任何形式的特权，也体现了中国平等待人的一面。1964年2月，中国总理周恩来在出访亚非国家时提出了对亚非国家援助的"八项原则"，其中就有"派到受援国帮助进行建设的专家，同受援国自己的专家享受同样的物质待遇"。[2] 同年6月14日，毛泽东在同坦桑尼亚第二副总统拉希迪·姆·卡瓦瓦的谈话中再次强调："我们一定要实行八项原则。……我们派出去的人，可能有不好的。我们要检查工作，如果发现有人对外国态度不好，就必须责令他改正错误；如果他不改，就调回来。"[3] 胡锦涛主席在2006年中非合作论坛北京峰会上指出，中非关系之所以历久弥坚的一个关键因素是"平等相待"，"这是中非互信日益增进的重要保证"。[4] 习近平主席在访非时再次强调，中非关系的本质特征是"真诚友好、相互尊重、平等互利、共同发展"。"我们双方谈得来，觉得相互平等；我们不把自己的意志强加给你们，你们也不把自己的意志强加给我们。"[5]

---

[1] ［英］肯尼斯·金：《中国与非洲的伙伴关系》，载《国际政治研究》2006年第4期，第10—20页。

[2] 谢益显主编：《中国外交史（中华人民共和国时期1949—1979）》，第284页。

[3] 中华人民共和国外交部、中共中央文献研究室编：《毛泽东外交文选》，中央文献出版社、世界知识出版社1994年版，第527—528页。

[4] 《胡锦涛主席在中非合作论坛北京峰会上的讲话》，载《人民日报》，2006年11月5日第2版。

[5] 习近平：《永远做可靠朋友和真诚伙伴——在坦桑尼亚尼雷尔国际会议中心的演讲》，载《人民日报》2013年3月26日第2版。

四 中国对非援助的重心：民生与发展而非"福利捐赠"

西方对非洲发展援助强调的是福利服务（welfare services），援助的重点在于受援国的基本生活需求与人道救助，援助的领域侧重于"社会和行政"（Social and administrative）领域（如教育、健康、人口、清洁水、政府、市民社会等），而诸如"经济"（Economic）领域（如交通、通讯、能源、金融服务）与"生产"（Production）领域（如工业、农业、渔业、矿业、建筑业）的发展则未受到足够重视。根据经合组织公布的数据，在2014年经合组织发展援助委员会（DAC）成员国对非洲的双边援助中，37.3%的发展援助用于了社会和行政领域，经济和生产领域的援助比重仅分别为19.3%和6.9%（见图3—1）。这一援助方式的缺点非常明显，一方面，大量援助资金流向非生产领域，对于非洲国家的生产和发展并无直接的推动作用；另一方面，以福利捐赠为主的西方发展援助还极大培养了非洲国家的依赖心理，消减了非洲国家实现自力更生的意愿，对非洲发展的负面影响更是长远而深刻。

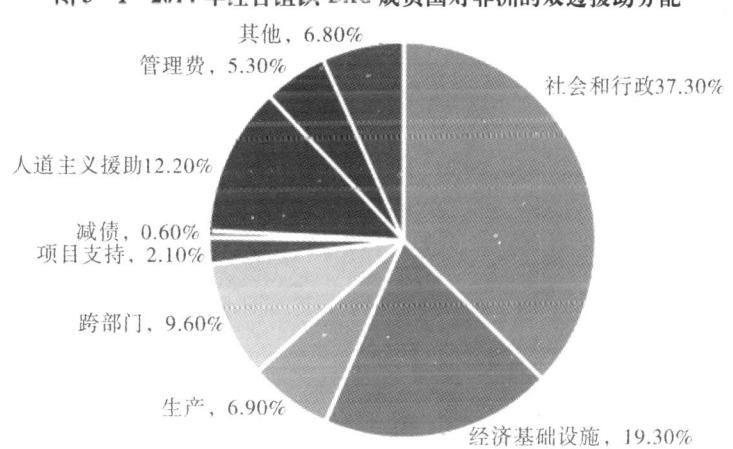

图3—1 2014年经合组织DAC成员国对非洲的双边援助分配

- 其他，6.80%
- 管理费，5.30%
- 社会和行政37.30%
- 人道主义援助12.20%
- 减债，0.60%
- 项目支持，2.10%
- 跨部门，9.60%
- 生产，6.90%
- 经济基础设施，19.30%

资料来源：OECD,"Aid by major purposes in 2014", OECD官方网站, http://www.oecd.org/dac/stats/documentupload/TAB19e.xls (2016-03-01)。

对外援助的确需要关注受援国民众的基本生活需求，以减轻当地民众的贫穷、饥荒和疾病并由此提高其生活福祉，但同时，对外援助也可以与发展相结合，通过对外援助来推动受援国的经济发展和社会进步，以便从根本上推动受援国的减贫与发展。比如，对外援助可以关注基础设施建设特别是经济基础设施建设，通过援助来改善和提高受援国的经济发展条件；对外援助项目及资金的注入，特别是援助与贸易和投资相结合，有助于激活受援国的资金和商品市场并推动其经济发展；援助项目注重技术培训和转让，也能从根本上提高受援国的发展能力。

援助只能解一时之困，发展才是非洲的出路所在。因此，中国在关注受援国民生改善的同时，也注重以对非援助带动对非投资与贸易，推动与非洲的全面合作，在促进非洲发展进程中实现互利共赢与共同发展。特别是20世纪90年代中期以来，中国逐步推行了贴息优惠贷款、援外项目合资合作等方式，其重要目的之一便是利用不断增加的援助和投资来带动非洲经济发展和产业能力提升。根据中国政府发布的《中国的对外援助（2014）》，在2010—2012年中国对外援助资金中，经济基础设施占44.8%，物资援助占15.0%，工业占3.6%，农业占2%（见图3—2）。

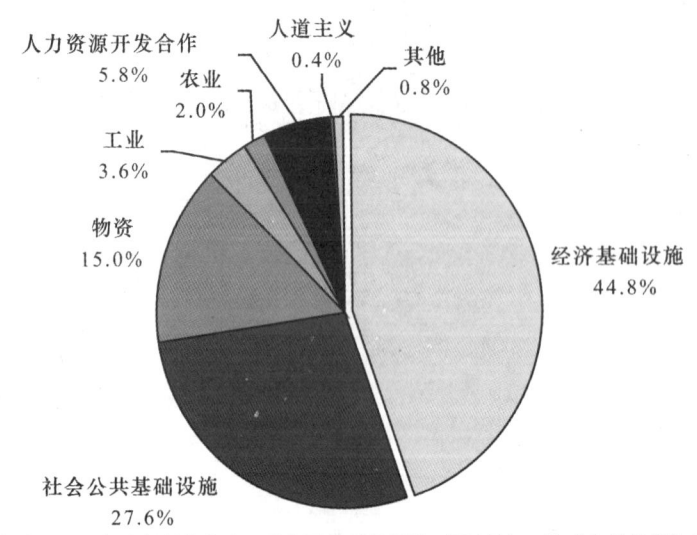

图3—2 2010—2012年中国对外援助的资金分布

资料来源：国务院新闻办公室：《中国的对外援助（2014）》，载《人民日报》2014年7月11日，第22版。

进一步讲，中国在 2010 年至 2012 年三年间共计对外援建经济基础设施项目 156 个，其中 86 个在非洲。① 2012 年，中国宣布同非洲国家建立"跨国跨区域基础设施建设合作伙伴关系"，为项目规划和可行性研究提供支持，鼓励有实力的中国企业和金融机构参与建设。以"民生"和"发展"为导向，而非单纯的"福利捐赠"，是中国对非援助区别于西方国家对非援助的重要特点，也是中国对非援助规模不大但其效果却相对更为明显的重要原因所在。

五 中国对外援助方式：以"实物"和"项目"援助为主而非现金（支票）援助

西方媒体常批评中国对外援助助长受援国的腐败，其实这是一个极大的误解。中国同西方国家在提供援助的具体方式上存在很大不同，结果往往也不一样。一般而言，西方国家主要通过"现金（支票）"方式提供发展援助，不仅受援国政府或相关非政府组织能够以提取管理费的方式对援款进行层层截留，且最终由受援国政府或非政府组织掌握援助资金的管理和使用，还会带来更多的寻租机会，一些受援国亟待提高的行政能力和办事效率也会直接影响援助的有效性。

与此不同的是，中国则主要采取"实物"和"项目"方式提供援助。无论是对外提供基础设施项目，还是提供工业、农业、教育、卫生或人道主义援助，中方大多掌握着资金的管理、使用和拨付，援助项目大多由中国政府、中资企业负责管理和运作，所赠送物质或使用设备主要由中方负责提供。仅以对外提供成套项目为例，2010—2012 年三年间，中国共在 80 个国家建设成套项目 580 个，涉及交通、通讯、工业和农业合作等领域。近年来，成套项目援助约占对外援助财政支出的 40%。② 笔者曾就此与商务部援外司原副司长王成安先生有过多次交流。他认为，中国以"实物"和"项目"形式为主的援助方式不仅有助于避免受援国的贪腐，保证了援助项目的质量和效率，而且还由于中方企业、人员和物资的成本相对较低而节约了成本，使同样数额的援助资金能够比西方国家的援助办更多的事情。这种独特的援助方式虽然在政策层面还有待继

---

① 国务院新闻办公室：《中国的对外援助（2014）》，载《人民日报》2014 年 7 月 11 日第 22 版。

② 国务院新闻办公室：《中国的对外援助》，2011 年 4 月，第 7 页。

续调适和完善，但在实践中却证明是相对有效的，即便是一些国外学者对此也给予了肯定。①

六 中国对非援助的目标："授人以鱼，更授人以渔"

中国援助非洲的目标，不仅仅是为了帮助非洲国家解决暂时遇到的困难，更加重要的是，通过援助来帮助非洲国家提升经济发展的能力。中国在实施对非援助项目过程中积极培养当地的员工，传授技术和管理知识，一个援助项目同时也是一个技术转让或技术合作项目。比如，通过与中国的石油技术合作，苏丹迅速由一个石油产品进口国转变为石油出口国，且基本发展起集石油勘探、生产、炼制、运输、销售于一体的石油工业体系。对比之下，英荷壳牌公司在尼日利亚开采石油达50多年之久，尼日利亚至今仍没有完整的石油生产和加工体系。温家宝总理曾援引"授人以鱼，不如授人以渔"的古语强调，中国对非洲的援助要以帮助非洲国家提升自身发展能力为重点。2009年11月，温总理在参观位于埃及首都开罗智能村的华为中东北非培训中心大楼时说："希望我们的企业在当地，要遵守当地的法律，诚信，搞好管理，同时要无私地来培训当地的职工。这就是我们常讲的，授人以鱼不如授人以渔。"他又指出："中国援非的目的是增强非洲自主发展能力。中国不仅仅是授人以鱼，更要授人以渔。"②

当前中国通过援助和投资推动中非产业对接与产能合作，助推非洲工业化和现代化，更是体现了中国致力于实现与非洲国家共同发展的良好意愿。以提高非洲国家的自主发展能力为目标，是中国对非援助的本质特征之一，也是与西方对非援助的重要区别之所在。

七 中国对非援助的优良传统：力所能及，且信守承诺

早在1970年，联合国大会就提出发达国家的官方发展援助应占其国

---

① 近年来也有越来越多的国外学者能正确评价中国对非洲援助，除了上述黛博拉的著作外，还可参见：Helmut Reisen, "Is China Actually Helping Improve Debt Sustainability in Africa?", *G24 Policy Brief*, No. 9, pp. 1-4, http://www.oecd.org/dataoecd/21/20/39628269.pdf; Laura Freschi, "China in Africa: Myths and Relitity", *Aid Watch*, February 9, 2010; Kristian Kjollesdal, "Foreign Aid Strategies: China Taking Over?", *Asian Social Seicience*, Vol. 6, No. 10, October 2010.

② 《授人以鱼，不如授人以渔》，载《人民日报》2009年11月7日第3版。

民总收入（GNI）0.7%的目标。"千年发展目标"发布后，2002年联合国"发展融资国际会议"（International Conference on Financing for Development）号召发达国家"切实采取行动，以实现向发展中国家提供的官方发展援助达到各援助国国民总收入的0.7%"①。近十年来，许多发达国家的官方发展援助的确有了增长，2013年经合组织发展援助委员会28个成员国总计提供了1344.81亿美元的官方发展援助净额，但只有5个国家的官方发展援助净额超过其国民总收入的0.7%，28个捐助国的ODA净额占它们GNI的比重平均仅为0.30%（见表3—2）。就主要发达国而言，除了英国以外，美国、法国、德国、日本等主要捐助国无一达到0.7%的目标。美国作为最大的官方发展援助提供国，其提供的官方发展援助仅占其国民总收入的0.18%（见表3—3）。

表3—2　2013年提供ODA超过0.7%的发达国家及其ODA占GNI的比重

国家	ODA净拨付额（百万美元）	占其GNI的百分比（%）
挪威	5,581	1.07
瑞典	5,827	1.01
卢森堡	429	1.00
丹麦	2,927	0.85
英国	17,920	0.71
经合组织发展援助委员会28个成员国	134,481	0.30

资料来源：OECD,"Net Official Development Assistance by DAC Countires", OECD官方网站：http://www.oecd.org/dac/stats/statisticsonresourceflowstodevelopingcountries.htm（2015-05-30）

---

① United Nations, *International Conference on Financing for Development*, 1 March 2002, pp.9—10, http://www.ycsg.yale.edu/core/forms/monterrey_consensus.pdf（2012-04-24）

表3—3　2013年提供ODA最多的5个发达国家及其ODA占GNI的比重

国家	ODA净拨付额（百万美元）	占其GNI的百分比（%）
美国	30,879	0.18
英国	17,920	0.71
法国	11,342	0.41
德国	14,228	0.38
日本	11582	0.23
经合组织发展援助委员会28个成员国	134,481	0.30

资料来源：OECD，"Net Official Development Assistance by DAC Countires"，OECD官方网站：http://www.oecd.org/dac/stats/statisticsonresourceflowstodevelopingcountries.htm（2015-05-30）

作为世界最大的发展中国家，中国在过去几十年积极履行国际义务，在帮助其他发展中国家实现发展过程中承担了应有的责任。进入21世纪，随着中国经济的不断发展和国际地位的提升，伴随非洲国家对中国发展的羡慕与期待，中国显著增加了对非援助的规模，不断创新对非援助的内容与方式。历届中非合作论坛会议及峰会均会提出许多新的援助与合作协议，体现了中国在实现自身发展的同时，开始更多地帮助非洲国家实现共同发展。在推动自身发展进程中不断增强自身的国际责任意识，在实现自身发展中推动世界的共同发展与进步，正是当前中国大国外交重要诉求之一。

八　中国对非援助的性质："南南合作"而非"南北关系"

中国与非洲国家同为发展中国家，在现代化进程中面临许多相似的发展难题，因此中国对非援助在本质上是发展中国家间的相互支持，是全球化加速发展背景下发展中国家对现代化的共同追求。这种双向互助关系改变了传统援助者施于他人和受援者受馈于人的不平等关系，其目的是实现双方的平等合作和互利共赢。这种援助关系是南南合作的重要内容，其意义早已超越了单纯的援助，成为推动当前亚非复兴进程的重要推动力量。

事实证明，当前中国加大对非洲的援助、投资和技术合作，给非洲经济带来了新的发展机遇，正在推动非洲大陆以更为有利的方式融入全球经济。坦桑尼亚学者梅威斯加·巴热古曾言，当前非洲面临两扇机会之窗，第一扇窗是推动区域一体化和非洲大陆的统一进程，第二扇窗是加速发展和中国、印度这些飞速发展经济体的关系。[1] 南非时任总统姆贝基在参加了2006年中非北京峰会后撰文《希望诞生在北京大安门》，称赞中非合作将把非洲带向充满希望的未来。[2] 在2015年中非约翰内斯堡峰会召开之后，肯尼亚总统肯雅塔这样说道："中国是帮助非洲摆脱贫困、实现可持续发展的合作者，这些正是西方殖民者过去没有做过的事情。"[3] 或许可以这样期待，中非发展合作的全面展开以及由此带来的非洲发展进程的加快，将向世界展示一个崛起的东方大国应有的风度和全球责任。

第三节　中国对非援助推动了非洲的减贫与发展[4]

中国对非洲援助在本质上是中非双方的一种互助互援，是一种发展中国家的南南合作。60年来，中国通过援助推动了非洲国家的民族独立进程，增强了非洲国家经济发展的基础，同时也有效配合了中国外交大局和中国自身的经济发展进程，彰显了中国不断提升的国际责任。

---

[1] Mwesiga Baregu, "Africa – China – EU: From the Perspective of Africa", *International Review*, Summer, 2008, p.72.

[2] Thabo Mbeki, "At the Heavenly Gate in Beijing Hope is Born!", *ANC Today*, November 10, 2006.

[3] 《非洲各界热议习近平讲话和中非合作》，载《人民日报海外版》2015年12月6日第2版。

[4] 中国社会科学院西亚非洲研究所安春英研究员为本节提供了必要的研究资料，特此感谢。

一 对非农业援助及成效

在中国对非发展援助中,农业援助是一个重要的组成部分。中国向非洲提供农业援助始于1959年,即中国向几内亚政府提供属于发展援助范畴的无偿粮食援助。[①] 从20世纪60年代开始,中国对非农业援助获得长足发展,至2011年6月,中国在非洲的农业援助项目达100多个[②]。50多年来,中国对非农业援助方式与内容日渐丰富,主要包括以下几方面:

第一是援建农场。20世纪60、70年代,非洲国家经济发展百废待兴,农业资源未得到充分开发利用,大米、蔬菜、食糖等重要生活物质不能自给,急需发展农业生产。鉴于此,中国政府在非洲援建了大量农场,如坦桑尼亚姆巴拉利农场和鲁伏农场、索马里费诺力农场、乌干达奇奔巴农场、几内亚科巴甘蔗农场、马里2个甘蔗农场、毛里塔尼亚姆颇利水稻农场、塞拉利昂甘蔗农场、尼日尔4个垦区、多哥甘蔗种植园、刚果(金)甘蔗农场等。这类项目近90个,种植面积超过4万公顷。[③]根据中国政府与非洲受援国政府签订的协议,中方负责服务于农场建设的农机设备的供应、建设水利灌溉配套设施、提供农场生产技术指导、参与农场的计划管理等事宜。援建农场呈现稳定发展态势后,就移交给受援国政府。一般说来,中国农技专家在当地援建农场管理期间,产出效益显著增加。而在非方接管农场后,由于农业管理水平和生产技术未实现可持续发展,生产效益衰减。一些援助农场遂通过中非合资(如马里甘蔗农场、卢旺达卡布依农场等)或中方独资(如中赞友谊农场、喜洋洋农场、阳光农场等)形式获得新生,如1986年底,卢旺达卡布依农场转变为中卢合营水稻公司,中国湖北国际经济技术合作公司和卢旺达农业公司各持50%的股份,[④] 中方派遣合营公司总经理、农艺师、机械师等农场经营管理人员,雇用当地人从事农作物生产,为原有援建模式注

---

① 李小云等:《小农为基础的农业发展:中国与非洲的比较分析》,社会科学文献出版社2010年版,第204页。
② 迟建新:《助力非洲粮食安全》,载《人民日报》2011年11月30日第23版。
③ 王成安:《中非农业合作:功在千秋利在长远》,载《人民日报》2000年9月12日第7版。
④ 林玫:《援非洲农业项目的几种形式》,载《国际经济合作》1990年第10期,第25页。

入新的活力。

  第二是援建农业技术实验站、推广站和农业技术示范中心。中国对非农业援助初期，基于非洲农业发展的关键在于提高农业生产技术的判断，以及随着中国与越来越多非洲国家建立外交关系，须顶替原来"台湾当局"在非洲国家建立的农耕队，出于援外配合外交的需要，中国政府在援建农场的同时，也采用援建农业技术实验站、推广站的方式，力图推进非洲农业生产出现质的提高。中国曾先后帮助几内亚、马里、坦桑尼亚、刚果（布）、索马里、乌干达、塞拉利昂、尼日尔、多哥、刚果（金）、毛里塔尼亚等十多个国家建设了技术试验站和农业技术推广站。中方向这些援非农技实验站、推广站提供资金与派驻农技人员，通过研究、试验、推广和扩散等农业技术传播途径①，如中国农业专家帮助受援国提高农作物种植技术、繁育技术和管理技术，畜牧、水产养殖技术，农产品初加工技术等等，指导进行农业技术试验和推广，将农业技术快速推广到非洲当地农户手中，进而转化为生产力。

  为进一步提升中国对非农业技术水平，21世纪以来中国开始在非洲援建农业技术示范中心。2006年中国在中非合作论坛北京峰会上宣布在非洲援建14个农业技术示范中心，2009年中国又提出在此基础上增至20个，2012年再次承诺适当增加农业技术示范中心的数量。仅在2010年至2012年三年间，中国在非洲建成了14个农业技术示范中心，另有8个技术示范中心进入规划实施阶段。②在管理制度方面，2011年6月24日商务部和农业部联合印发了《关于促进援非农业技术示范中心项目可持续发展的指导意见》，文中指出：援非农业技术示范中心项目运行分为建设、技术合作和商业运营三个阶段，并针对不同阶段提出了目标定位、内部管理和监督等具体指导意见。在运作模式方面，项目的投资主体是政府，运行主体是企业（即由地方政府推荐的农业技术示范中心的承办企业，如陕西农垦集团负责喀麦隆项目等），因此每个项目的运行管理均主要由懂农业的经营主体来承担，以期实现项目的可持续发展。在国别

---

  ① 李小云等：《小农为基础的农业发展：中国与非洲的比较分析》，社会科学文献出版社2010年版，第209页。

  ② 国务院新闻办公室：《中国的对外援助（2014）》，载《人民日报》2014年7月11日第22版。

和建址选择方面，在充分考虑受援国需求的同时，尽量选择具备一定自然条件（即包括土地资源、水气资源等因素）的农业发展适宜地区。在合作内容方面，中方秉承农技实验站、推广站的基本职能，向非洲国家提供各类实用农业技术。当然，技术服务的内容也因地而异：如卢旺达的农业技术示范中心项目主要开展水稻、旱稻、菌草、蚕桑、水土保持等5个领域的技术示范与推广，而刚果（布）项目则侧重西瓜、黄瓜、西红柿、辣椒等热带水果和蔬菜的种植技术与推广，帮助提高当地民众的蔬菜栽培水平和农业科技意识。

案例　中国农业示范中心促进贝宁农业发展

中国援贝农业技术示范中心建成于2010年9月，是中国第一批建立的援非农业技术示范中心之一。针对贝宁国情，中心因地制宜开展了农业技术培训、试验和示范。玉米是当地主要农作物之一，单产低、品质差，中国专家手把手传授玉米杂交高产种植技术，先后试验了10个中国品种和8个贝宁当地品种。贝宁畜禽主要以散养为主，满足不了当地市场的需求，需要从欧洲或周边国家进口，中心便引进优良品种，开展蛋鸡和肉猪的养殖试验和示范。木薯是贝宁主要粮食作物，但当地农民只会简单的种和收，中心技术人员上门讲解木薯管理和病虫害防治知识。在蔬菜种植区，栽培了豇豆、黄瓜、辣椒、冬瓜、茄子、白菜、萝卜和空心菜等10余种从中国国内和贝宁当地优选的蔬菜品种。一位当地农民感慨："以前不懂技术，玉米只蹿个不结粒，有时忙了几个月却颗粒无收。采用中国的种子和技术后，我们村农户玉米产量都得到很大地提高，中国农业技术示范中心让我们过上了好日子！"

资料来源：根据中国—非洲国家贸易促进会网站文章《中国农业示范中心促进贝宁发展》一文整理而成。http://www.chnafrica.org/cn/zfxw/7624.html（2015 – 05 – 14）

第三是派遣农业技术专家。这种方式亦是中国对非农业援助的传统

第三章 民生与发展援助:中国对非援助与非洲的减贫和发展　89

方式之一,并持续存在,主要通过两种路径实施。一是中国政府在双边援助框架内派出农业专家。1961年,中国向马里派出7名农业专家,试种茶树和甘蔗。1976年,中方派出水利和水稻专家组,帮助乌干达在多雨地区的沼泽地发展水稻生产。颇为引人注目的是,"派遣百名援非高级农业专家"被列入2006年中非合作论坛提出的八项援非举措之一。农业部国际交流服务中心具体承担了援非农技专家派遣项目的组织实施工作,为此该中心拟定了援非高级农业专家选拔办法、管理办法、集训方案、派遣方案,以及专家和翻译评审方案等,为专家选拔派遣工作的实施提供了初步框架和依据。仅仅从2007年10月至2009年底,中国就向摩洛哥、几内亚、马里、塞拉利昂、加纳等33个非洲国家派出具有副高级职称以上的104名高级中国农业专家,主要帮助非洲国家政府制订农业发展规划,改良种子,传授适用农业生产技术和管理经验,培训技术人员。二是参与国际组织等多边对非农技援助计划。1996年,中国参与联合国粮农组织实施的"粮食安全特别计划"框架之后,就开始通过粮农组织向非洲等发展中国家派遣农业专家和技术员。如2007年,中国共派出18名农技专家分赴塞拉利昂的莫亚巴、马卡里、卡巴拉和科隆4个项目区开展技术援助,向当地传授了水稻种植、养鱼、蔬菜、农机具使用和维修、小型畜牧养殖、养蜂、农业植保等多种实用农业生产技术。[①]

几十年来,中国对非农业援助始终着眼于非洲国家的实际需要,取得了一定的经济成效和积极的社会效益。

第一,中国对非农业援助符合非洲国家农业发展与减贫的利益诉求。当前,发展农业与减贫已成为非洲国家经济与社会发展战略或政策的核心。无论是20世纪70、80年代的《拉各斯行动计划》,还是当下的"非洲发展新伙伴计划"和非盟提出的"2063议程",抑或是国别的减贫与发展战略计划,均把农业发展问题列为重点关注议题。2003年,非洲国家签署了《非洲农业综合发展计划》(是《非洲发展新伙伴计划》的子计划),提出了非洲国家农业发展的4个重点领域,即改善土地和水资源管理,促进其可持续利用;改进农村基础设施、改革农产品贸易政策,以提高市场准入和对外贸易能力;加强食品安全、促进灾害管理;推动

[①] 李小云等:《小农为基础的农业发展:中国与非洲的比较分析》,社会科学文献出版社2010年版,第213页。

农业研究、促进农业技术推广，并以此作为非洲国家对外农业合作的支点。纵观中国对非农业援助形式与内容的调整与变化，与上述《非洲农业综合发展计划》有诸多共通之处，这说明中国对非实施的农业援助举措与非洲国家经济与社会发展需要保持了一致性，彼此之间可形成合力，推动非洲国家尽快实现脱贫致富的发展目标。

第二，中国对非农业援助重心是帮助非洲国家提升农业技术水平，提高其自身农业发展能力，由此推进非洲国家的减贫进程。科技是第一生产力，非洲农业的增长离不开农业研发与技术推广。在过去几十年中，中国对非农业援助突出技术转移因素，创造了高农业生产率。例如，2008年12月中国派遣赴马里工作的高级农业专家组，在该国巴吉内达灌溉区2公顷的稻田上进行了杂交水稻种植技术示范，并指导马里农民种植，取得了每公顷试验田稻谷产量达9吨的佳绩，远远高于该国稻谷单产2.3吨/公顷（2009年）[①] 的数值。一方面，农业产出能力的增强，尤其是粮食作物产量的增加，会帮助那些有粮食生产资源条件的受援国提高农业和粮食生产能力；对于长期饱受粮食短缺之苦的广大非洲国家民众来说，无疑会在一定程度上缓解粮荒之危。另一方面，值得注意的是，非洲大多数为农业国，且该地区约有70%的人口生活在农村地区，因此非洲国家减贫的关键在于解决农村人口的贫困问题。农业发展与减贫有强相关性，相关研究表明，农业产出每增加1%，贫困发生率会下降1.09%。因此，由农业技术水平提升引致的农业生产力的提高，会直接增加农民收入，从而起到减贫效果。

第三，中国对非农业援助注重为非洲国家引进农作物新品种，丰富了受援国农产品收获物与居民的"菜篮子"，对于改善当地人民的饮食结构起到了重要作用。早在20世纪60年代，中国农业专家在马里试种茶树和甘蔗成功，建立了甘蔗和茶叶加工业，丰富了该国种植业结构，当时的中国专家组长唐耀祖、林桂堂分别被马里人称为"马里甘蔗之父"和"马里茶叶之父"。近年来，更多的新品农作物在非洲落地生根并结果，如尼日尔的大白菜、中非共和国的萝卜与青刀豆、刚果（布）的西瓜、莱索托的菌草等，上述农产品品种都是被首次引进受援国。事实上，非

[①] 参见联合国粮农组织统计数据库：http://faostat.fao.org/site/567/DesktopDefault.aspx?PageID=567#ancor（2012-03-05）

洲是世界上营养不良人口最为集中的地区，撒哈拉以南非洲约有1/3人口处于营养失衡状态。① 而营养丰富的农产品供应当地市场，逐渐为更多的民众食用，从而为塑造民众的健康体魄做出了贡献。

二 对非工业援助及成效

20世纪60、70年代，大部分非洲国家先后独立，希望迅速实现工业化和现代化，一些国家还制定了"进口替代"工业化发展战略。对于工业基础十分薄弱的非洲国家来说，工业领域获得外国援助成为迫切所需。正是在此背景下，中国政府实施了对非工业援助项目。援非工业项目在70年代发展较为迅速，一度成为中国成套项目援助的重要内容之一。

根据非洲大多数国家农矿初级产品丰富的特点，中国对非工业援助主要为资源加工型项目和简单的制造业项目。如中坦友谊纺织厂、贝宁洛克萨棉纺厂、马里上卡拉糖联、马里法拉科制茶厂、多哥阿尼耶糖联、马达加斯加糖厂、几内亚卷烟火柴厂、阿尔及利亚盖尔玛陶瓷厂、喀土穆炼油厂、卢旺达水泥厂、刚果（布）水泥厂、津巴布韦华津水泥厂等。

从援助模式看，中国对非工业援助项目大多是通过成套项目援助实施的，即中国提供无偿援助和无息贷款等援助资金，且负责受援项目的考察、勘察、设计和施工的全部或部分过程，提供全部或部分设备、建筑材料，派遣工程技术人员组织和指导施工、安装和试生产。项目竣工后，移交受援国使用。

80年代末90年代初，许多非洲国家开始大规模的经济自由化和企业私有化进程，中国援建的一些生产性项目也随之转化为私营，中国对非工业领域的援助逐步减少。与此同时，中国政府也实行了援外方式改革。1993年，中国政府设立了"援外合资合作项目基金"，支持中国企业与受援国企业进行合资合作。1995年，中国开始通过进出口银行提供援外优惠贷款。非洲国家成为"援外合资合作项目基金"和援外优惠贷款的主要受益国，其中苏丹石油项目是中国对外实施的首个援外优惠贷款项目，中方提供1亿元人民币用于中石油与苏丹能矿部合作实施的6区块勘探开发项目。此后，中方提供的优惠贷款也惠及津巴布韦华津水泥厂、刚果

---

① David Bigman, *Poverty, Hunger, and Democracy in Africa: Potential and Limitations of Democracy in Cementing Multiethnic Societies*, Palgrave, 2011, p.77.

鲁特特水泥厂等项目。截至 2009 年，中国援助非洲工业项目 145 个，包括轻工、纺织、机械、建材等诸多行业。①

中国对非工业援助的成效主要有：

第一，中国对非工业援助促进了受援国民族工业的发展，助推其实现经济现代化的努力。非洲国家独立之初，工业化水平低，工业部门残缺不全，许多工业产品完全依赖进口。中国帮助其建设了一批工业项目，奠定了非洲国家工业发展基础，不少项目填补了非洲民族工业的空白，减少了经济对外依赖。例如，中国援建的马里闪电火柴厂 1966 年投产，从此马里所需火柴大部分不需进口了。②又如，2000 年，苏丹境内第一座现代化炼油厂——喀土穆炼油厂的建成投产，结束了苏丹石油产品长期依赖进口的历史，并帮助苏丹建立了上下游一体化的石油工业体系，为苏丹国民经济和社会发展注入了强劲动力。

第二，中资援非企业通过生产经营活动，创造产值，增加了当地税收，促进当地经济增长与增加政府财政收入，为非洲国家实施减贫与发展提供了资金。中国援非工业企业为当地人创造了新就业岗位，使他们参与经济活动而拓宽收入来源，提高了当地民众的购买力和生活水平，有助于穷人减贫。

第三，在援非企业发展过程中，中方通过在职培训、建立培训中心、选派优秀员工赴华培训等方式，实现技术转移，为受援国培训了一批熟练技术人员，提高了当地人力资源素质。

第四，一些援非中资企业在从事生产经营的同时，还通过捐资、修路、架桥、打水井、建医院、盖学校等形式，积极履行企业社会责任，参与当地社区发展的公益事业，从而惠及当地民众，促进当地民生的改善。

案例　马里上卡拉糖联项目

马里上卡拉糖联股份有限公司（以下简称"糖联"）是中国

---

① 参见王成安在"第二届中非工业合作发展论坛"上的发言《对中非经贸合作前景的一个评估》，2011 年 11 月 28 日。

② 马里设计基础资料汇编编辑委员会编：《援外成套项目设计基础资料汇编：马里》，1976 年内部印刷，第 556 页。

轻工业对外经济技术合作公司（以下简称"中轻对外公司"）与马里政府合资的大型农工商联合企业，其前身是我国政府20世纪60、70年代的对外援助项目，由两个制糖工厂和两个甘蔗种植农场组成。其中杜加布谷糖厂建于1965年，西里巴拉糖厂建于1974年。根据中、马两国政府合作换文规定，糖厂建成后由中方派遣技术专家对当地工人进行技术培训、指导，由马方负责经营管理。但由于马方经营管理不善，企业连年出现亏损，处于濒临倒闭边缘。为拯救企业，中马两国政府于1984年6月签订了"中马管理合作议定书"，开始实行管理合作。90年代，在企业私有化浪潮下，中轻对外公司与马里政府于1994年10月签订了《关于成立上卡拉糖联股份有限公司的合同》，其中中方持股60%，马方持股40%。1996年2月，马里糖联正式成立。由此，我国对非援助老项目进行了成功转型。糖联项目现已成为当前中国与马里最大的合作项目，也是马里国内最大的农工商联合企业。

糖联主要生产一级白砂糖和酒精，副产品是废蜜。2009/2010年度，榨季白糖产量达3.9万吨，创历史新高；酒精产量264万升。糖联产品产销两旺，白糖全部在马里国内市场销售，酒精除供应当地市场外，还远销布基纳法索等周边国家。

糖联的成功运作为当地经济与社会发展做出了显而易见的贡献。其一，创造了大量就业机会。糖联现有固定工1413人，加上糖联自身合同工和临时工达3000多人，每个榨季生产聘用人数达到高峰时总共可达近万人。一般职工的平均工资为10万非郎/月（约合1700多元人民币），相当于当地10口人一个月的生活费用；当地中层管理人员月收入超30万非郎（约合5000多元人民币）。据估算，当地4300余户家庭的日常生计与糖联息息相关。若加上季节工在内，糖联每年可为马里解决10万人以上的温饱问题。糖联的存在为维护马里社会稳定和当地民众脱贫致富做出了积极贡献，成为马里解决就业人数最多的知名企业。为确保员工队伍稳定，增强员工归属感，糖联还向员工提供福利性住房，每年补贴近2亿非郎用于职工购买优惠价格的粮食和白糖。其二，增加当地税收。目前，糖联每年在当地采购物资约30亿非郎，带动了相关产业的发展。每年向马里政府上缴税收、分红约50亿非郎。随着免税政策的逐步到期，这一数字还将大幅增加。其三，推动马里民族工业发展。糖联是马里唯一的制糖企业，其白糖产量由合资之前的2.3万吨已提高到目前的年产近4万吨。公司的生产经营在相当程度上减轻了马里对进口白糖的依赖，并可以在国际市场波动时维护国内市场供应和价格的稳定。糖联的存在也对当地生产性物资产生了很大需求，促进了当地一些产业发展和进口贸易业务，如包装、建材、电机产品等，每年在当地采购金额达30多亿非郎。糖联所在地已由原来的小村庄发展为比较繁荣的市镇。其四，实施属地化经营，为当地员工提供管理与技术培训。糖联每年定期对当地人员进行技术培训，目前接受培训的人员已超过600人次。现有马方中高级技术人员182人，管理人员58人，占中高级技术和管理人员总数的88%。蔗糖开榨前，中方制糖、压榨、锅炉等方面的专家给马里员工上课，加强岗位培训；在车间，则对工人进行实地操作培训；同时，公司还选派马里当地代表到我国或其周边国家参加双边或多边技术培训班，较好地提高了当地技术人员的素质和水平。

  此外，粮联在从事生产经营之余，还做了诸多公益事业，使当地人直接受益：（1）为所在地即杜加布古和西里巴拉两个城市的居民日常必需的农业生产活动提供了大量耕地和菜地，并无偿传授水稻种植技术，提供的耕地面积分别为杜加布古1300公顷，西里巴拉800公顷。（2）在杜加布古植树造林112公顷，西里巴拉植树造林150公顷。此举有益于预防土壤沙化、防风防沙。（3）免费为当地居民打深水井，为当地人群提供安全、卫生的饮用水，解决当地人民的生活用水需要，此项投入已超2000万非郎。（4）为所在地建设了医院和妇产科诊所等医疗设施，保证了当地人民的医疗卫生需求，并在杜加布古和西里巴拉配备了救护车，以使危重伤病员能在第一时间被送往赛古或尼奥罗等大城市，得到及时且更好的治疗。（5）为当地建设了幼儿园，并通过工会为当地教育基础设施进行持续资助。（6）为当地政府杜加布古引水设施工程的建设提供了300万非

第三章　民生与发展援助：中国对非援助与非洲的减贫和发展　95

郎资助。(7) 为当地修路，每年翻修或新修的交通干道和田间道路总和达400公里。(8) 与当地有关机构如政府、学校、宪兵队和各民间组织都保持着良好的关系，常为他们提供交通工具、燃油、水电和节日时的实物、现金捐赠或赞助等。(9) 与中轻对外公司共同出资捐助马里妇女儿童基金会4.15亿西郎，用于该公益非盈利慈善机构新建其办公楼及辅助设施。(10) 与中轻对外公司共同出资3500万非郎捐助建立了中、马友谊刺绣培训中心，并为当地妇女培训学习中国刺绣技术提供了持续赞助等。

资料来源：由中国轻工业对外经济技术合作公司提供相关资料，特此致谢。

三　对非基础设施建设及成效

中国对非基础设施建设是从援非项目中的农用水利设施起步的。坦赞铁路的建设与通车，以及新世纪非盟总部大楼和会议中心的落成，是具有里程碑意义的两大援建项目，成为中国无私援助非洲的历史见证。多年来，中国对非基础设施援助项目从大型地标性建筑到种类繁多的经济与民生项目，彰显中国援助重视支持非洲国家改善基础设施条件的要义。

从基础设施功用来看，中国在非洲国家此领域实施的援助项目大致可分为两类：即公路、铁路、机场、港口、通讯、水电设施等经济基础设施；各类办公大楼、学校、医院、体育场馆、文化设施、住房等社会公共基础设施。截至2009年底，中国在非洲援建了500多个基础设施项目，社会影响较大的项目包括坦赞铁路、索马里贝莱特温—布劳公路、毛里塔尼亚友谊港、突尼斯麦热尔德—崩角水渠、佛得角泡衣崂水坝、坦桑尼亚国家体育场、肯尼亚莫伊国际体育中心、科特迪瓦阿比让文化宫、非盟总部大楼和会议中心等等。[①]

中国对非基础设施融资主要通过三个路径实施的：第一是无偿援助项目，属赠予性质。这类项目由商务部援外司根据非方的需求确定具体项目，项目金额在1000万美元以下。受援国不需偿还项目资金。在项目

---

① 商务部国际贸易经济合作研究院编：《中国与非洲经贸关系报告2010》，第6页。

实施中，通常在中国国内公司之间通过竞标或邀请协商选定承包商。例如，布隆迪穆杰雷水电站项目、贝宁科托努立交桥项目、利比里亚塔佩塔医院项目等等。

第二是通过优惠贷款方式实施。从 1995 年起，中国政府开始实施对外提供政府贴息优惠贷款，利率一般为 2%—3%，期限为 15—20 年，大中型基础设施项目是最主要的受益领域（优惠贷款的流程参见图 3—3）。特别是中非合作论坛成立以来，中国不断加大对非援助融资力度。2007 年至 2009 年，中国向非洲提供了 50 亿美元优惠贷款和优惠出口买方信贷。2010 年至 2012 年，中国计划向非洲提供 100 亿美元优惠性质贷款。优惠性质贷款支持的在建大型项目，包括毛里求斯机场、赤道几内亚马拉博住宅项目、加纳布维水电站等。[①]

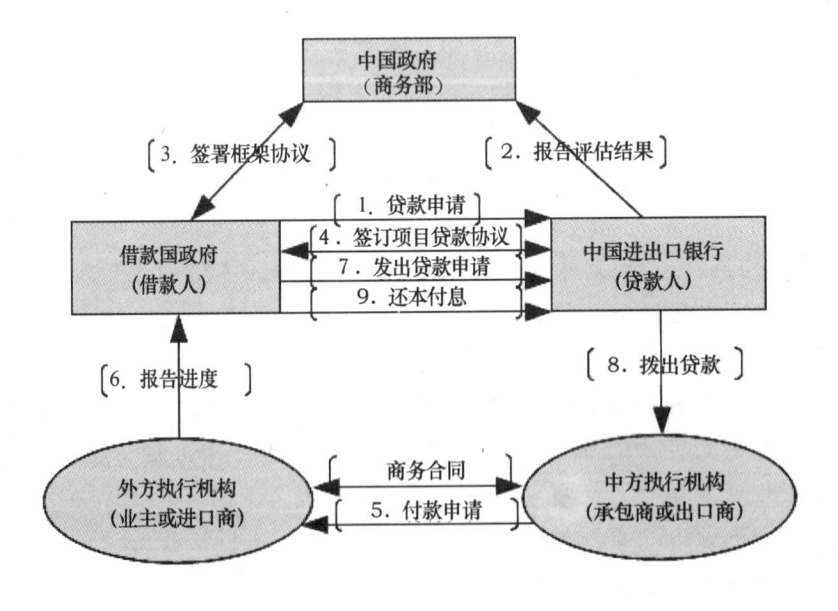

图 3—3　优惠贷款的结构与流程

资料来源：中国进出口银行。

第三是非洲国家以自然资源为抵押换取中方提供的基础设施援助服

[①] 国务院新闻办公室：《中国与非洲的经贸合作》白皮书，2010 年 12 月。

务,即安哥拉模式。该模式包括三个重要部分:其一,中国政府和非洲国家政府签订特别的框架协议,确定合作的原则;其二,石油公司和银行签订相关的合作协议;其三,中方向非洲国家推荐中国承包商。基础设施项目的确定则是通过政府层面的双边协商,非洲国家政府也会推荐特定的基础设施项目供中国商务部确定。① 2004年,中国与安哥拉政府签订了《关于能源、矿产资源和基础设施领域的协议》,按双方约定,中方援建一系列基础设施建设项目,安哥拉方面则需履行石油还贷协议。为此,中方在安哥拉承担了道路和桥梁设施建设项目、铁路重建项目、新罗安达国际机场建设项目、罗安达总医院建设项目、住房工程修缮项目、水利基础建设项目、司法部办公大楼建设项目、安哥拉国家财政部建设大楼建设项目等。

中国对非基础设施援助的成效主要有:

第一,建设基础设施满足了非洲国家当下经济与社会发展的迫切之需。当前,非洲国家仍处于基础设施供需赤字状况,在撒哈拉以南非洲地区,公路密度为137公里/100平方公里,电话主线密度为10条/千人,电力容量为8700万瓦特/百万人,电网覆盖率为16%,享用改善水源和卫生设施的人口比率分别为60%和34%,远低于其他不发达地区。② 有鉴于此,非洲国家将提高基础设施建设水平视为国家发展战略的优先领域之一,强调外部世界应增加对非基础设施援助力度,以期尽快改善非洲大陆落后的基础设施状况。故,中国在此领域实施的援助行动,顺应了非洲国家经济与社会发展的需求,其效果亦会逐步显现出来。

第二,基础设施建设(尤其是经济类基础设施)会在一定程度上拉动经济增长。研究表明,基础设施建设与经济增长有正相关性。在非洲,尤其是中部和东部非洲地区,基础设施建设对经济增长的贡献率约为2%。③ 这主要源于基础设施投资的乘数效应,即基础设施需求诱发了生

---

① 陈传:《中国在参与非洲基础设施开发中的角色及其影响》,"基础设施:增长与减贫的基础"会议论文,中国国际扶贫中心、经合组织发展援助委员会共同主办,2010年9月19—20日。

② Vivien Foster and Cecilia Briceño - Garmendia edited, "Africa's Infrastructure: A Time for Transformation", The World Bank, 2010, p. 4.

③ Development Co - operation Directorate, "Mapping Support for Africa's Infrastructure Investment", November 25, 2011, p. 7.

产活动，进而涉及到个人消费和其他投资领域，最终使国内生产总值出现一定程度的增长。事实上，经济增长与减贫亦有正比例关系。据世界银行减贫问题专家瑞沃林的研究发现，增长本身就意味着减贫。以1美元一天的贫困标准，贫困发生率对经济增长的弹性为－2，即平均来说，经济每增长1%，贫困发生率会减少2%。当然，不同的国家依据收入差距减贫效果有所不同。平均来说，第一个百分点的经济增长，可使收入分配差距较低的国家贫困发生率减少4.3个百分点，而对贫富差距较大的国家减贫效果较差，只能达到0.6个百分点。① 这说明由基础设施建设引致的经济增长具有益贫性。

第三，基础设施的逐渐完善，会大大降低商品交易成本和使用成本，为经济发展提供基础条件。非洲国家大多为外向型经济，经济发展很大程度上得益于基础设施的持续改善。一个具有说服力的事实是，非洲的出口商品从原料产地到沿海装船运输需经历漫长的路程，而公路密度网的低度化使非洲初级产品在出口世界市场过程中的运输成本较高，约占商品最终出口价格的50%。② 因此，基础设施的改善会增强非洲出口商品的国际竞争力，同时增加出口产品生产者的收益。

第四，由于基础设施是公共产品，因此基础设施建设在一定程度上改善了非洲当地人民的生产和生活条件。比如，坦赞铁路曾极大改善了坦桑尼亚和赞比亚两国的货运与客运，据统计，1976／1977年度至2009／2010年度的33年间，坦赞铁路共运输货物2692.7万吨、旅客4390.42万人次。③ 1984年，中国援建的突尼斯麦热尔德—崩角水渠竣工，全长120公里，总灌溉面积1.9万公里，该项目实现了突尼斯人民长期以来西水东调的夙愿，从根本上解决了当地脐橙种植业发展的缺水瓶颈。中方援建的喀麦隆雅温得体育馆自2009年开馆以来，承办了数十场次的洲际和国家级体育赛事活动，它不仅是雅温得最重要的体育赛事和大型领会场馆，而且还为当地居民开展多种体育活动提供了良好的条件。2010年，中方完成莫桑比克马普托经济住房援助项目，对改善

---

① 林毅夫等编：《以共享式增长促进社会和谐》，中国计划出版社2008年版，第132—133页。

② John Page, "Strategies for Pro‐poor Growth: Pro‐poor, Pro‐growth or Both", *Journal of African Economies*, Vol. 15, No. 4, 2006, p.535.

③ 此数字由中国土木工程集团公司提供。

当地人民居住条件、帮助受援国政府尽早实现脱贫减困目标有积极意义。2011年，中国援建多哥的200眼水井项目完工，使更多的当地居民喝上了洁净饮用水。

四　对非教育援助与人力资源开发合作

1954年，中国向埃及开罗大学派遣了教师，开启了中国教育援非的先河。此后，随着中非友好关系的进一步发展，尤其是中非合作论坛机制建立以来，中方秉承"授人以鱼，不如授人以渔"的理念，不断赋予中非教育与人力资源开发合作新路径、新内涵，注重通过人力资源开发合作提高非洲受援国自主发展能力。

第一是派遣援非教师。中国对非教育援助始自20世纪50年代派遣援非教师，当时只有3名教师赴非从事教学工作。从那时起至1999年，中国派遣的援非教师数量虽呈现增加态势，但绝对数量仍然有限，分别是：50年代：3人；60年代：14人；70年代：115人；80年代：123人；90年代：238人。[①]在此期间，中国共向阿尔及利亚、博茨瓦纳等30多个国家派遣了教师，教授课程涉及汉语、数学、物理、化学、生物、计算机、土木工程、体育等十几个学科。进入21世纪以来，中国还加大了对非洲国家职业技术教育发展的支持，2010年至2012年，中国与埃塞俄比亚联合开展农业职业技术教育培训，累计向埃方派出400余人次教师，培训当地农业职业院校教师1800名、农业技术人员35000名；中国在苏丹援建的恩图曼友谊职业培训中心累计为苏方培训学员数千名，为进一步扩大招生规模，中国已启动该中心的改扩建工程。[②]

第二是提供政府奖学金，接收来华留学生。自1956年中国与首个非洲国家埃及建交后，开始接受非洲留学生。60年来，享受中国政府奖学金的非洲来华留学生数量增长迅猛，60年代为164人，70年代为648人，80年代为2245人，90年代为5569人。尤其是2000年以来，历次中非合作论坛会议都强调中非在教育和人力资源开发领域的合作，逐渐增加非

[①]《中非教育合作与交流》编写组编著：《中国与非洲国家教育合作与交流》，北京大学出版社2005年版，第23页。

[②] 国务院新闻办公室：《中国的对外援助（2014）》，载《人民日报》2014年7月11日第22版。

洲国家来华留学人员奖学金名额。据教育部统计，2000—2009 年，中国共接受非洲留学生 40656 人次，其中政府奖学金生 20715 人次。① 根据中非合作论坛会议的承诺，中国在 2011 - 2015 年间共向非洲国家提供了 35000 多名政府奖学金名额，在 2016 - 2018 年间将进一步向非洲提供 2000 个学历学位教育名额和 3 万个政府奖学金名额。享受中国政府奖学金的受益面现在涵盖与我国建交的所有非洲国家，来华留学生攻读学位的层次逐年提高，本科生和其他学生（短期生）招生比例有所缩减，而攻读硕士和博士学位的研究生相对增加，有利于为非洲国家培养高层次的管理、科技与研究人才。

第三是举办多种专业研修班。为进一步适应非洲国家经济建设和社会发展的实际需要，从 20 世纪 90 年代起，中国加强了对非洲人才培训和人力资源开发工作，遂举办短期人才研修班成为教育援非新举措。中国于 2000 年首届中非合作论坛会议上设立了"非洲人力资源开发基金"，帮助非洲国家培训各类急需的人才，并在此后不断加大培训的规模。2000 年首届论坛会议提出此后三年共计培训非洲各类人才 7 千人次，2003 年第二届、2006 年第三届、2009 年第四届、2012 年第五届会议提出的培训人数规模分别达到 1 万人次、1.5 万人次、2 万人次、3 万人次。在此框架下，中国的一些高等院校、研究机构和社会组织举办了大量的对非洲国家的人力资源研修班、研讨班。比如，中国国际扶贫中心致力于开展国家间分享发展经验、促进南南合作的以减贫为主题的培训项目，以推动非洲国家提升农业发展和农业管理能力（见表 3—4）。

第四是援建学校。在 2006 年召开的中非合作论坛北京峰会上，中国政府宣布在未来三年内为非洲援助 100 所农村学校。至 2009 年底，中方实际援助了 126 所学校，如苏丹红海洲农村学校、贝宁朱古农村小学、厄立特里亚金达镇农村小学、加纳中加友谊学校、多哥阿古小学和比利塔小学等等，并且还改善了现有一些学校的教学条件。为继续加强中非之间的教育和人力资源开发合作，中国在 2009 年中非合作论坛第四届部长级会议上承诺，为非洲国家再援助 50 所中非友好学校，包括小学、中学、职业技术学校等，这一目标也于 2012 年达成。

---

① 笔者根据教育部网站（http://www.moe.edu.cn）资料统计。

表 3—4　　　　　2014 年中国国际扶贫中心参与举办的研修班

时　间	研 修 班 名 称
2014 年 3 月 31 日至 4 月 14 日	南非农村发展与减贫研修班
2014 年 4 月 11 日至 4 月 25 日	非洲英语国家千年发展目标与可持续减贫官员研修班
2014 年 5 月 16 日至 5 月 30 日	非洲法语国家制定和实施发展与减贫政策官员研修班
2014 年 6 月 12 日至 6 月 25 日	非洲法语国家开发式扶贫政策与实践官员研修班
2014 年 8 月 4 日至 8 月 8 日	中国与国际农发基金第六届南南合作研讨班（于莫桑比克首都马普托举行）
2014 年 8 月 12 日至 9 月 1 日	桑给巴尔减贫官员研修班
2014 年 8 月 23 日至 9 月 6 日	南非农村企业发展研修班
2014 年 10 月 16 日至 11 月 1 日	南非农村企业发展政策与实践研修班

资料来源：笔者根据中国国际扶贫中心网站的相关信息整理。

第五是创建中非人文交流新平台。中方在第四届中非合作论坛上提出的援非新八项举措之一，即实施"中非联合研究交流计划"。该项目于 2010 年 3 月启动，至今已采用召开学术研讨会、赴非或来华学术访问与考察、开展合作课题研究等形式极大推动了中非学术交流与合作的发展。此外，"中非高校 20 + 20 合作计划"业已正式启动，"一对一"合作院校（如北京大学与开罗大学、华东师范大学与达累斯萨拉姆大学等等）校际交流项目逐步展开。"中非青年领导人论坛"和"中非民间论坛"相继成功举行。

无论是从理论层面上讲，还是从实践层面看，中国派遣援外教师、援建各类学校、提供来华留学政府奖学金等举措，都有助于帮助非洲国家提高人力资源发展水平。中国针对非洲国家实施的各类培训项目、政府奖学金项目以及多渠道人文交流项目，也有助于非洲国家分享与借鉴中国经济发展与减贫的经验。正如时任世界银行行长佐利克 2011 年在北京参加"第四届中非共享发展经验高级研讨会"的致辞中坦言，中国的发展为非洲发展提供了"知识资源"，中国的发展经验将为非洲实现减贫和经济增长提供重要参考。

五 对非医疗卫生援助及成效

医疗卫生领域一直是中国对非援助的重要领域。1963 年，刚刚独立的阿尔及利亚瘟疫横行、缺衣少药，向国际社会发出紧急救援的呼吁。中国政府委托湖北省组建了 24 人医疗小分队前往阿尔及利亚，揭开了中国医疗援非的序幕。50 多年来，根据受援国的要求，中国对非医疗援助方式与内容不断拓展。

第一，派遣援非医疗队。自 20 世纪 60 年代中国向坦桑尼亚的桑给巴尔、索马里、刚果（布）等非洲八国派遣医疗队以来，70、80 年代中国与 20 多个非洲国家建交，援非医疗队遂进入快速发展阶段；90 年代受"台独"干扰和部分非洲国家内乱影响，中国援非医疗队的派遣国数量有所减少；进入新世纪以来，中国援非医疗队派遣工作进入平稳与纵深发展阶段。[1] 至 2013 年的 50 年里，中国累计向非洲国家派出 1.8 万人次的医疗人员，诊治了 2.5 亿人次的非洲患者。[2]

2003 年 7 月，卫生部发布了《卫生部关于援外医疗工作人员管理办法（试行）》，对派遣援外医疗人员的相关事宜进行了制度化规定。其中谈到"卫生部根据我国和受援国政府派遣援外医疗队议定书规定，决定承派的省、自治区、直辖市并下达派遣任务。各省、自治区、直辖市卫生厅局根据卫生部下达的派遣任务，组织选派工作"。即通过政府自上而下的实施路径，国内接受承派的省、市、自治区与非洲相关国家建立长期医疗合作关系（见表 3—5），形成"对口支援"接替式连续派遣模式。被选定的医疗队员年龄一般在 30 至 50 岁之间，且是有相当临床经验的中高级职称医务人员，在服务对象国工作大多为两年一期，再由后续人员接任。值得注意的是，援外医疗队在提供医疗服务的同时，也向当地医院捐赠一些药品。如 2011 年 6 月，中国援加纳医疗队向加纳全国最大的医院——克里布教学医院捐赠了一批医疗器械和设备，包括一些重要手术器械、重症监护检测仪和治疗设备等，为当地卫生事业发展带来实实

---

[1] 张春：《医疗外交与软实力培育——以中国援非医疗队为例》，载《现代国际关系》2010 年第 3 期，第 51 页。

[2] 习近平：《永远做可靠朋友和真诚伙伴——在坦桑尼亚尼雷尔国际会议中心的演讲》，载《人民日报》2013 年 3 月 26 日第 2 版。

在在的益处。

表 3—5　　中国援非医疗队派遣情况（1963—2008 年）

阿尔及利亚——湖北	桑给巴尔——江苏	索马里——吉林
刚果（布）——天津	坦噶尼喀——山东	马 里——浙江
赤道几内亚——广东	几 内 亚——北京	苏 丹——陕西
刚果（金）——河北	塞拉利昂——湖南	突尼斯——江西
埃塞俄比亚——河南	卢旺达——内蒙古	喀麦隆——上海
马达加斯加——甘肃	塞内加尔——福建	尼日尔——广西
布基纳法索——北京	莫桑比克——四川	加 蓬——天津
几内亚比绍——贵州	冈比亚——天津	贝 宁——宁夏
中非共和国——浙江	赞比亚——河南	乍 得——江西
吉布提——山西	博茨瓦纳——福建	多 哥——上海
乌干达——云南	津巴布韦——湖南	利比亚——江苏
佛得角——黑龙江	利比里亚——黑龙江	塞舌尔——广西
布隆迪——广西	纳米比亚——浙江	科摩罗——广西
厄立特里亚——河南	马拉维——陕西	莱索托——湖北
安哥拉——四川	加 纳——广东	摩洛哥——上海
毛里塔尼亚——黑龙江	圣多美和普林西比——黑龙江、四川	

资料来源：李安山：《中国援外医疗队的历史、规模及其影响》，载《外交评论》2009 年第 1 期，第 30—31 页。

第二，援建医院和医疗卫生中心。援建医院是中国援非社会类基础设施项目之一，一般以"交钥匙"方式进行。在 2006 年中非合作论坛北京峰会前，中国共为非洲 24 个国家援建了 38 所医院。2006 年 11 月，胡锦涛主席在中非合作论坛北京峰会上提出了对非援助 30 所医院等八项举措，这是我国对非医疗卫生援助的又一重要之举。此后三年，中方履行承诺，分别援建了科特迪瓦加尼瓦医院、塞内加尔儿童医院、毛里塔尼亚综合医院、贝宁帕拉库医院等一批现代化医院，30 所医院（其中 27 所为新建，3 所为升级改造）已陆续移交给受援国并投入使用。如科特迪瓦加尼瓦医院于 2009 年 4 月开工，2010 年 10 月竣工，建筑面积 6531 平方米，拥有 104 张床位，是一所涉及内科、外科、儿科、妇科、医疗影像科、化验室、行政办公室的综合医院。

第三，设立疟疾防治中心。非洲是世界上疟疾等热带疾病高发地区。正基于此，中方十分重视加强与非洲国家在疟疾防治领域的合作。"提供3亿元人民币无偿援款帮助非洲防治疟疾，用于提供青蒿素药品及设立30个抗疟中心"，遂成为2006年中方在中非合作论坛北京峰会上提出的援非八项举措之一。中方向疟疾中心无偿提供必要的疟疾诊疗设备，每年赠送一定数量的青蒿素药品，同时派遣短期疟疾防治专家小组，负责传授治疗经验，临床治疗指导和指导使用青蒿素类抗疟药等药品，以及现场培训当地医护人员。2009年11月，在第四次中非合作论坛部长级会议上，中方强调继续向有关非洲国家的疟疾防治中心派遣巡回专家组，并提供医疗设备和抗疟物资，以此帮助非洲地区提高治疗疟疾病防治能力，保证现有合作项目可持续发展。2011年中国向安哥拉政府捐赠了价值200万人民币的抗疟药品，支持安哥拉医疗卫生领域的发展。

第四，开展形式多样的医疗援助活动。2010年11月、2011年3月和9月，"非洲光明行"慈善活动分别在马拉维、津巴布韦和莫桑比克举行。该项活动由中国国际交流促进会、全国防盲技术指导组、北京同仁医院等多家机构共同组织，数十名经验丰富的中国眼科专家和护理人员，携带最先进的设备，为南部非洲三国近千名盲人免费施行复明手术，并为当地患者进行眼病诊治。

几十年来，中国医疗队员精湛的技术水平和敬业精神，受到非洲人民的高度赞扬。在中国医疗队工作过的非洲国家，几乎都经历过中国医疗队即将离去时当地人民依依不舍、含泪送别的场景。坦桑尼亚前总统尼雷尔曾说："我信任中国医生，他们不但医术高，而且责任心强。"毛里塔尼亚前总统海拉德曾经评价道："中国专家最善于埋头工作，工作效率最高。中国医生不畏艰难，在我国历来缺医少药的地方工作，受到群众热烈称赞。现在群众每当遇到疑难病时，便说需要找中国医生。"[①] 一名曾于2007年远赴坦桑尼亚执行两年医疗援外任务的医疗队员也这样讲到："多年来，中国医生凭借细心的诊断和精湛的医术在坦桑尼亚获得了极好的口碑，不少病人只想让中国医生治病，因为有一段时间与上一批

[①] 张永蓬：《国际发展合作与非洲——中国与西方援助非洲比较研究》，社会科学文献出版社2012年版，第161—162页。

医疗队进行工作交接没有按时上班,他们便一直耐心地等待着。"① 50 余年里,中国医疗队得到非洲国家授予的"白衣天使"、"南南合作典范"和"最受欢迎的人"等多种赞誉。中国对非医疗卫生援助践行了中非休戚与共、互利共赢的理念,彰显了中国的大国责任精神。

六 对非人道主义援助及成效

非洲大陆是世界上自然灾害和社会动荡频发的地区之一。中国政府本着"以人为本"的人道主义精神,在非洲有关国家和地区遭受各种严重自然灾害或人道主义灾难之时,积极履行国际道义,主动或应受灾国要求提供紧急救援物资、现汇或派出救援人员,以减轻灾区人民生命财产损失,帮助受灾国应对灾害造成的困难局面。随着国力提升,中国对非洲的紧急人道主义援助力度不断加大。2004 年,中国正式建立人道主义紧急救灾援助应急机制,援助行动更加快捷有效。

比如,在应对自然灾害方面,2011 年至 2012 年,当非洲之角和萨赫勒地区连续遭遇严重旱灾、超过 3000 万民众陷入饥荒之时,中国政府先后三次向埃塞俄比亚、肯尼亚、吉布提、索马里等非洲之角国家提供紧急粮食援助,总额达 4.4 亿元人民币,并在 2012 年再次向乍得、马里、尼日尔等非洲萨赫勒地区国家提供了价值总计 7000 万元人民币的粮食援助。② 这是新中国成立以来中国政府对外提供的最大一笔粮食援助。中国也积极关切非洲国家因社会动荡和战乱而引发的人道主义危机。在 2011 年北非地区发生社会动荡之后,为帮助突尼斯、埃及两国政府缓解其与利比亚边境地区滞留难民带来的人道主义危机压力,中国政府宣布向两国政府提供共计 5000 万元人民币的紧急人道主义援助。

近年来,中国对非人道主义援助的最大行动,当属协助西非国家抗击埃博拉疫情。埃博拉自 2014 年 2 月爆发以来,几内亚、塞拉利昂和利比里亚三国成为重灾区,并大有向邻国逐步扩散的危险。截至 2014 年底,已有近 2 万人受病毒感染,超过 7500 余人死亡。世界卫生组织已将此次

---

① 于海洋、吴敏:《走进坦桑 758 天》,江西高校出版社 2011 年版,第 4 页。
② 国务院新闻办公室:《中国的对外援助(2014)》,载《人民日报》2014 年 7 月 11 日第 22 版。

疫情的爆发定性为"人类现代史上最严重和最急性的紧急卫生事件"。联合国秘书长潘基文也因此在2014年9月召开的第69届联合国大会期间专门召集各国领导人参加应对埃博拉疫情的高级别会议，就抗击疫情动员更多的国际力量。为协助非洲疫区国家抗击埃博拉，中国第一时间就宣布对外援助举措，是世界上第一个向西非提供埃博拉疫情专项援助的国家。统计显示，至2014年底，中国先后提供了四轮、价值共计7.5亿元人民币的紧急援助。中国也是世界上第一个向疫区派出专家组和医疗队的国家，已经累计派出近450名医务人员参加一线救治。中国还将帮助非洲国家建立健全公共卫生防控体系，帮助非洲国家培训医疗卫生人才，体现了对非医疗援助的"软硬并举"，"短期救治"与"长期防控"相结合。

携手非洲抗击埃博拉，是新中国自成立以来在医疗卫生领域最大的一次援外行动，充分体现新时期中国对非外交的"义利观"。习近平主席2013年3月访非演讲时曾用"真、实、亲、诚"四个字高度概括中国的对非政策，指出对待非洲朋友我们讲一个"真"字，开展对非合作我们讲一个"实"字，加强中非友好我们讲一个"亲"字，解决合作中的问题我们讲一个"诚"字，引起非洲领导人和民众的强烈共鸣。[①] 正确"义利观"不仅体现在对非经贸合作时要先义后利、义利并举，做到多予少取、先予后取，必要时只予不取，让非洲早得利、多得利，更需要在非洲人民面临自然灾害或人道危机之时及时伸出援手，正所谓"患难之交见真情"。以协助非洲国家抗击埃博拉疫情为契机，中国正在更为深入地参与全球治理进程，在关乎人的生存、健康与发展领域扮演更为积极的角色，发挥更加重要的作用。

[①] 习近平：《永远做可靠朋友和真诚朋友——在坦桑尼亚尼雷尔国际会议中心的演讲》，载《人民日报》2013年3月26日第2版。

第四节　中国的大国责任与对非援助的发展趋向

随着中国国家实力、国际地位的稳步提升及全球视野的进一步拓展，中国更加强调对国际事务的积极参与，更加深入地参与全球治理并在这一进程中彰显自身负责任的大国形象。正如习近平主席在2014年中央外事工作会议上强调的那样，中国必须有自己特色的大国外交，对外工作要有鲜明的中国特色、中国风格、中国气派。特别是，中国提出要以"正确义利观"推动中非互利合作，践行"真实亲诚"的对非合作理念，切实推动与非洲国家的互利共赢与共同发展，对中国的对非援助提出了新的要求和期望。

一　对外援助理念还需不断创新和发展

大国之所以为大国、或者说，大国要赢得国际社会的认可、欢迎乃至尊重，必须拥有富有魅力的价值观念和外交理念，这是国家塑造自身形象，提升软实力的内在要求。长期以来，欧美大国注重塑造自身价值观并以此指导自身的对非援助，如美国强调非洲国家民主、良治与发展，支持非洲的和平与安全建设；欧盟重在培育非洲国家的民主机制、公民社会、私营部门、可持续发展、以及多边主义。虽然西方国家的上述观念与政策未必得到所有非洲国家的赞赏，但其中很多内容逐步被非盟和非洲国家所认可和接受，特别是越来越多地为非洲公民社会和非政府组织所欢迎。

过去几十年来，中国对非洲援助一直践行相互尊重、平等相待的外交传统，坚持互利共赢、共同发展的理念，注重"授人以鱼，更授人以渔"的援助成效，得到了非洲国家的普遍赞赏，这也是中国对非洲援助数额相对有限，但效果却较为明显的重要原因。不过，在主要国际援助理念、规范的制定和形成过程中，中国都处于不应有的失语状态。面对非洲国家的贫困饥饿、环境恶化、疾病流行、吏治腐败、内战频仍等问题，中国虽然在实践层面给予了积极的关注和力所能及的援助，但在理念和价值观层面还缺乏中国的声音。对非洲正在探讨的政治民主和良治建设，中国究竟应持什么理念？对于国际社会日益关注的非洲环境保护、劳工标准、气候治理等问题，中国应做出何种积极的回应？对国际援助领域热议的透明度、主事权、"捆绑援助"等问题，中国又有什么样的思考？这些问题都需要我们从理论层面予以更为深入的思考和解答。

这里需要强调的是，我们要与时俱进地理解"不附带任何政治条件"的原则，通过对外援助推动受援国的社会发展和治理能力建设。"不附带任何政治条件"是我国对外援助的基本原则之一，也是区别于西方国家对外援助的显著特色。这一原则意在表明，我们尊重受援国的主权，绝不像西方国家那样用援助去干涉受援国的内政，但也并不意味着我们的援助没有条件、不讲原则。由于一些受援国存在严重的吏治腐败和治理不善，为提高援助的有效性和可持续发展，我们需要就援助项目的具体实施和受援国的政策保障提出相应的事前约束，对项目实施进行必要的事中监督和事后评估，把援助项目的实施成效作为今后增加或减少援助的依据。同时，通过人力资源开发合作来推动受援国的能力建设，通过分享治国理政与发展经验来推动受援国的政治发展和社会进步。通过此种举措，我们就能够更为主动地回应受援国民众对我国履行大国责任的期待，也能更为有效地反驳西方国家有关"中国对外援助无助于受援国的民主和良治"的批评。

二 树立与自身实力相称的大国责任意识

我国历来有"义利并举"、"先义后利"的传统。当前我国致力于走和平发展道路并推动与其他国家的互利共赢，正是意在说明，我国要以和平的方式实现发展，在实现自身发展的同时又积极致力于实现世界的发展与繁荣。由于当前世界的和平与发展问题主要集中在发展中国家和地区，因此，通过对外援助帮助发展中国家特别是众多最不发达国家实现减贫与发展，就是我国不断提升大国责任的重要方面。正如《中国的对外援助（2014）》白皮书所言，中国坚持把中国人民的利益同各国人民的共同利益结合起来，在南南合作框架下向其他发展中国家提供力所能及的援助，支持和帮助发展中国家特别是最不发达国家减少贫困、改善民生。

长期以来，中国作为发展中国家，在积极履行国际义务，帮助其他发展中国家实现发展过程中承担了应有的责任。根据 2011 年首度发布的《中国的对外援助》白皮书，从 20 世纪 50 年代至 2009 年近 60 年间，我国累计对外提供援助金额为 2562.9 亿元人民币。根据 2014 年发布的《中国的对外援助（2014）》白皮书，在 2010—2012 年三年间，中国共计对外提供援助 893.4 亿元人民币，年均近 300 亿元人民币。可以看出，近年来中国对外援助在规模上获得了快速发展。

中国对外援助规模是否过大？外援规模在国际上究竟处于什么样的位置？我们可以对世界主要国家的对外援助额及其占 GNI 的比重进行横向比较。以 2013 年为例（可参见图 3—3），美国对外提供官方发展援助净额 308.79 亿美元，占其 GNI 的比重为 0.18%；英国的官方发展援助净额为 179.20 亿美元，占其 GNI 的比重为 0.71%；德国的官方发展援助净额为 142.28 亿美元，占其 GNI 的比重为 0.38%；法国的官方发展援助净额为 113.42 亿美元，占其 GNI 的比重为 0.41%；日本的官方发展援助净额为 115.82 亿美元，占其 GNI 的比重为 0.23%。虽然上述主要发达国家大多未能达到联合国早在 1970 年规定的"发达国家的官方发展援助应占其 GNI 的 0.7%"的目标，但它们对外援助的数额无疑是可观的。[①] 2010—2012 年间中国对外援助额年均为 300 亿元人民币，据此初步估算，占同期 GNI 的比重还远不足 0.10%。

作为一个发展中国家，我国无意也不应该与发达国家攀比对外援助，事实上也不应该承担任何硬性的援助义务。依据联合国的贫困标准，我国还有上亿贫困人口，仍面临严峻的国内减贫与发展任务，因此，提供对外援助应坚持量力而行、量入为出的原则。但就经济总量而言，我国又是一个大国，且发展速度一直居于世界经济发展较快国家的行列。对于这样一个大国，国际社会就有许多期待，期待快速发展的中国能够承担相应的国际责任。在这种背景下，非洲国家普遍欢迎来自中国的各种援助，希望此种援助能随着中国经济实力的增强和中非关系不断发展而不断增多。适度增加对非援助，也能及时向世界表达中国致力于维护世

---

① OECD, "Net Official Development Assistance by DAC Countires", OECD 官方网站：http://www.oecd.org/dac/stats/statisticsonresourceflowstodevelopingcountries.htm（2015 - 05 - 30）

界和平、促进共同繁荣的姿态，彰显自身的人道主义精神和人文关怀，及时展示中国负责任的大国形象。因此，伴随我国经济的继续增长，今后我国的对外援助额还会有所增长。

三 更加突出强调人道主义援助的地位和作用

从一般意义上讲，对外援助可以分为战略援助、发展援助和人道主义援助三种形态。对非援助既要服从中国长远和整体的战略利益，服务于中非关系的总体发展大局，但也要着眼于减轻非洲国家的贫困程度，提高非洲国家的自主发展能力，体现出中国作为发展中大国推动非洲国家实现减贫与发展的良好意愿。其中尤为重要的是，应注重对非洲国家的救灾赈灾、疾病防治、减轻贫困的援助，把援助着眼于最需要接受帮助的民众，减轻他们的贫困程度、提升其生活福祉，这是对外援助的基本要义。目前，我国对外援助用于人道主义的份额还相对有限，2010—2012年间人道主义援助占援助总额的比重仅为0.4%。因此，应明确把"人道主义"确定为对外援助的核心理念和基本原则之一，用以指导我们的对外援助工作。在实践层面，将每年新增的对外援助款项主要用于人道主义援助，增加对饥荒、瘟疫、战乱的紧急人道主义援助，同时加大对诸如减贫、健康、卫生、住房等关系到人的生存和健康等领域的援助，让援助真正惠及需要接受救济的中下层民众。特别是要加大对冲突与战乱地区的人道主义救援行动，由此展现中国的人文关怀和国际责任，有效回应因我国在政治和安全上对他国冲突介入较少而可能遭致的国际批评。

四 对外援助方式应有不断的调适和发展

中国对非洲援助积累了丰富的成功经验和许多卓有成效的做法，但在实践层面仍面临许多挑战和问题。这就需要不断加强和改进对非洲援助工作，创新对外援助方式，提高对外援助的质量和效益。

对非洲援助的基本前提是受援国民众的实际需要。所以，应减少历史上多搞"形象工程"的老思路，适度增加与非洲国家发展密切相关的发展项目和民生项目，提供紧急救灾援助，搞好人才培训工作。

在项目的实施环节，需要进一步减少"捆绑援助"的比重，逐步向受援国和国际社会开放对外援助市场。近年来,国际社会包括非洲国家不断呼吁减少直至取消"捆绑"援助,即援助不应附带输出援助国的物资和设备,不应要求援助国企业承担工程建设。2011年11月在韩国釜山举行的第四届援助效率高层论坛会上,非洲国家代表强烈呼吁并极力要求援助国最迟至2013年应停止所有"捆绑式"援助,与会的非政府组织和民间团体组织也坚定支持此项要求。上世纪90年代以来,我国提出并实施了"大经贸"战略,把援助视为推动中国商品和企业走出去的重要手段,这在我国实施"走出去"战略的初期有其必要性。但在中国商品和投资已大规模"走出去"的今天,把援助市场中的部分商品和服务让给国际社会特别是受援国,并不影响我国的对外经贸大局。我国的商品、服务和工程承包在质量和价格上具有相对明显的国际优势,即使我们的援助项目向国际社会公开招标,我国企业中标的可能性仍然极大,因此开放援助市场也不会影响我国企业"走出去"的步伐。开放援助市场将会取得很好的政治效果,因为它顺应了受援国希望参与援助项目的建设、解决本国就业问题、提升本国技术水平的需要,能够显著赢得受援国政府和民众的好感与认同,同时通过"输血"与"造血"相结合,更好地体现出中国对外援助"授人以鱼,更授人以渔"的发展理念。

及时调整"政府—政府"的援助模式,把对外援助视为开展公共外交的重要方式。"政府—政府"的援助模式易于操作,且有助于巩固双边政府间的政治合作,但也容易导致受援国政府从援助中受益较多而普通民众受益较少或无法受益的结果,甚至引发受援国民众对我国的抱怨和批评。今后,在对外提供无偿援助特别是人道主义援助以及诸如健康、卫生、教育等长期发展援助时,可以主要通过"政府—民间"、"民间—民间"的方式予以实施,充分吸纳我国和受援国的社会组织、非政府组织参与援助工作,以减少对外援助的官方色彩和政治目的,使援助更能体现本来的人道主义精神,让穷人及贫困民众受益。同时,鼓励我国的社会组织、非政府组织利用社会捐助和自筹资金参与对外援助,以便扩大对外援助资金的来源。鼓励有实力的国有企业或民营企业设立援助项目或援助基金,特别是设立针对投资对象国的各种扶贫、慈善和能力培训项目,以此改善我国企业的国际形象,同时也有助于这些企业的国际化经营。

增加对外援助的透明度和外宣力度,向国内国际社会充分展现我国不断增长的大国责任精神。对外援助中的战略援助部分涉及国家机密,但绝大部分的发展援助和人道主义适于对外公开信息。我们需要调整过去"只做不说"或者"多做少说"的做法,通过增加对外援助透明度来主动引导国内外舆论朝着有助于提升我国大国形象的方向发展。具体做法,可考虑将《中国的对外援助》白皮书的发布周期从三年一次调整为一年一次,这既与我国对外援助的预算周期相吻合,也符合国际惯例;白皮书的内容应包括对外援助的具体数额及其地区和国别分布,援助数额的行业和领域分布,主要援助项目及其成效,以及中国参与国际多边援助体系的情况。鉴于商务部有关对外援助网页发布的信息还较为简单,外文网页的信息更为有限,可考虑建立专门的"中国对外援助"网站,采取中外文结合、图文并茂(包括视频)的方式及时发布中国对外援助的相关信息,对内满足民众的知情权,对外拓展国际声誉。可以拨专款鼓励和支持专家学者、社会组织广泛开展国际交流,利用"二轨"渠道来阐释中国的对外援助。针对一些西方非政府组织对我国外援的攻击,也可以组织学者有针对性地开展一些临时性的、项目性的调研和外宣活动。同时,对外援助不只是"政府行为",它也是一项"公共事业"、"全民事业",这就需要赢得公众的认可与支持,增强公众的参与意识,可考虑在国内电台、报纸和网络媒体上适度增加有关对外援助的相关报道,主动引导国内舆论导向,逐步培育国民成熟的大国心态。

逐步调整针对国际发展援助体系的政策,通过参与国际援助体系提升我国在国际援助领域的话语权。国内从事发展援助的学者多认为,在继续把双边援助作为我国对外援助的主渠道的同时,及时改变我国当前不参与或被动参与国际发展援助议程的政策,特别建议参加有关国际发展政策制定的高级别会议,通过积极介入使我国逐渐成为国际发展援助政策和框架制定的重要参与者和影响者。经合组织发展援助委员会是西方对外发展援助体系的代表,在国际发展援助领域有很大影响力,因此需要扩大与经合组织发展援助委员会的接触,向该委员会派驻观察员,以便了解其政策,并在一定层面开展合作。积极回应并适度推进由西方国家倡导的中欧非三边合作或中美非三边合作。我国可以借此三边合作,成为相关国际规则制定和完善的重要参与方,提高我国在国际多边援助体系中的话语权;同时学习和借鉴西方国家对外援助的成熟经验,借此提升自己的外援水平。但在合作中,也需要注重有利、有节、有度,警惕西方国家利用多边援助机制向我国施压,特别是要求我方无条件接受西方援助规则的做法。

第四章

安全合作：建设性参与非洲和平与安全事务

近年来，中国对国际事务更加深入的参与，以及在全球事务中扮演更为积极的角色，让世界看到了中国不断增加的大国责任。这种大国责任，不只是中国经济增长带所带来的发展红利和机遇，也表现为中国对世界和平与安全事务的积极介入和参与，为国际安全治理提供来自中国的理念、方案与和平支持力量。在非洲，中国通过参与联合国维和行动、支持非盟集体安全机制建设等方式，逐步加大了对非洲和平与安全事务的建设性参与，在非洲和平与安全事务中扮演了越来越积极的角色，发挥了越来越重要的作用。世界正在见证，日益崛起的中国不只是全球发展的"推动者"和"贡献者"，也是世界和平的"维护者"和"建设者"。

早在20世纪60、70年代，中国就注重发展同亚非民族独立国家的关系，积极支持亚非国家的民族解放和维护国家主权的正义斗争，由此推动了非洲大陆的非殖民地化进程，为非洲的历史进步、政治发展以及和平与安全做出了特殊的贡献。进入21世纪以来，伴随自身实力的不断增长及大国责任意识的显著提升，中国通过参与联合国维和行动、支持非盟集体安全机制建设等方式，逐步加大了对非洲和平与安全事务的建设性参与，在非洲和平与安全事务中扮演了越来越积极的角色，发挥了越来越重要的作用。但与中非经贸合作的快速发展及中非合作的全面升级相比，中非安全合作还显得较为滞后。着眼于中国日益崛起为世界大国因而需要承担更大的国际责任,着眼于中国海外利益不断扩展因而需要更多的保护而言,今后中国还需在量力而行的基础上,不断创新对非安全合作理念、举措、方式和途径,在更加有效地维护自身海外利益的同时,为非洲的安全治理增加更多的贡献和投入。

第一节　21世纪以来非洲安全形势变迁及特点

进入21世纪以来,非洲地区冲突开始呈现下降趋势,地区安全形势逐步趋于缓和。安哥拉、卢旺达、布隆迪、利比里亚、科特迪瓦、塞拉利昂、莫桑比克、刚果(金)、苏丹达尔富尔等地区热点问题得到逐步缓和,一些国家最终实现了和平并开始了重建工作。但非洲"总体稳定、局部动荡"的局势仍在持续,2011年以来北非地区的政治动荡及其向周边地区的扩散使非洲局部安全形势一度显著恶化,诸如恐怖主义、海盗等非传统安全问题的突显更增加了非洲安全的复杂性和不确定性。近年来非洲安全形势变迁呈现出以下五个特点:

特点一,非洲局部冲突仍在持续且近年来政局不稳一度曾扩大之势。据斯德哥尔摩和平研究所统计(见表4—1),在2002—2011年的十年间,除了单边暴力(即某国政府或正规组织对非武装的贫民使用暴力且一年内的死亡人数在25人以上)数量有显著下降之外,国家冲突(即当事方至少有一方为政府的武装冲突且一年内的死亡人数在25人以上)和非国家冲突(即当事方均为非政府的部族或宗教团体且一年内的死亡人数在25人以上)的数量均显著反弹。其中,国家冲突从2002年的15起一度降至2005年的7起,但2011年又回升到15起;非国家冲突的数量由2002年的30起一度降至2007年的11起,但2011年又回升到22起,显示出非洲安全治理的艰难与不易。

表 4—1　　　　　2002—2011 年非洲冲突与战乱的数量　　　　（单位：起）

	2002 年	2003 年	2004 年	2005 年	2006 年	2007 年	2008 年	2009 年	2010 年	2011 年
国家冲突	15	10	10	7	10	12	13	12	10	15
非国家冲突	30	34	20	22	21	11	23	18	13	22
单边暴力	26	23	18	12	10	15	14	8	7	10

资料来源：斯德哥尔摩国际和平研究所：《SIPRI 年鉴 2013：军备、裁军与国际安全》，中国军控与裁军协会译，时事出版社 2014 年版，第 64—92 页。

特点二，非洲冲突与战乱多为国内冲突且具有明显的"外溢性"和"扩散性"。非洲的国家间关系趋于稳定，国内冲突与动乱成为非洲政治不稳定的主要表现形式。自 20 世纪 90 年代中期以来发生的数十起冲突之中，除了埃塞俄比亚和厄立特里亚边界战争（1998—2000 年）、吉布提和厄立特里亚边界战争（2008 年）、苏丹和南苏丹边境冲突（2012—2013 年）之外，其他冲突均为国内冲突，往往涉及不同族群、宗教势力及政治派别间的复杂矛盾和斗争，而且多数都是围绕政府权力而展开的政治冲突。这些国内冲突具有明显的"外溢性"和"扩散性"，战争引发的人道主义灾难及伴随而来的大规模难民跨境流动，往往波及邻国甚至影响整个地区的安全。最近的事例，2010 年年底开始席卷多个北非国家的"阿拉伯之春"引发了利比亚的大规模内战以及外部大国的军事介入，而此后利比亚内战的外溢效应又进一步扩散至马里等西非国家，直接导致非洲出现更大范围的政治动荡。虽然当前刚果（金）局势已有所缓和，主要涉及刚果（金）政府军与反叛武装及当地民兵武装之间的冲突，但邻国乌干达、卢旺达等国仍不同程度地卷入了这场冲突。持续多年的索马里战争也有邻国不同程度的卷入。

特点三，非传统安全问题增多使非洲安全形势日益"碎片化"、"分散化"。在围绕领土、边界和政权而展开的传统安全问题继续存在的同时，非传统安全问题逐渐成为非洲冲突的重要来源。诸如恐怖主义、海盗、贫困与饥荒、生态环境的恶化、民众对资源的争夺、难民大规模流动、武器走私与非法买卖等问题在非洲大陆日益突出，成为导致局部地区动荡不宁的重要诱因，日益影响到非洲大陆的安全与稳定。近年来非洲的恐怖主义日益猖獗。索马里青年党、伊斯兰马格里布基地组织、尼日利亚"博科圣地"、马里的"西非统一和圣战运动"等恐怖组织,利用利比亚内战、马里内战以及北非阿拉伯国家动荡等地区性危机,大肆进行恐怖活动并扩展控制区域,直接导致北非、西非、东非特别是非洲萨赫勒地区的安全形势恶化,形成一条西起几内亚湾、中经马格里布地区、东至索马里和东非之角的广阔"动荡弧"。非洲的恐怖组织往往与反政府武装、民族分裂组织、极端宗教组织、走私与非法贩运集团以及国际恐怖主义组织相互渗透,呈现复杂的多维度特征,使得非洲的恐怖主义活动愈加难以打击,更难以从根本上予以杜绝。比如,近年来极端组织"伊斯兰国"加紧向非洲渗透其势力和影响力,其极端思想受到包括"博科圣地"在内的诸多非洲本土恐怖势力的认可。非传统安全问题增多使非洲安全形势日益"碎片化"、"分散化"。

特点四,非洲政治民主制度渐趋稳定但选举暴力依然存在。进入21世纪以来,非洲民主与人权的发展已有很大进步,良治已成为非洲政治发展的主要潮流,非洲政治局势也总体趋向稳定。现在整个非洲大陆,除了斯威士兰、厄立特里亚等个别国家以外,名义上其他国家都建立了多党制。或许可以这样判断,非洲的多党民主进程已经经历了"搭建期",进入了"巩固期"和"完善期"。尽管如此,多党民主建设在非洲仍不成熟,与政党纷争相关联的军事政变、族群纠纷、教派冲突仍时有发生,这是非洲大陆至今仍被政治不稳定所困扰之一重要背景。科特迪瓦、津巴布韦、科摩罗、中非共和国、布基纳法索、毛里塔尼亚、几内亚比绍、乌干达、塞内加尔、马里、肯尼亚、埃及等国都曾发生政变、兵变或不同程度的政治骚乱,显示出非洲政局脆弱的一面依然比较突出。

究其原因,非洲国家政党发育的不成熟及政党的族群化并由此激化了原本存在的各种社会矛盾。由于多数非洲国家的国内市场一体化和民族一体化的发展程度较低,不同的地区、族群、宗教、阶层之间往往存在错综复杂的矛盾,由于不同背景的人们往往倾向于强调各自的身份认同、利益并由此决定其政治忠诚,因此在短时期内涌现出的政党往往从特定的地区、族群、宗教或阶层寻求政治支持,从而使政党政治变得异常复杂。一些政党往往成为各路政客争权夺利的工具而非推动国家发展的平台，在推动国家发展和凝聚社会共识方面未能发挥应有的作用。不成熟、不完善的多党政治制度伴之以民众广泛的政治参与，导致许多非洲国家的政局出现不稳定，甚至陷入"逢选易乱"的政治怪圈。

特点五，西方大国对非安全介入总体有限但近年来大有强化之势。美国对非安全大体上奉行"脱身"但决不"撒手"的策略，通过"幕后支持"、"有限介入"的方式介入非洲地区安全事务。自"9·11"事件后，美国借"反恐"之名，在非洲实施了两项重要的战略部署。一是小布什政府于2007年正式组建"非洲司令部"（AFRICOM），通过与部分非洲国家进行了多项军事合作，包括军事演习、后勤支援、人道主义救助。二是加大了在非洲的军事部署，已先后在埃塞俄比亚、塞舌尔、吉布提和尼日尔等非洲国家建立军事基地并部署无人机，其中于2013年1月宣布建设的尼日尔无人军事基地起到配合法国和西非国家经济共同体马里维和部队在马里开展的地面军事行动，对马里政府军进行反恐训练，同时跟踪和收集西非地区伊斯兰极端武装势力的动向，以防止其对美国本土构成安全威胁等作用。美国还以抵抗乌干达北部地区的"圣灵抵抗军"为名向乌干达派出特种部队，加强了同南苏丹的军事合作。为应对索马里的局势，美国对肯尼亚和索马里的政府军进行长期培训并提供大量支持。正如李安山教授所称，"美国通过多年谋划，已在吉布提、南苏丹、乌干达、刚果（金）等国建立了弧形战略中线，从而占据了重要的战略位置"[①]。

相较于美国而言，近年来法国对非政策则体现出更加明显的"再军事化"色彩。2011年利比亚战争爆发后，法国会同英国等在联合国推动关于利比亚"禁飞区"的议案，以实际行动支持利比亚反对派，并亲自"冲锋陷阵"派遣战机参战。2013年年初，法国"应马里政府与国际社会的请求"出兵马里，展开"薮猫行动"（Operation Serval），派遣法国空军打击马里北部叛军据点，随后派遣地面部队赴马里参战。2013年12月6日，法国在得到联合国安理会的授权后，迅速出兵中非共和国以平息当地的武装冲突。据法国著名的《青年非洲》杂志网站统计：自1960

---

① 李安山：《美国军事介入非洲的战略谋划》，《瞭望新闻周刊》2013年第12期，第48页。

年非洲获得独立以来,法国对非洲安全事务干预次数超过了40起。尤其自2011年以来,法国已先后介入了利比亚、科特迪瓦、马里、中非等四个非洲国家的安全事务。① 一时间,"非洲宪兵"的称号再次成为法国的标签。2013年法国《国防与国家安全白皮书》再次确认了非洲对于法国的重要地缘战略地位,并将东起几内亚湾、经西非海岸、中经马格里布地区、红海,到东非之角和索马里的广阔地区视为法国的重要关注区域,形成了一条"几内亚—索马里"战略地带。② 2013年12月6—7日,奥朗德在巴黎主持了"非洲和平与安全首脑峰会",53个非洲国家派出了代表参会,探讨了预防和管理非洲大陆各种冲突以及共同打击恐怖主义,再次显示出法国欲主导非洲安全事务的战略意图。

第二节 大国责任意识推动了中非安全合作

2013年3月,习近平主席在出访非洲时提出"命运共同体"的新理念,承诺继续全面加强和深化中非合作,在同南非总统祖马会谈时表示,中国继续"建设性参与非洲的和平与安全事务"。2014年5月5日李克强总理在非盟总部发表演讲,强调积极推进六大工程,打造中非合作的升级版,其中重要方面是实施和平安全合作工程,全面实施"中非和平安全合作伙伴倡议"。③ 中非安全合作的全面深化,首先源于中国大国责任的不断增长,源于中国对非洲国家希望加强中非安全合作这一愿望的积极回应。同时,作为大国责任的重要方面,中国还需更为切实有效地保护自身不断增长的海外利益,这也是中非安全合作不断深化的重要背景。

---

① 驻喀麦隆经商参处:《1960年以来法国对非洲安全事务干预次数超过40起》,"中华人民共和国商务部网站",http://www.mofcom.gov.cn/article/i/jyjl/k/201312/20131200419554.shtml(2014-02-19)

② Luis Simón, "The 2013 French Defense White Paper: Don't write France off just yet", *LONG POST*, May 1, Published by European Geostrategy, p. 3.

③ 李克强:《开创中非合作更加美好的未来——在非盟会议中心的演讲》,载《人民日报》2014年5月6日第2版。

一 中国大国责任意识的增长是中非安全合作不断深化的重要因素

中国在 1999 年提出做"负责任大国"的理念并在此后不断践行这一承诺,近年来更是提出要深入参与全球治理,更加积极参与全球事务,更加积极有所作为等理念。中国履行国际责任,自然需要与西方主要大国进行合作与协调,共同参与全球治理进程,但中国的国际责任不是分担西方大国的霸权成本,更不是去维护它们的私利,而主要是维护并增进发展中国家及全人类的共同利益。非洲是发展中国家最为集中的大陆,也是当前世界和平与发展问题最为突出的地区,如何推动非洲国家实现稳定、发展与复兴,是中国参与全球治理的重要内容,是中国展现自身大国形象与大国责任的重要方面。

在这种背景下,中国开始积极关注和回应非洲方面对中非安全合作的期待。无论是中非合作论坛的集体磋商,还是中国与非洲国家的对话与交流,中非安全合作都成为一个重要议题。此外,在中非合作论坛"中非联合研究交流计划"等项目的支持下,中国学者也积极通过"二轨"渠道与非洲学者和智库进行安全议题的对话与交流。比如,在 2012 年 10 月于埃塞俄比亚首都亚的斯亚贝巴召开的第二届中非智库论坛上,中非双方学者就中国的"不干涉内政"原则及中非安全合作的创新与发展等问题进行了坦诚的交流。与会非洲学者(如津巴布韦大学学者 Lawrence Mhandara 和宾杜拉科教大学学者 Ronald Chipaike)提出,中国应将其在非洲不断增长的经济影响力转化为中非和平与安全合作的动力,以推动非洲的国家的政治稳定和良治建设。[1] 近年来,一些非洲媒体人士(如乌干达的 Haggai Matsiko)甚至呼吁中国应该适时建立"中非司令部"(China – Afirca Command)或者"非洲司令部"(African Command)。[2] 非洲国家的有识之士对中非安全合作提出了更高期待,希望中国在不断发展的同时能增加对非洲安全的投入。他们在尊重并理解中国的"不干

---

[1] Lawrence Mhandara & Ronald Chipaike, Chinese Investment in Africa: Opportunities and Challenges for Peace and Security in Zimbabwe, in Mulugeta Gebrehiwot Berhe and Liu Hongwu eds, *China – Africa Relations: Governance, Peace and Security*, Ethiopia, 2013, pp. 211—223.

[2] Haggai Matsiko, "Is it time for a China – Africa Command?", *The dependent*, 16 November, 2014.

涉内政"原则的同时,也希望中国能更为深入地参与非洲的和平与安全事务。

二 中国自身海外利益的维护也是新时期中国大国责任的重要体现

非洲是中国走出去的重要目的地,目前在非中资企业2000余家,在非华人华侨过百万。2014年中非贸易额已达2200亿美元,中国在非洲投资存量超过300亿美元。中国在非洲利益的快速增长及非洲政局的持续动荡使非洲成为中国海外利益保护最为迫切的地区。比如,2011年利比亚战乱使中资企业损失严重,2011年苏丹一分为二以及当前南苏丹内战仍在持续,对中国在该地区的投资也带来了直接影响。显然,随着中国公民和企业走出去与日俱增,如何维护中国公民和企业在海外的合法权益,已经成为新时期中国外交的重要使命,成为中国大国责任的应有之义。

要维护在非洲的海外利益,一是需要继续拓展中非安全合作,帮助非洲国家提升安全治理能力。国内学者多认为,相较于成就显著的经贸合作而言,中非安全合作与人文交流的发展则相对较为滞后,导致中非关系既缺乏安全上的"硬支撑",也缺乏人文上的"软支撑"。[1] 传统的"不干涉内政"原则需要有的新的阐释,中非安全合作的举措、方式和途径也应有新的创新和发展。二是需要加强领事保护,在重大危机事件爆发前能提前预测并采取必要防范措施,在危机爆发时能有效采取办法进行风险规避和保护。李克强总理2014年5月访问安哥拉时,专门召开海外民生座谈会,称外交工作要"顶天立地",既要服务国家大局,又要服务海外企业和公民。他强调,党中央、国务院高度重视海外民生工程能力建设,今后要继续加大对领事保护工作的投入,加强海外领事保护力量,尽快建成全球领事保护应急呼叫中心,使同胞们不管走到哪里,领事保护服务就跟到哪里。[2]

---

[1] 张宏明:《如何辩证地看待中国在非洲的国际处境——兼论中国何以在大国在非洲新一轮竞争中赢得"战略主动"》,载《西亚非洲》2014年第4期,第4—25页。
[2] 《李克强访安哥拉强调加大领事保护力度:平安是最大心愿》,载《人民日报(海外版)》2014年5月10日第1版。

三 近年来西方大国加大对非洲的安全介入给中非安全合作带来了新的责任压力

近年来欧美大国不断加大对非军事介入，虽然有维护西方在非经济和安全利益的战略考量，比如挤压其他大国在非洲的存在和发展空间，但客观上讲，西方对非安全参与也有维护非洲和平与稳定的良好初衷，在某种程度上也有助于遏制一些冲突的继续升级和恶化，因此赢得了非洲乃至国际社会的好评。比如，法国在 2013 年年初出兵马里平叛就受到了马里政府的邀请并得到了西共体和非盟的肯定，2013 年年底出兵中非共和国以恢复政治秩序又得到了联合国安理会的授权，也得到了非洲国家的普遍赞赏，而美国与乌干达、埃塞俄比亚、吉布提、塞舌尔等国的军事合作也显然得到了当事国的积极的肯定、支持和配合。长期以来，非盟的安全经费也主要来自于欧盟及西方大国，非盟维和部队的训练及后勤保障也大多依赖西方国家的支持。

同时，虽然联合国重视在非洲的维和行动，非盟也不断试图强化自身安全能力建设，一些次区域组织也在积极介入本地区冲突，但这些多边机制及和平行动尚不足以应对非洲大陆的所有危机和冲突，特别是一些重大的、突发性的军事冲突及人道主义危机，这在近年来利比亚、马里、中非、南苏丹等国的冲突解决中得到明显体现。因此，如何继续支持联合国和非盟在非洲安全事务中发挥更为积极的角色，如何在上述多边安全机制之外不断拓展其他对非安全合作渠道和途径，是包括中国在内的国际社会尤其是主要大国需要思考的重要问题。

第三节 中非安全合作的理念创新

在中非合作全面拓展的时代，中非双方不只是利益共同体，也是安全共同体和责任共同体。无论是从维护自身日益拓展的海外利益，还是从国际责任的角度推动非洲的和平与发展，中国都应逐步深化中非安全合作，继续扮演好非洲和平与安全的"维护者"、"参与者"和"建设者"的角色。近年来，中国在继续维护非洲国家主权完整、尊重非洲国家内政独立的基础上，开始更为积极的关注非洲安全事务，更为务实地参与非洲安全问题的解决，在对非安全合作理念上展现出了若干新的变化。

一 与时俱进地理解和发展"不干涉内政"原则

在过去几十年里，中国始终以"不干涉内政"原则为基础来发展同非洲国家的关系，注重维护非洲国家的主权独立，尊重它们自主选择发展道路和发展模式的权利，由此赢得了许多非洲国家的赞赏和肯定。不过非洲方面也希望，中国在尊重非洲国家主权和内政的基础上，更加积极地参与非洲的安全治理，更多支持非洲国家的安全能力建设，在非洲和平与安全事务中发挥更为积极的作用。

为了更为全面地了解非洲方面对中非安全合作的认识与期待，笔者曾在中非合作论坛"中非联合研究交流计划"项目的支持下，就"非洲集体安全机制建设与中非安全合作"，对21位浙江师范大学承办的"非洲智库研修班"学员（他们的工作背景均与外交、安全和国防相关）[①] 及国防大学外训班的19位非洲学员（他们均是各自国家的中高级安全或军事官员）[②] 进行了调研。

当被问及"你认为中国是一个什么样的国家？（单选）"，在40份问卷中，选择中国是一个"世界大国"有16票，认为中国是一个"发展中

[①] 笔者对浙江师范大学组织的2014年非洲法语和英语国家智库研修班的部分学员进行了访谈和问卷调查，共收集到有效问卷21份。非洲法语国家学员主要有：布隆迪总统府战略研究与发展办公室督导菲尔迪南德·茹怡日（Ferdinand Rufyiri）、几内亚比绍国际协商合作部都密勾·索哈艾姆多大使（Domingos Soaressemedo）、加蓬总统办公室专员赛尔之·欧古拉哈默多（Sergep Ogoularaymondo）、喀麦隆国际关系学院教授赫密·姆拜达姆拜达（Remy Mbidambida）、马里外交和国际合作部外事参赞马马杜·凯塔（Mamadou Keita）、突尼斯外交部培训与研究院主任科赫麦斯·金南尤大使（Khemaies Jhinaoui）、尼日尔外交部分析处处长穆萨·帕莱搜搜黎曼（Moussa Paraisosouleymane）、塞拉利昂总统办公室策略与政策处资深政策分析家萨尼哈·阿达马·迪恩（Sanira Adama Deen）；非洲英语国家学员主要有：尼日利亚参议院国家委员会法律助理多兹·高德帕瓦·保罗（Dozie Godspower Paul）、尼日利亚国防情报局阿布贾总部研究主任戴维·达瓦·马克威（David D. Makvwi）、利比里亚外交部驻外事务研究院行政助理瑟顿·劳拉（Seton. P Loglar）、南非洲事务研究院助理研究员妮迪勒卡·巩西卡（Ndileka Gongxeka）。

[②] 调研对象为2014年国防大学外训班非洲学员，共计调研19人，他们来自乌干达、尼日利亚、博茨瓦纳、塞拉利昂、赞比亚、肯尼亚、刚果（布）等国。遵照学员的要求，此处不公开他们的姓名和具体单位。

国家同时也是世界大国"有12票,认为中国是一个"发达国家"有10票,认为中国是一个"发展中国家"仅有2票。统计显示,在大多数非洲学员眼里,中国已经不是一个纯粹意义上的发展中国家。

当被问及"你如何评价中国的国际责任(多选)"时,认为"中国推动了世界经济发展"的有36票,认为"中国为世界和平与安全做出了应有贡献"的有21票,认为"中国应当承担更大的国际责任"有32票。从统计上看,非洲学员对中国的经济贡献认同度较高,对中国在世界和平与安全事务中的认可度相对较低,且多数学员都认为,中国以其实力而言应该承担更大的国际责任。

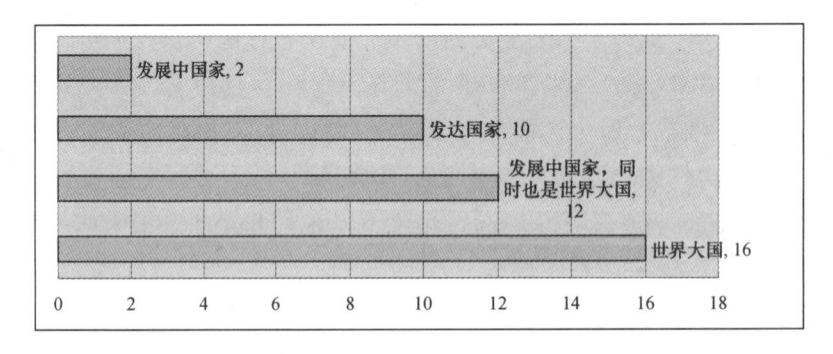

图4—1 问卷调查:中国是一个什么样的国家?(单选)

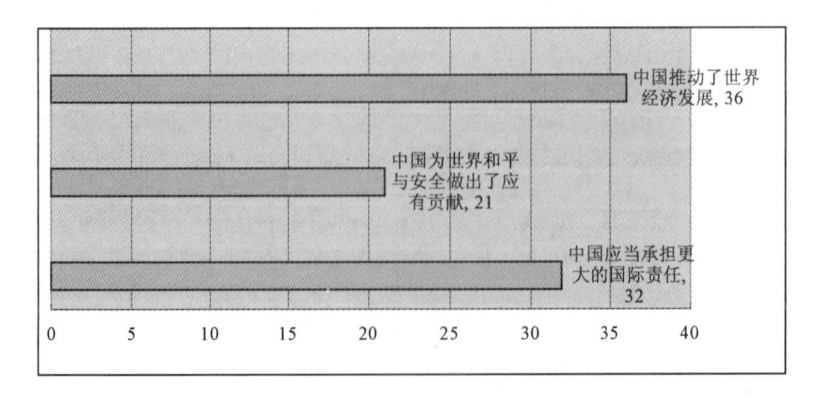

图4—2 问卷调查:你如何评价中国的国际责任?(多选)

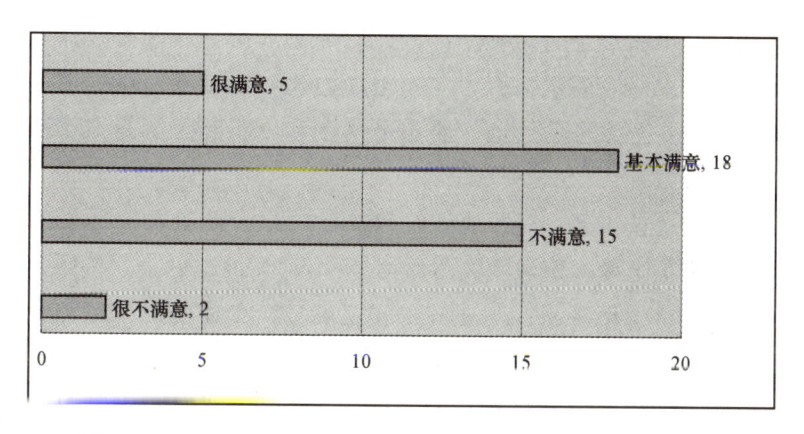

图4—3 问卷调查：你如何看待中非安全合作的现状？（单选）

当被问及"你如何看待中非安全合作现状（单选）"，在40份问卷中，回答"很满意"有5票，"基本满意"有18票，"不满意"有15票，"很不满意"有2票。也即是说，超过半数（23票）的学员对中非安全合作持"很满意"和"基本满意"态度，较为认可中非安全合作现状，但仍有17票对中非安全合作现状"不满意"和"很不满意"，占总票数的42.5%。

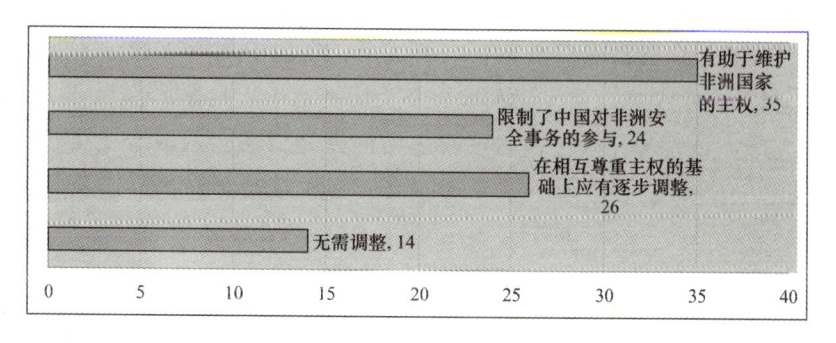

图4—4 问卷调查：你如何评价中国的"不干涉内政"原则？（多选）

当问及"你如何评价中国的'不干涉内政'原则？（多选）"时，回答"有助于维护非洲国家的主权"有35票，回答"限制了中国对非洲安全事务的参与"有24票，回答"在相互尊重主权的基础上应有逐步调整"有26票，回答"无需调整"的有14票。从统计数据看，绝大多数受访者都赞赏中国奉行的"不干涉内政"原则。由于本题是多选项，因此不少受访者也同时表示，中国"不干涉内政"原则在一定程度上限制了中国对非洲安全事务的参与，希望中国在尊重非洲国家的主权基础上逐步调整这一原则。

中国方面也认识到，僵硬地理解和执行"不干涉内政"原则无助于中国在非洲事务上发挥更为积极的作用。进入 21 世纪以来，中国开始更多地通过一些多边机制来参与非洲的安全事务，比如坚定支持联合国在非洲的维和行动，积极支持非盟的集体安全机制建设。同时，中国也注重利用它在非洲的政治和经济影响力来维稳促谈，比如，在苏丹达尔富尔危机的解决上，中国坚持在联合国和非盟框架下通过政治途径和维和行动来解决危机，同时利用自身影响力敦促苏丹巴希尔政府务实地参与和谈进程，从而有力推动了危机的逐步缓和。随着中国在非洲利益的进一步增加及大国责任意识的增强，中国对非洲事务的介入程度必然还会继续上升。

事实上，中国坚持"不干涉内政"原则，并不意味着对非洲的冲突和战乱不闻不问、漠不关心。中国同样关注非洲的和平与安全，同样关心非洲的人道主义危机，并同国际社会一道积极维护非洲大陆的政治稳定。中国有必要向国际社会进一步说明：不干涉内政，不等于中国无所作为，不等于中国没有国际责任。事实上，当前中国所言的"不干涉内政"，只是表示中国一贯反对某些外部大国擅自干涉他国内部事务，特别是借人道主义之名行颠覆他国政权之实的这种做法。从根本上讲，中国反对的是国际社会仍然存在的单边主义、强权政治和在国际政治领域的为所欲为。

二 "建设性参与"非洲的和平与安全事务

在习近平主席于 2013 年 3 月提出"建设性参与非洲的和平与安全事务"之后，李克强总理在 2014 年 5 月进一步提出在非洲启动和平安全合作工程，全面实施"中非和平安全合作伙伴倡议"。何为建设性参与？"建设性参与"的特点主要有二：一是参与的"建设性"。即中非安全合作要始终尊重非洲国家主权，践行相互平等、合作共赢的原则；劝和促谈要始终不偏不倚，客观公正，尊重非盟、联合国的相关立场及决议。

二是参与的有限性。中国尊重非盟在解决非洲问题中的主导权，而不像某些西方国家那样习惯于做非洲的"保护人"。①

从现有的文献资料及笔者与非洲学者、政府官员和军方人士的交流来判断，非洲国家大抵上是欢迎中国在非洲安全事务上发挥更为积极的作用的，一些国家甚至把中国视为抗衡西方压力的重要力量，但同时，多数非洲人士并不希望中国以军事手段全面介入非洲内部冲突，而更多希望中国继续增加对非洲安全能力建设的支持。比如，对非洲自主维和行动提供更多的技术支持和后勤保障，加大对非洲国家安全机构和军警的能力培训，在诸如海盗、恐怖主义、跨国犯罪等非传统安全问题上展开广泛合作。2012年非盟和平与安全理事会秘书长阿德菲·卡姆布兹（Admore Kambudzi）曾言，与直接的外来军事干预相比，中国基于"不干涉内政"原则基础上的对非安全合作，更有助于非洲发展自主的安全机制和安全能力。②

继续参与联合国在非洲的维和行动, 25
更多支持非盟的安全机制建设, 30
继续深化与非洲国家的双边军事合作, 32
直接派兵实施对非洲的人道主义干预, 5
在非洲建立军事基地, 4

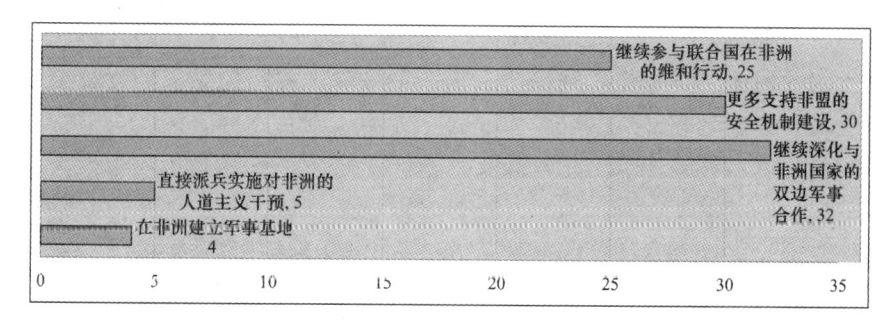

图4—5 问卷调查：你认为未来中国如何参与非洲的和平与安全建设？（多选）

再以笔者在2014年对40位"非洲智库研修班"学员及国防大学外训班的非洲学员进行的问卷调查为例。当问及"你认为未来中国如何参与非洲的和平与安全建设？"（多选）时，回答"继续参与联合国在非洲

---

① 卢沙野：《关于中非新型战略伙伴关系的几点思考》，载《新战略研究》2013年第1期，第5—13页。

② Admore Mupoki Kambudzi, "Africa and China's Non‑Interference Policy: Towards Peace Enhancement in Africa", in Mulugeta Gebrehiwot Berhe and Liu Hongwu (eds), *China – Africa Relations: Governance, Peace and Security*, Ethiopia, 2013, pp. 29 – 45.

的维和行动"有25票、回答"更多支持非盟的安全机制建设"有30票、回答"继续深化与非洲国家的双边军事合作"有32票、回答"直接派兵实施对非洲的人道主义干预"有5票、回答"在非洲建立军事基地"有4票。调查结果也基本印证了笔者的判断。

三 对"保护的责任"理念的相关立场

为解决"冷战"后频发的人道主义危机以及各国围绕这些危机产生的分歧，联合国秘书长安南在2000年呼吁国际社会就人道主义的相关问题达成共识，探索在联合国维和行动这一传统方式之外的更为有效的解决途径。为响应联合国秘书长的这一倡议，加拿大政府提议成立"干预与国家主权国际委员会"（ICISS）作为解决相关问题的国际协调机构。2001年12月，该委员会向联合国秘书长安南提交了一份题为《保护的责任》的报告，首次明确提出"保护的责任"（the responsibility to protect）概念并对此作了全面阐释。2004年12月，联合国"威胁、挑战和改革问题高级别小组"向安南提交报告《一个更安全的世界：我们的共同责任》再次明确阐述了新时代"主权与责任"的关系，提出国家和国际社会都应承担"保护的责任"。2005年3月，安南秘书长在联合国大会上做了题为《大自由：实现人人共享的发展、安全与人权》的报告，特定段落涉及了"保护的责任"问题，这是联合国秘书长首次正式将"保护的责任"的基本含义传达给各国，并请各国予以认真的考虑。

2005年10月24日，第60届联合国大会通过《2005年世界首脑会议成果》，明确提出了"提供保护的责任"理念，声称"各国政府清楚、明确地接受它们应承担保护其人民免遭灭绝种族、战争罪、族裔清洗和危害人类罪之害的集体国际责任。在和平手段证明不足以解决问题，而且国家当局显然无法做到这一点时，愿为此目的通过安全理事会采取及时、果断的集体行动"①。联合国的上述表述，一方面承认了主权国家政府是提供"保护的责任"的首要主体，而且将责任明确界定为灭绝种族、战

---

① 《2005年世界首脑会议成果》（摘要），联合国官方网站，http://www.un.org/chinese/summit2005/outcome.htm（2014-12-23）

争罪、族裔清洗和危害人类罪;[1] 同时，又认为在国家当局显然无法做到这一点（无力或不愿意）时，国际社会应提供集体保护的责任，并肯定了安理会在此类集体行动中地位和作用。[2] 此后，2009年9月14日，第63届联大专门通过《保护的责任》决议，这是联大通过的关于"保护的责任"的第一个专门决议。2005年成果文件与2009年联大决议被认为是目前为止关于"保护的责任"最具权威的国际文件，虽然它们本身没有法律约束力，但反映了会员国的一些普遍的政治意愿和看法，具有比较强的道义力量。

"保护的责任"从一开始都是在联合国层面上提出并展开讨论的。作为联合国安理会常任理事国和联合国的坚定维护者，中国本着负责任的态度参与了这一概念的相关讨论，但鉴于历史上人道主义干预的频频滥用，中国对"保护的责任"概念又持一种较为谨慎的态度。2009年7月，中国时任联合国大使刘振民在联大关于"保护的责任"辩论会上做了专门发言，阐述了中国方面的相应立场和态度。中国方面认为"保护的责任"是"本世纪初出现的一个新概念"，认为"2005年《世界首脑会议成果文件》对'保护的责任'作了非常谨慎的描述。《成果文件》将'保护的责任'的适用范围严格限于'种

---

[1] 《2005年世界首脑会议成果》（全文）的第138段这样阐述："每一个国家均有责任保护其人民免遭灭绝种族、战争罪、族裔清洗和危害人类罪之害。这一责任意味着通过适当、必要的手段，预防这类罪行的发生，包括预防煽动这类犯罪。我们接受这一责任，并将据此采取行动。国际社会应酌情鼓励并帮助各国履行这一责任，支持联合国建立预警能力。"《2005年世界首脑会议成果》，中国外交部官方网站，http://www.fmprc.gov.cn/ce/cgvienna/chn/xnyfgk/t227151.htm（2014-12-23）。

[2] 《2005年世界首脑会议成果》（全文）的139段这样阐述："国际社会通过联合国也有责任根据《联合国宪章》第六章和第八章，使用适当的外交、人道主义和其他和平手段，帮助保护人民免遭种族灭绝、战争罪、族裔清洗和危害人类罪之害。在这方面，如果和平手段不足以解决问题，而且有关国家当局显然无法保护其人民免遭种族灭绝、战争罪、族裔清洗和危害人类罪之害，我们随时准备根据《宪章》，包括第七章，通过安全理事会逐案处理，并酌情与相关区域组织合作，及时、果断地采取集体行动。我们强调，大会需要继续审议保护人民免遭种族灭绝、战争罪、族裔清洗和危害人类罪之害的责任问题，要考虑到《宪章》和国际法的相关原则。我们还打算视需要酌情作出承诺，帮助各国建设保护人民免遭种族灭绝、战争罪、族裔清洗和危害人类罪之害的能力，并在危机和冲突爆发前协助处于紧张状态的国家。"《2005年世界首脑会议成果》，中国外交部官方网站，http://www.fmprc.gov.cn/ce/cgvienna/chn/xnyfgk/t227151.htm（2014-12-23）。

族灭绝、战争罪、族裔清洗和反人类罪'等四种严重的国际罪行。但几年来，各方对此概念的内涵和适用性仍存在争议"[1]。中国的初步立场概括为四点：

第一，各国政府负有保护本国公民的首要责任。国际社会可以提供协助，但保护其民众归根结底还要靠有关国家政府，这与主权原则是一致的。因此，"保护的责任"的履行不应违背主权原则和不干涉内政原则。尽管世界发生了复杂深刻的变化，但《联合国宪章》宗旨和原则的基础地位没有改变，尊重各国主权和不干涉内政原则不能动摇。

第二，"保护的责任"概念只适用于种族灭绝、战争罪、种族清洗和危害人类罪等四种国际罪行。各国均不应对该概念作扩大或任意解释，更要避免滥用，要防止将"保护的责任"用作"人道主义干涉"的另一种翻版。在出现上述四大类危机时，缓解和制止危机是国际社会的普遍共识和正当要求，但有关行动须严格遵守《联合国宪章》规定，尊重当事国政府和所在地区组织的意见，要坚持在联合国框架下处理，并用尽一切和平手段。

第三，当发生上述四大类危机且需要联合国做出反应时，安理会可发挥一定作用。但安理会必须根据具体情况判断和处置，并应慎重行事。需要指出的是，《宪章》赋予安理会的职责是维护国际和平与安全，其采取行动的前提是发生了构成"对和平的威胁、对和平的破坏及侵略行为"。安理会应将"保护的责任"放在维护国际和平与安全的大框架内一并考虑。

第四，在联合国以及区域组织范围内，应将正常的人道主义援助与履行"保护的责任"时的国际援助相区别，以保持人道主义援助的中立性和公正性，并避免"保护的责任"的滥用。[2]

概括起来，一方面，中国在原则上支持"保护的责任"，愿意将它作为减轻人道主义灾难的补充性手段。这是因为，当前世界仍存在各种形

---

[1] 《刘振民大使在联大关于"保护的责任"问题全会上的发言》，2009年7月24日，中国外交部官方网站，http://www.fmprc.gov.cn/ce/ceun/chn/lhghywj/fyywj/fayan2009/t575179.htm（2014-12-23）

[2] 同上

式的人道主义危机，不仅严重危及当事国民众的生命和财产安全，也危及中国不断扩大的海外利益，同时国际社会对中国参与全球安全治理也有更大的期待，而"保护的责任"概念也已具有的一定程度的合法性和国际承认。另一方面，中国也对某些西方大国曲解甚至滥用"保护的责任"给予了高度的关注和警惕。特别是在北约干预利比亚之后，中国和俄罗斯等国更是表达了对西方国家故意混淆"保护的责任"与颠覆他国政权这一做法的强烈不满，并在随后的叙利亚危机中连续多次反对西方国家再次把利比亚模式复制到叙利亚。中国政府认为，"保护的责任"还只是一个概念，尚不构成一项国际法准则，因此，各国应避免将其作为向他国施压的外交手段。

综观中国政府的表态和做法，中国政府并没有反对"保护的责任"这个概念本身，也没有反对合法的人道主义干预，而反对的是"保护的责任"概念被滥用，反对少数国家打着"保护的责任"的旗号继续推行干涉主义之实。所以，在实践中，中国政府有意淡化了"是否应该干预"的问题，而将重点放在了如何实践"保护的责任"，强调如何负责任、建设性地去推动人道主义危机的解决。中国国际问题研究所副所长阮宗泽研究员提出了"负责任的保护"（responsible protection），认为保护的对象应该是无辜平民而非特定的政治派别或者武装力量，保护的目标必须是有利于减轻人道主义灾难而非推翻一国政权，保护的手段应该以外交和政治对话为主而非仅仅强调武力干涉，保护的责任包括重建的责任而非只是武力破坏。① 在中国看来，国际社会应重视"保护的责任"三阶段中的"预防的责任"和"重建的责任"，而不仅仅只是强调"反应的责任"。

---

① 阮宗泽认为，"负责任的保护"应有六大要素：（1）要解决对谁负责的问题。保护的对象应该是无辜平民，而不是特定的政治派别或者武装力量。（2）本国政府负有保护本国公民的首要责任。联合国安理会才是实施"人道主义干预"的合法主体。（3）严格限制"保护"的手段。实施保护的前提，必须是穷尽了外交和政治解决的手段。（4）明确"保护"的目标。保护的目标必须是有利于减轻人道主义灾难，绝不能因为保护而造成更大的人道主义灾难，更不能成为推翻一国政权的借口，以"保护"之名行"干涉"之实。（5）需要对"后干预"、"后保护"时期的国家重建负责。（6）联合国应确立监督机制、效果评估和事后问责制，以确保"保护"的实施手段、过程、范围及效果。阮宗泽：《负责任的保护：建造一个更安全的世界》，载《国际问题研究》2012年第3期，第9—22页。

中国对"保护的责任"的立场与主张，为国际社会关注非洲的人道主义危机预留了空间，其对"重建责任"的强调也有助于非洲国家从根本上实现国家的长治久安。同时，中国又反对曲解和滥用"保护的责任"，反对某些大国借人道主义危机行颠覆他国政权的做法，以维护非洲国家的主权独立以及它们选择自身发展道路和发展模式的权利。

第四节　中非安全合作的举措、方式和途径

21世纪以来，中国不断调整对非安全政策，创新对非安全合作的方式和途径。特别是近年来在"建设性参与非洲和平与安全事务"的原则下，中非安全合作取得了若干新的进展，展现出许多新的发展趋向。展望未来，中国应进一步明晰中非关系的战略价值，进一步认识到非洲安全局势与中国海外利益及中国的大国形象所具有的关联度，据此从长远角度来设计中非安全合作的战略蓝图。

一　注重通过双边军事合作提升非洲国家的安全能力

长期以来，中国在尊重非洲国家意愿的前提下，通过双边军事交流向部分非洲国家派遣中方教官或提供军事技术援助，同时邀请非洲国家的军事和安全官员来华进行学习或培训。近年来，在"非洲人力资源开发基金"的支持下，国防大学、南京陆军指挥学院等军事院校还增加了邀请非洲军事及安全官员来华参加学习和交流的机会，积极尝试对参训学员的研究生学位教育，以进一步巩固此类培训项目的成效。

二　积极支持和参与联合国在非洲的维和行动

中国是联合国在非洲维和行动的坚定支持者和参与者，非洲也成为中国参与联合国维和行动的重点区域。据联合国安理会网站的数据，当前中国在联合国9个任务区执行维和行动，其中7项在非洲，包括联合国刚果（金）稳定特派团、联合国西撒哈拉全民投票特派团、联合国利比里亚特派团、非盟—联合国达尔富尔混合行动、联合国驻苏丹特派团、联合国科特迪瓦行动团、联合国马里多层面综合稳定特派团。

表 4—2　　　　当前联合国在非洲正在进行的维和行动

	部署地点	维和行动	部署期
1	马里	联合国马里多层面综合稳定特派团（马里稳定团）	2013 年 4 月至今
2	南苏丹	联合国南苏丹共和国特派团（南苏丹特派团）	2011 年 7 月至今
3	苏丹阿卜耶伊	联合国阿卜耶伊临时安全部队（联阿安全部队）	2011 年 6 月至今
4	苏丹达尔富尔	非盟—联合国达尔富尔混合行动（达尔富尔混合行动）	2007 年 7 月 31 日至今
5	刚果（金）	联合国刚果民主共和国稳定特派团（联刚稳定团）	2010 年 7 月至今
6	科特迪瓦	联合国科特迪瓦行动团（联科行动）	2004 年 4 月至今
7	利比里亚	联合国利比里亚特派团（联利特派团）	2003 年 9 月至今
8	西撒哈拉	联合国西撒哈拉全民投票特派团（西撒特派团）	1991 年 4 月至今
9	中非共和国	联合国中非共和国多层面综合稳定团（联中稳定团）	2014 年 4 月至今

资料来源：作者根据联合国官网上的相关资料整理而成，http://www.un.org/zh/peacekeeping/operations/current.shtml（2014 - 10 - 24）

其中，2013 年中国决定向联合国驻马里综合稳定特派团派遣工兵、医疗和警卫分队共计 395 名官兵，首批 135 名先遣队在同年底即奔赴马里，这是中国军队自 1990 年首次派出联合国维和人员以来参与的第 24 项联合国维和行动，也是中国军队首次派出安全部队参与维和。2014 年，中国又决定向联合国驻南苏丹特派团派遣一支 700 人的成建制维和步兵营，并于 2015 年年初部署到位，该步兵营根据联合国的要求，携带用于自卫的轻武器、装甲运兵车和防弹衣、头盔等防护装备，主要承担保护平民、联合国和人道主义工作人员，以及巡逻警戒、防卫护卫等任务。中国向马里派出具有安全警卫能力的维和部队以及向南苏丹派遣成建制步兵营，展现了中国以更为积极的姿态参与联合国维和行动的信心和能力。2015 年 9 月 28 日，习近平主度在第七十届联合国大会上慎重承诺，中国决定设立为期十年、总额为 10 亿美元的中国联合国和平与发展基金，支持联合国的多边合作事业；同时，中国将加入新的联合国维和能力待命机制，建设一支 8000 人规模的维和待命部队。这些新承诺必将极大惠及非洲的和平发展事业。

三 推动非盟的集体安全机制建设

中国一贯支持非盟倡导的"非洲问题由非洲人解决"的原则，希望看到非盟在地区安全事务中发挥更大作用。从中国方面公开的资料来看，自非盟成立以来，中国先后向非盟在刚果（金）、布隆迪、苏丹达尔富尔、索马里的维和部队提供了后勤物资援助或现汇支持。仅在 2011 年 12 月，中国就向非盟驻索马里特派团提供了 3000 万元人民币的无偿军事援助。由于当前非盟安全机制 90% 的经费来自西方大国的支持，[①] 因此在中国自身经济不断发展的情况下，可以继续增加对非盟自主维和行动和常备军建设的资金和后勤支持，同时积极支持非盟于 2013 年提出的关于建立快速反应部队的倡议。

国内外均有学者认为，中国可以借鉴欧盟设立"非洲和平基金"（EU African Peace Facility）及美国设立"全球和平行动计划"（US Global Peace Operations Initiative）的做法，在中非合作论坛下设立"非洲和平与安全基金"，当非洲国家面临内战或大规模人道主义灾难的时候可以紧急筹措资金，同时常态化地支持非盟集体安全机制和非洲国家的

[①] Anthoni Van Nieuwkerk, "South Africa and the African Peace and Security Architecture", *NOREF Report*, Norwegian Peacebuilding Resource Center, March 2014, P. 7; Solomon Ayele Dersso, "Although Africa's peace and security regime is promising, Serious Challenges remain", http://www.issafrica.org/iss-today/although-africas-peace-and-security-regime-is-promising-serious-challenges-remain (2014-06-22)

安全能力建设。近期中国的一项重大举措，是决定自 2016 年开始，在 5 年内向非盟提供总额为 1 亿美元的无偿军事援助，以支持非洲常备军和危机应对快速反应部队建设。①

除了资金支持、物质援助、后勤保障等"硬支持"以外，中国还要注重加强与非盟在能力建设领域的"软支持"。中国既可以邀请非盟的和平与安全事务官员来华进行交流和研讨，也可以通过提供经费的方式支持非盟开展安全能力建设。此外，中国也可以尝试与非盟联合开展对非洲国家的能力建设项目。这些项目既可以是安全能力建设项目，也可以是更为宽泛的国家治理能力建设。一些非洲国家之所以出现政治动荡甚至爆发军事冲突，重要原因之一在于它们的执政能力不足、治理不善。非洲国家大多政府能力很弱，国家无法提供民众所需的基本公共服务，无法维护国家发展所需的基本社会秩序，无法整合有限的资源以推动国家发展。因此，中国在通过双边途径开展对非人力资源培训的同时，也可以尝试与非盟联合开展对非洲国家的能力建设，与非洲国家相互分享治国理政与发展经验交流。

从长远看，中国应与非盟建立定期化的安全合作机制，可以考虑充实与非盟开展的战略对话机制，推动国内相关部门同非盟委员会、非盟和平与安全理事会的对话与合作。诚如国内学者黎文涛博士所言，这种合作机制应该具有三个功能：促进中非在安全问题上机制化的政策沟通与协调；形成中非在相关安全问题上的政治议程；强化中非在资金、技术和人员等方面的各项安全合作。该机制形成的共识可成为指导中国在联合国安理会或国际场合做出表决或付诸行动的合法性依据。② 中国已于 2015 年设立常驻非盟使团，势必会显著推动与非盟的全方位合作。

在注重开展同非盟的安全合作之时，中国也应加强对非洲区域经济共同体的研究并适时与这些区域组织开展安全对话。非盟正式承认的 8 个区域经济共同体（西非国家经济共同体、中非国家经济共同体、南部

---

① 习近平：《携手构建合作共赢新伙伴 同心打造人类命运共同体》，载《人民日报》2015 年 9 月 29 日第 2 版。
② 黎文涛：《非洲安全治理特点及对中非安全合作的思考》，载张宏明主编《非洲发展报告（2012—2013）：中国与非洲区域经济合作的机遇与路径》，社会科学文献出版社 2013 年版，第 129—141 页。

非洲发展共同体、东南非共同市场、东非共同体、阿拉伯马格里布联盟、萨赫勒—撒哈拉国家共同体、政府间发展组织）是非洲集体安全机制的重要组成部分，它们在各自区域的安全事务中发挥着重要的作用。比如，西共体曾对利比里亚、科特迪瓦、几内亚比绍、马里等国的政治危机和军事冲突进行了不同程度的干预，近年来政府间发展组织（简称伊加特，IGAD）对南苏丹内战进行积极的政治斡旋。中国在重视非盟的同时，也应加大对这些区域安全机制的研究，同时尝试同它们开展安全对话，适当时可以加强对它们的外交和经费支持，以增加自身在非洲安全事务中的发言权。

有非洲学者认为，中国应重点开展同非盟的安全合作，而不宜把与单个非洲国家的双边安全合作视为中非安全合作的重心。原因在于，非洲国家政府往往容易成为冲突的当事方，这容易导致冲突的其他当事方及国际社会批评中国在非洲冲突中的立场和原则，由此极大损害中国在非洲的形象及长远的战略利益。而且，此类冲突也容易导致这些非洲国家的政权频繁更迭，无助于中国与这些非洲国家建立长期的稳定关系。[①]上述观点不无道理，但笔者以为，中非安全合作仍需采取两条路径，在继续加强同非洲国家的关系，尤其是注重与有地缘战略价值的非洲国家及对我国关系友好国家进行安全合作的同时，积极推动与非盟的安全合作，进一步培育非洲大陆的自主安全能力。

四　派出海军舰队参加打击索马里海盗的多国军事行动

中国护航舰队继续在亚丁湾、索马里海域参加打击海盗的多国军事行动，2009年至2014年年底，中国累计派出19批海军护航编队执行护航任务，完成超过6000艘中外船舶护航任务，以保护途经该海域的中方船舶和人员的安全，保护世界粮食计划署等国际组织运送人道主义物资

---

① 比如，埃塞俄比亚和平与安全研究所戴维特博士（Dawit Yohannes Wondemagegnehu）曾参与笔者主持的2014年度外交部"中非联合研究交流计划"项目"非洲集体安全机制建设与中非安全合作"，在他提交的论文中就提到这一观点。参见 Dawit Yohannes Wondemagegnehu, "Security Mechanism Building of the African Union: Any Role for China?", this paper is presented to the Institute of International Strategic Studies (IISS) of Party School of the Central Committee of CPC on July 9th, 2014.

船舶的安全,并尽可能为航经该海域的外国船舶提供安全掩护。近年来,中国还开展了同尼日利亚、喀麦隆等国的反海盗联合演习,以增强它们维护海上安全的能力,有效应对几内亚湾日益猖獗的海盗问题。

五 参与斡旋和调停部分非洲冲突

以2007年中国设立非洲事务特别代表为标志,中国开始建设性参与部分非洲冲突的调解工作。中国首任非洲事务特别代表刘贵今大使、现任非洲事务特别代表钟建华大使在调解苏丹达尔富尔危机、南苏丹内战等问题上发挥了积极作用。在非洲重大热点问题上,中国要注重"发声",才能更好地"有位"和"有为":一是中国需要更加积极地参与国际社会对非洲安全事务的斡旋行动,可以考虑适当强化中国政府非洲事务特别代表所能发挥的作用;二是积极参与联合国安理会、联合国人权理事会等国际组织在非洲热点问题上的各项调查行动,主动增进维护而不是自动放弃在非洲安全事务中的话语权;三是继续探索向非洲国家派遣观察团的成功做法,如2013年中国向津巴布韦派出大选观察团及其相关经验就值得认真总结。

六 探索与欧盟、美国及欧洲主要大国在非洲和平与安全事务中的协调与合作

欧盟、美国及欧洲主要大国是非盟的主要捐助方,长期以来在非洲的重大安全问题上有着较为深入的直接或间接介入。鉴于近年来欧美希望加强同中国在非洲事务上的三边合作或多边合作,中国可以更为主动、更为积极地回应此类呼吁,探讨与欧美各方在联合国维和行动、非盟安全机制建设、非洲人道主义救援、非盟能力建设等方面开展合作的可能渠道与方式。此举不仅有助于各方形成合力更好地推动非洲安全机制建设和安全问题的解决,也有助于借鉴欧美大国参与非洲事务的经验和做法,分享欧美在非洲开展安全介入、人道主义救援及能力建设的渠道,通过此种三边或多边合作提升我国在非洲事务中的话语权。

但是,此类合作也应注意两个问题:一是需要始终把非盟及非洲主要国家视为重要的合作方,始终尊重非洲方面的意愿和建议;二是警惕欧美大国让中国分担其在非洲的治理成本,同时用它们的理念、规范和机制来约束中国。因此，中国应该基于自身利益和非洲方面的实际需要来稳步推进与欧美的对话与合作。

第五节　案例：达尔富尔危机的和解进程与中国国家形象塑造[①]

达尔富尔地区形势在2003年2月以后急剧恶化并迅速走向国际化。此后，在包括中国在内的国际社会的共同努力下，以2007年7月达尔富尔和平谈判和政治进程的重新启动以及联合国安理会一致通过部署联合国—非盟混合维和行动的1969号决议为标志，达尔富尔危机逐步走向缓和。虽然达尔富尔问题至今仍未得到彻底解决，但随着2012年2月"达区过渡管理当局"总部的启动以及联合国、非盟等的持续努力，达尔富尔地区局势或将进一步趋向好转。在这一进程中，中国由最初广受国际社会批评，到及时调整相关政策并积极参与危机的和解进程，最终赢得了国际社会的肯定。今天回头看来，中国在达尔富尔问题上所曾受到的外来疑惧、批评乃至诋毁，反映出日益崛起的中国融入国际社会的艰难与不易；而中国在这一问题上所做的外交选择及政策调适，反映出成就负责任大国所应有的外交谋划和政策把握。从中国实现大国崛起和建构中非全面战略合作伙伴关系的历史高度，来审视中国在达尔富尔危机解决中所曾扮演的角色及其对中国国家形象塑造的启示，就具有重要意义。

一　国际政治视野中的达尔富尔危机

达尔富尔危机起源于阿拉伯人与黑人两大族体围绕土地资源展开的争夺。达尔富尔地区位于苏丹非部，面积约50万平方公里。当地的近百个大大小小的族体大体分属"阿拉伯人"和"黑人"两大族群，前者为逐草而居的游牧部落，主要分布在该地区北部和南部，后者主要从事农业生产，多分布于该地区的中部。达尔富尔地区有600多万人口，90%以

[①] 姜恒昆、罗建波：《达尔富尔问题的政治解决进程及对中国外交的启示》，载《西亚非洲》2008年第3期，第5—10页。

上属逊尼派穆斯林，阿拉伯人不足 40%。由于自然条件恶劣，社会经济发展落后，加上人口增长较快，当地各族体间自 20 世纪 60、70 年代就因资源问题而关系紧张。① 由于历史原因，北部游牧的阿拉伯部落一直没有自己的"达尔"（即领地、家园），② 而富尔人等中部农耕族群却有自己的"达尔"。在自然资源日渐短缺的情况下，这种土地所有权及使用权上的不平等，加上各自不同的文化与生活方式，使冲突双方开始将原本不大具有人种色彩的种族认同作为各自的动员基础。虽说早在 20 世纪 60 年代达尔富尔就出现了以富尔人为主导的地区性政治运动"达尔富尔复兴阵线"，但是阿拉伯部落在这一点上却走得更快。1986 年 27 个阿拉伯部落结成了同盟组织"阿拉伯人集会"，以阿拉伯民族是达尔富尔的最大贡献者为由，公开要求时任总理萨迪克·马赫迪在各级政府中给阿拉伯人以 50% 的政治代表权。③ 这一带有种族分裂色彩的举动自然引起了富尔人、扎加瓦人和马萨里特人等黑人族体的极大恐慌与集体动员，由此形成了作为目前冲突种族基础的两大对立认同——阿拉伯人认同和非洲人认同。

长达近 40 年的两次南北内战使苏丹政府无力对达尔富尔进行有效的社会治理和经济开发，导致其成为苏丹最贫困落后的地区之一。20 世纪 60、70 年代以来，苏丹境内日益加剧的沙漠化迫使北部干旱地带的阿拉伯游牧民大量南下进入相对肥沃和湿润的中部农耕地带，沙漠游牧民与绿洲农民争夺水草和土地资源的矛盾逐步表面化，冲突日渐加剧。此外，苏丹政府相关政策的失当进一步激化了原本存在的种族矛盾：一是废除了"阿贾维德"④、部落会议及年度部落会议等地方传统冲突调解机制，而又未能建立起新的行之有效的机制，致使不同族体间的矛盾长期得不到应有关注和解决；二是政府对土地和权力资源的重新分配有失公允，

---

① 姜恒昆、刘鸿武：《种族认同还是资源争夺：苏丹达尔富尔地区冲突原因探析》，载《西亚非洲》2005 年第 5 期，第 9—13 页。

② "Dar"，"领地、家园"之意，"Darfur"，意为"富尔人的家园"。

③ Hussein Adam al - Haj, "The Arab Gathering and the attempt to cancel the other in Darfur", December 31, 2003, http：//www.sudanile.com/sudanile13.html (2010 - 05 - 24)。

④ "阿贾维德"（Agaweed）在阿拉伯语中意为"长者"、"调停人"，在苏丹则指部落冲突的一种传统解决机制。根据惯例，冲突双方都会遵守并履行在"阿贾维德"调停下达成的和解协议，那些不接受"阿贾维德"裁决的部落会被当地的其他部落看不起。

导致黑人族体对政府强烈不满。1994年苏丹政府对达尔富尔地区的行政重划（由原来的北、南两省划分为北、南、西三州）、1995年西达尔富尔州对黑人部落马萨里特传统领地的分划（原来的达尔马萨里特被划分为13个区，其中5个区被分给了阿拉伯人）及南达尔富尔州的辖区重划（该州被分割为6个区，其中5个区由阿拉伯人管辖）都是典型的例子。①三是苏丹政府中一些来自达尔富尔地区的军政高官暗中支持阿拉伯民兵武装"坚杰维德"②，向其提供武器，使他们对黑人村庄的袭击变得更加有恃无恐。

苏丹当代政治伊斯兰运动的分裂使达尔富尔冲突的政治诉求更趋复杂。苏丹政治伊斯兰运动在1989年夺取政权后不久，内部就出现了权力之争，并最终于世纪之交彻底分裂，运动的奠基人与设计师哈桑·图拉比在斗争中落败并被逐出了权力中心。图拉比派别中的一些达尔富尔精英分子不甘权力旁落，他们在达尔富尔打起了反政府的旗帜，并将达尔富尔变成了争夺权力的另一个战场。此外，苏丹南北内战的长期化以及近年来南北和谈的进行，使一些达尔富尔的反政府组织看到了以南方反政府武装为榜样争取地区自治的希望。2003年2月，主要由该地区黑人居民组成的"苏丹解放军"和"正义与公平运动"两支武装，以苏丹政府未能保护自身免遭阿拉伯民兵袭击为由，公开展开反政府武装活动，要求实行地区自治。因此，除原有的种族对抗外，达尔富尔当前危机还包含着地方寻求权力自治与中央维护国家统一之间的斗争。

究其实质而言，达尔富尔问题是苏丹内部的治理危机和发展危机，其根源为当地游牧民与定居农民之间的资源冲突，以及解决这一冲突的传统协调机制的崩溃。然而，美国等部分西方国家却多用意识形态的眼

---

① Nazik al-Tayeb Rabah Ahmed, "Causes of traditional and modern tribal conflicts in Sudan", in Adam Al-Zein Mohamed and Al-Tayeb Ibrahim Weddai, eds., *Perspectives on tribal conflicts in Sudan*, Institute of Afro-Asian Studies, University of Khartoum, 1998, pp.139—159.

② "坚杰维德"（Janjaweed）是一个阿拉伯词语，由jann和jawad两部分构成，前者的意思是"恶魔"，后者的意思为"马"，合在一起的意思就是"骑马的恶魔"。由于达尔富尔地区一直都有一些以抢劫为生的可恶的强盗（既有阿拉伯游牧民也有非阿拉伯人），因此当地人把这些强盗称为"骑马的恶魔"即"坚杰维德"。在枪支大量流入达尔富尔后，"坚杰维德"便泛指那些骑着马或骆驼并拥有现代化武器的武装盗贼团伙。目前被称为"坚杰维德"的民兵组织主要由达尔富尔的阿拉伯人和来自邻近国家的武装分子组成。

光来理解和关注苏丹的问题,将达尔富尔冲突的性质与内容更多地作某种夸张或曲解。它们一味指责苏丹政府是独裁政权,认定苏丹政府军对黑人实施了隐蔽性种族清洗或大屠杀。美国政府于2004年4月强势介入达尔富尔问题,美国国会又于7月将达尔富尔地区冲突界定为"种族大屠杀",而这一界定在同年9月得到美国调查团的正式认定。[①] 联合国等国际组织也对达尔富尔危机进行了密切关注,从2004年6月到2007年7月的三年时间里,仅安理会就通过了多达21项与苏丹问题和达尔富尔危机有关的决议,各种声明和报告更是为数众多。[②] 在此背景下,达尔富尔这一原属非洲国家内部的冲突被迅速国际化并进入了国际政治的视野。

二 达尔富尔危机与中国国家形象的"关联"

达尔富尔危机的国际化从一开始就是与部分西方国家对所谓"中国力量"和"中国因素"的刻意渲染同步进行的。在中国日益崛起的今天,中国的外交举措及其发展走向一直备受世人关注。凡重大国际政治经济问题或地区危机事件一旦牵涉"中国因素",都必然会引起国际社会的密切关注,并迅速成为某些西方媒体和组织的"炒作"对象。自从中国与苏丹建立起日益紧密的当代经济联系,特别是中国在苏丹的石油合作开采中扮演重要角色之后,国际上一些对中国抱有成见的组织和个人开始蓄意将达尔富尔冲突这一非洲国家的内部问题与中国外交联系起来,对中国相关外交政策和中苏关系的发展进行了不严谨、不真实,甚至是刻意歪曲丑化的解读和报道。由于西方国家主导着国际舆论的话语权,这些言论的国际传播给中国国家形象带来了明显的负面影响。

一是能源合作的"泛政治化"及其影响。中国同苏丹的经贸与能源合作是基于和平共处五项原则的互利合作,是中苏双方基于各自国家利益和优势互补的理性选择。中国经济的快速发展需要大量的原材料和商

[①] 在美国调查团得出达尔富尔冲突是种族大屠杀的结论后,联合国就此问题专门派出调查小组即"达尔富尔问题国际调查委员会"前往当地调查,该调查委员会2005年1月提交的报告认为苏丹政府并未在达尔富尔推行种族屠杀政策。参见UN, *Report of the International Commission of Inquiry on Darfur to the United Nations Secretary General*, 25 January 2005.

[②] 参见联合国中文网站"苏丹达尔富尔专页":http://www.un.org/chinese/peace/peace-keeping/sudan/scres.htm(2007-10-20)

品市场，而苏丹作为一个资源丰富的发展中国家，其经济发展特别是产业升级和产品多样化也需要外部的资金和技术。中苏经贸合作不仅是互利的，也是透明的、不排他的，包括中国、法国、加拿大、印度和马来西亚等国的能源企业都参与了苏丹能源的投资与开发。然而，部分西方国家无理指责中国发展同苏丹友好关系就是与苏丹专制独裁或有恐怖主义倾向的政权为盟，开发和购买苏丹石油就是纵容甚至支持苏丹政府对达尔富尔黑人种族的镇压。一些人甚至把矛头指向整个中非关系，他们宣称中国对苏丹等非洲国家的资源开发是"新殖民主义"式的掠夺，中国对非洲贸易是典型的"新重商主义"；中国不附带任何条件的经济援助忽视了非洲国家的民主和人权状况，客观上支持了非洲的所谓"失败国家"或"流氓国家"，破坏了非洲国家致力于民主改革和追求良治的努力。[1] 部分非洲人士由于并不了解中国的对外政策，或深受西方教育且与西方社会有着各种利益联系，因此也借机鼓噪所谓的"中国威胁论"，使中国在非洲的形象受到了不小的影响。

二是人权与主权领域的立场之争。自新中国成立以来，由于中国在社会制度和意识形态上有别于西方国家，双方在"人权"问题上长期存在严重的对立和斗争。中国在人权问题上所受到的指责及应对，一直是关乎中国国家形象的重要议题。中国同部分西方国家在"主权"问题上也有观念分歧，中国在一定程度上承认联合国人道主义干预的合法性和合理性，但反对某些西方大国依仗强大政治经济实力而提出的"主权过时论"和"人权高于主权"的论调。在"后冷战"时代，以意识形态胜利者自居的发达国家坚持"冷战"思维，动辄以人权为由对那些奉行不同价值观念和发展模式的国家进行"打压"，其主要手段是推动"人权国

---

[1] Denis M. Tull, "China's Engagement in Africa: Scope, Significance and Consequences", *The Journal of Modern African Studies*, September 2006, pp. 459 – 479; Joshua Eisenman & Joshua Kurlantzick, "China's Africa Strategy," *Current History*, May 2006, pp. 219—224; Michael Klare & Daniel Volman, "America, China & the scramble for Africa's Oil", *Review of African Political Economy*, No. 108, 2006, pp. 297 – 309; The Council of Foreign Relations, "More than Humanitarianism: A Strategic U.S. Approach Toward Africa", Independent Task Force Report 56, 2006, pp. 40 – 54; Ali Askouri, "China's investment in Sudan: Displacing Villages and Destroying Communities", in Firoze Manji & Stephen Marks (eds.), *African perspectives on China in Africa*, Cape Town, Fahamu – Networks for Social Justice, 2007, pp. 71 – 86.

际化"和联合国的"人权中心化",将人道主义干预思想渗透到联合国的集体安全行动之中。在达尔富尔问题上,中国一贯坚持在尊重苏丹主权和领土完整的基础上,通过对话与平等协商政治解决达尔富尔问题,反对动用经济制裁手段和单方面的武装干预。而以美国为首的部分西方国家基于先入为主的判断,在政治上谴责苏丹政府的"种族灭绝",推动国际社会全面孤立和制裁苏丹政权。基于这样的政治分歧,一些西方媒体和国际组织对中国反对安理会就达尔富尔问题制裁苏丹横加指责,批评中国在人权问题上的立场,将它们与中国的人权分歧扩大到苏丹问题上。少数西方政客和非政府组织,甚至美国国会众议院还曾以抵制2008年北京奥运会要挟中国向苏丹政府施加压力。

  以美国为首的部分西方国家之所以对中国对苏丹政策外交大加批评,主要原因有:其一,虽然"冷战"早已结束,但部分西方人士仍习惯用意识形态的"有色"眼镜来看待中国所做的一切,将中国不同于西方的外交政策意识形态化。其二,西方国家觊觎苏丹重要的地缘政治和经济价值。当前美国在非洲的反恐重心位于非洲之角和撒哈拉中西部地区,苏丹是联结上述两地的重要纽带。苏丹北部伊斯兰势力执掌中央政权及该政权在其早期阶段表现出的某种"伊斯兰主义"倾向,它与某些伊斯兰极端势力似乎有过的紧密联系,使得这一政权与西方国家之间出现了复杂的关系。特别是20世纪90年代中期以来,"基地"组织曾以苏丹为基地策划过多起针对美国的恐怖袭击事件,更使美国担心苏丹局势的失控将引发伊斯兰极端恐怖势力在非洲的大规模扩散。非洲是西方国家的传统势力范围,在苏丹建立亲西方政权,将其纳入西方国家的战略轨道,无疑是西方国家重要战略目标。21世纪以来,西方大国加大了"重返非洲"的步伐,巩固并加强主导非洲事务的意图进一步增强,美国甚至建立了"非洲司令部"。"中国力量"和"中国因素"在非洲的快速增长无疑刺激了西方国家的敏感神经。其三,国际社会对中国的外交政策并不十分了解。近年来中国经济体量和规模的扩张及其投向势必引起国际社会的关切,而达尔富尔问题的异常复杂又加剧了他们对中国的疑惧和担忧。

三　中国参与达尔富尔危机和解进程与国家形象的维护与提升

  自达尔富尔危机国际化以来,国际社会就如何解决危机存在严重分歧和对立，世界各主要大国围绕此问题展开了激烈的权益博弈和力量角逐。美国要求全面制裁苏丹的政策和举措并未得到联合国的认可，也遭到了苏丹政府和非盟、阿盟的反对，即使美国的传统盟友欧洲国家也并未步美国后尘。从达尔富尔问题产生的根源和矛盾的症结看，制裁和孤立苏丹现政权不仅无益于问题的解决，反而会造成更严重的对立。中国主张政治解决危机的主张与联合国、非盟的原则是基本一致的，随后成为达尔富尔危机解决的主导形式。因此，达尔富尔问题在给中国外交提出挑战的同时，也给中国显示自身外交原则的强大生命力、展示自身在重大国际问题上的影响力，提供了难得的历史契机。

（一）支持和参与维和行动，展示中国承担大国责任的决心和能力

"冷战"结束以来，国内冲突和战乱成为非洲政治不稳定的主要表现形式。这些冲突多牵涉复杂的种族和宗教矛盾，往往导致大规模的国家失能和人道主义灾难。据估计，自2003年2月达尔富尔危机爆发后的最初几年内，共有20多万人直接或间接死于武装冲突，至少200万人无家可归。[1] 联合国早在2004年就将此危机确定为"世界上最严重的人道主义危机"。适度动用国际和区域集体安全机制以制止危机升级、保护难民的生命和财产安全，成为稳定苏丹局势并寻求政治和解的先决条件，也是国际社会对联合国、非盟的期待。中国作为联合国安理会的常任理事国和最大的发展中国家，从苏丹人民的根本利益和区域政治稳定的角度出发，主张在尊重苏丹政府的基础上适度开展国际干预。

一是支持非盟在苏丹的自主维和行动。非盟于2004年开始在达尔富尔地区实施维和使命，此后不断加大对冲突的干预力度，维和人数逐步增加到7000人，一度是非盟成立以来对一成员国内战实施的最大规模的武装干预。[2] 中国积极支持非盟在解决苏丹达尔富尔危机中的主导作用，2006年总计向非盟在达尔富尔的维和行动提供了140万美元的现汇支持。但由于非盟维和部队受人数、装备和财力的限制，维和效果并不理想。

---

[1] 详见联合国中文网站苏丹达尔富尔网页：http://www.un.org/chinese/ha/issue/sudan/un.shtml（2007-02-05）

[2] See ICG Africa Briefing No.28 (*The AU's Mission in Darfur: Bridging the Gap*, Nairobi/Brussels, 6 July 2005) and No.43 (*Getting the UN into Darfur*, Nairobi/Brussels 12 October 2006).

二是支持并参与联合国在苏丹的维和使命。早在2005年5月中国就积极响应联合国安理会关于建立联合国苏丹特派团（UNMIS）的第1590号决议，向苏丹派出第一批435人的维和部队。这是继向柬埔寨、刚果（金）、利比里亚和黎巴嫩派遣维和部队之后，中国第五次成建制派遣部队执行联合国维和任务。中国积极敦促苏丹政府接受安南于2006年11月提出的分三阶段维和的方案。在苏丹政府原则接受该方案的前提下，中国又推动联合国安理会于2007年7月31日一致通过了向达尔富尔地区派遣大约2.6万人的联合国—非盟混合维和部队的第1769号决议，并率先在2007年10月上旬向达尔富尔地区派遣为部署混合维和部队做准备的315人工兵分队，该分队也是联合国在此次混合维和行动中派出的第一支部队。截至2014年年底，中国已累计派出十批维和部队赴达尔富尔地区执行维和任务。几年来，在苏丹执行维和任务的中国维和部队多次获得联合国授予的"集体特殊贡献奖"和"个人特殊贡献奖"，以出色的表现充分展示了中国军队威武之师、文明之师、和平之师的良好形象。

（二）推动危机的政治和解进程，提升在解决重大地区危机中的发言权和影响力

维和固然重要，但是政治和解才是维和的最终目的。自达尔富尔问题出现以来，中国一直扮演着劝和促谈的角色，积极支持非盟和阿盟在区域框架内寻求能被各方接受的政治解决办法。2007年2月2日，胡锦涛主席在中非论坛北京峰会后的首次非洲之行中访问了苏丹，提出处理达尔富尔问题应遵循的四项原则：1、尊重苏丹主权和领土完整；2、坚持对话和平等协商；3、非盟、联合国等应该在达尔富尔问题上发挥建设性作用；4、促进地区局部稳定。[①] 中国政府先后向达尔富尔地区派遣了5个了解实地情况的特使团，2007年5月10日更是首次任命了以达尔富尔问题为近期工作重点的中国政府非洲事务特别代表。在各方的努力下，苏丹达尔富尔问题国际会议于2007年7月15日至16日在利比亚首都的黎波里举行，会议的重要成果是重启达尔富尔和平谈判和政治进程的时间表，确立非盟、联合国和周边国家为政治解决达尔富尔问题的主渠道，宣布相关"路线图"进入谈判准备阶段。应该说，达尔富尔问题能走上

---

① 《胡锦涛同苏丹总统巴希尔会谈》，载《人民日报》2007年2月3日第1版。

政治解决的轨道，与中国的斡旋与协调有着重要关系。

国际社会也普遍认可"双轨"战略，即平衡推进维和行动和政治进程：一方面要尽早向达尔富尔地区派遣混合维和部队，另一方面还要积极推进达尔富尔地区的政治和解进程，敦促未签署《达尔富尔和平协议》的派别尽早签署该协议。为此，中国一方面鼓励和推动苏丹政府保持与国际社会的对话与合作，坚持安南方案的大方向；另一方面，呼吁和敦促有关各方把苏丹视为解决问题的当事方，与其进行平等对话与合作。苏丹政府欢迎政治解决达尔富尔问题，颁布了多项涉及财富和权力分配等内容的总统令，并在2012年启动了"达区过渡管理当局"总部，以恢复当地的行政和法律秩序。

（三）对苏丹提供发展援助并开展互利合作，从根本上推动达尔富尔危机的解决和苏丹的稳定与发展

达尔富尔问题的根源是贫困和落后，只有通过经济发展才能从根本上得到解决。如果不承认其资源短缺并合理分享这一生态脆弱地区的自然资源，不能恢复本地区的经济和社会结构，任何和平努力最终都将归于无效。因此，国际社会除继续向达尔富尔地区提供人道援助外，还应该提供资金、技术等发展援助，使经济复兴和政治和解平衡推进。在经济复兴的基础上实现各族间的真正宽容和共处，才是达尔富尔问题解决的根本出路，也是那些忙于"灭火"的国际组织、西方强国以及苏丹政府真正应该考虑与解决的问题。

由于意识到达尔富尔问题的实质是发展问题，中国早在2007年就向苏丹政府提供了8000万元人民币的人道主义物资援助，还把苏丹经济发展和达尔富尔地区的经济重建作为处理达尔富尔问题的关键。正是中国石油集团在苏丹投资创业的成功，使苏丹由一个纯粹的石油进口国变成了石油出口国，在一片空白的基础上建立了上下游一体化、技术先进、规模配套的石油工业体系。不仅如此，中国石油企业还积极关注当地民生，为当地援建医院，修建桥梁、机场以及道路等基础设施，改善当地群众生活条件。通过经贸合作和发展援助推动达尔富尔问题的彻底解决，是中国外交在达尔富尔问题上的特色和亮点所在。

四 关于中国外交政策调适与国家形象优化的几点思考

中国在达尔富尔问题上所做的外交选择和政策调适给崛起进程中的中国外交以深刻的启示。作为一个日益融入国际社会的国家，中国如何维护和提升自身的国家形象；作为一个认识到自身利益和责任的经济大国，在与相关国家交往时该怎样确定自己的角色内容；作为一个综合国力不断增长的新兴大国，如何在一些重大国际或地区热点问题上进行外交工具的选择和软实力的建构等，都是当前中国外交必须正视并解决的迫切问题。

（一）继续坚持并发展"不干涉内政"原则

"主权平等"和"互不干涉内政"是中国外交的基本原则，今后仍不会改变。这一原则有助于维护中国和非洲国家的主权完整和独立，有助于维护中非友好关系的深化和发展，成为中国对非洲外交不同于西方国家对非洲政策的最大区别之一。中国反对西方大国在达尔富尔问题上对苏丹采取单方面的军事和经济制裁，主张以政治和解为主并充分尊重和考虑苏丹政府的关切，就是对主权平等和内政不容干涉原则的坚持。但同时，中国又尊重国际社会的期望，及时调整了在达尔富尔问题上的原有立场，通过多种途径劝和促谈，以弃权票的方式表达了自身对联合国第1556号、第1564号决议的立场，逐步赢得了国际社会的肯定。中国在达尔富尔问题上的政策调适，表明中国在重大国际问题上既坚持了自己的独立性和原则性，又避免了与世界主要大国的直接冲突，兼顾了中国海外利益、中国同苏丹关系、中国同国际社会的良性互动等多层面的复杂关系。不仅如此，中国还积极参与联合国在苏丹的维和使命，表明中国对合法集体干预的接受与认同，并愿意在国际多边行动中发挥更大的作用。中国在达尔富尔危机解决进程中的政策调适，为中国更加积极参与国际事务特别是国际热点问题提供了可借鉴的经验和教训。

（二）适时适度地承担应有的国际责任

中国是世界上最大的发展中国家，也是一个快速发展并日益融入国际社会的大国。在中国日益崛起的今天，中国外交应当具有更为广阔的全球视野，不仅关注自身的经济发展，也应关注世界的和平与发展，通过积极参与国际秩序的建构和承担更多的全球责任，为人类社会的发展提供必须的公共产品。当前的非洲大陆仍是世界上最不发达和最为动荡的地区，非洲国家也正在通过一体化寻求非洲复兴。中国应在自身力所能及的情况下，对非洲国家提供更多的帮助和支持，实现发展中国家的共同发展，做到"量力而行"和"尽力而为"的有效统一。通过与非洲国家的合作来带动中非双方的互利发展与共同繁荣，已成为中国彰显自身崛起于世界是机会而绝非威胁的生动例证。具体到苏丹，中国在确保苏丹免遭西方经济制裁的同时，鼓励中方投资企业更多地支持当地的社会治理与发展，增加对达尔富尔危机的人道援助及对联合国和非盟在苏丹维和行动的经济支持，这些都能体现出中国的大国责任。未来中国外交的发展方向无疑应是更为进取、开放和包容，在适度调整传统国家主权范式的基础上，更深度地参与全球事务，更多地满足国际社会对全球公共产品的需求，在这一进程中维护自身海外利益并彰显自身不断提升的大国责任。

（三）注重向国际社会阐释自身外交政策

西方社会对中国在苏丹问题上所做的批评，部分源于他们对中国外交政策的不了解和固有意识形态偏见。因此，需要加大对外政策的宣介力度，有针对性地做好增信释疑的工作。国际政治较量中，不能忽视或轻视西方社会对中国非洲政策的指责，因为就某种意义而言，西方国家在当今世界所拥有的话语权必然会增加中国建构软实力的代价和难度，给本来良性发展的中非关系带来不应有的变数。所以，完善和优化国家形象离不开适时的形象战略和精致的国际传播策略，中国必须重视在技术层面阐释自己的对非洲政策，"只做不说"或者"多做少说"在当前全球化、信息化时代已越来越不适应国际政治舞台和外交领域的现实需要。一方面，中国应大力阐述自身对世界和平与发展的支持。就非洲而言，中国在历史上曾长期支持非洲人民的民族解放运动和发展经济的努力，由此建立了双方深厚的传统友谊；当前中非关系是建立在平等协商和互利共赢基础上的伙伴关系，中国从来没有今后也不会采取所谓的"新殖民主义"政策。另一方面，中国也需要向西方国家说明，虽然彼此在非洲存在一定的竞争，但中国无意将美国或其他西方国家挤出非洲市场；中国积极与非洲各国打交道，主要是出于自身经济增长和中非关系持续发展的需要。中国与美国等西方大国不仅可以就非洲的经济发展、对非发展援助、气候变化及应对等问题展开实质性合作，而且还可以就更具"高政治性"的非洲冲突管理、非洲和平与安全事务、非洲人道主义危机等问题进行广泛的对话与协调。这种合作不仅有利于中国和西方国家的利益，对非洲的和平与发展也大有裨益。

（四）注重与国际社会开展在民主与人权领域的对话

从客观上看，中国所选择的社会制度和意识形态从来就没有为西方所接受和认同，在苏东剧变后仍然是部分西方国家诋毁、攻击的一个主要对象。部分西方国家的政治经济实力及其对国际话语权的垄断，使它们对中国的负面评价能广泛传播到世界的每个角落，从而显著地损害中国的国家形象。可以预见，在短期内试图彻底消解中西方在意识形态认同上的差异实非易事，但通过定期和多层面的沟通与对话以增进各方的互相理解，从而不对双方的总体外交造成负面影响，仍是可能的。

中国应及时向国际社会阐明：其一，实现民主、自由和平等是人类社会的发展方向，具有不容置疑的普世性。当前中国人民也正在致力于追求政治民主和社会进步。但民主和自由的具体实现方式和表现形态又因各个国家的社会历史发展不同、经济发展水平不同、文化观念不同，而出现民主政体的多样化现象。在当前全球化和多元化的时代，即便是拥有几百年民主传统的西方民主国家间在具体的制度形式上也存在一定的差异。所以，中国与其他国家在政治与价值观的认同方面出现一定的差异实属正常。其二，中国从来没有把自己的发展模式和价值观念强加于人的意愿。过去中国强调求同存异、和平共处，当前中国倡导多元共存和世界和谐，其实质都是主张国际社会的多元化和多样化，主张不同的社会制度、价值观念、发展模式和生活方式都应当和谐相处，认为和而不同、求同存异才是通向未来和谐世界的必由之路。在加强对话的同时，从长远来看，中国还须加大国内政治改革的步伐，增强自身在"民主"、"公正"、"平等"、"正义"的价值取向上的普世性，以此获得世界的认同。这就涉及如何在坚持个性特质的同时认同和践行共同价值观的问题，这或许成为中国构建国家形象的关键问题之一。只有尽可能协调"个性"与"共性"的关系，才可能建立起为绝大多数国家所接受的国家形象。

（五）建立国际危机事件的形象维护机制

重大国际突发事件和危机容易在短时期内急剧损害国家形象，苏丹达尔富尔危机的国际化及国际社会对中国外交政策所做的误解和歪曲，极大地损害了中国的国际形象和声誉。在建立和完善国家危机管理机制的过程中，应把维护国家形象的问题纳入国家战略的通盘考虑之中。这里主要涉及：在危机时期和危机地区如何权衡和取舍自身利益，特别是明确国家利益的主次及相关海外权益的权重；如何开展与西方国家和国际组织的有效对话和沟通，建立双边或多边的危机处理机制；如何充分调动国内外媒体的力量并有效影响国际舆论，使中国的声音能在国际上得到应有表达。今天回头看来，中国在苏丹达尔富尔和解进程中的外交符合中国自身利益和中非关系发展的大局，并逐步赢得了国际社会的认同，但中国在危机事件的整个过程中也给我们以深刻启示：中国外交应更多具有前瞻性和应对危机的能力，更多掌握国际政治的话语权，避免导致"外界攻击—中国回应"的反射式被动局面。

（六）建立成熟的公共外交战略和机制

国际社会对中国在苏丹问题上所做的负面报道，主要源于西方媒体、学者和国际非政府组织。部分非洲人士特别是非洲本地非政府组织由于深受西方舆论的影响，在价值观念上认同西方文化，或者缺乏对中国外交的了解，从而跟随西方舆论对中国外交进行负面评价。中国的公共外交还远未深入到西方和非洲国家的公民社会中去，还未能深入接触到拥有较大舆论影响力的国际和非洲的非政府组织。因此，需要全面总结中国民间外交长期积累的丰富经验，加快制定中国特色的公共外交战略。重点做好国外公民社会组织的工作，尤其以国外社会精英、重要智库、学术机构、公共舆论、非政府组织等为主要工作对象。中国要继续利用好"非洲人力资源开发基金"、外交部"中非联合研究交流计划"以及教育部"中非高校20+20合作计划"等，以我为主、为我所用地请进来、走出去，培养一批海外知华、友华精英队伍。同时注重与国外非政府组织的接触，鼓励中国非政府组织与国外非政府组织建立广泛联系。只有让非洲民众充分了解中国以及中非关系，只有把中非友好的种子种在非洲民众的心田里，中非关系才能实现真正的可持续发展，中非友谊才能实现历久弥新。

第五章

经验交流：中非治国理政经验交流与非洲的能力建设[*]

中非治国理政经验交流是中非合作大有可为的新的"增长点"。中国在过去近四十年里显著推动了经济发展并维护了这样一个超大型国家的政治稳定，其中的治理经验值得认真总结，而非洲国家在政治转型、公民社会发展等方面也积累了许多值得尊重和认真研究的经验教训，中非双方完全可以在平等而自主的基础上开展治国理政经验交流，进一步增进双方在发展领域的相互包容、理解和互信，共同探讨和解决发展中国家面临的发展问题。通过此种南南治理交流合作来推动非洲国家的政治稳定和经济社会发展，正是当代中非全面战略合作伙伴关系之一重要诉求，是日益崛起的中国所应有大国责任的重要体现。

21世纪以来，非洲经济整体得到快速发展，自主发展意识显著增强，政治民主化进程稳步推进，日益以"希望的非洲"这一全新面貌展现在世人面前。然而，一些制约非洲长期发展的治理难题至今仍在持续，诸如非洲国家民族一体化进程的迟滞及现代国家认同感的相对淡漠，国家制度建设的滞后及治理能力的严重不足，政党发育的不成熟及政党族群化趋势的延续，成为制约非洲国家发展的不可忽视的重要因

---

[*] 本章是在《非洲国家的治理难题与中非治国理政经验交流》（发表于《西亚非洲》2015年第3期）一文的基础上修改而成。

素。长期以来，西方国家及其学者多从西方民主经历和政治观念出发，强调非洲国家的民主架构和某些发展政策上的调整，虽然其间取得了不少历史成就，但非洲国家面临的发展困境及治理难题至今仍未能得到有效解决。因此，非洲国家在合理借鉴西方政治经验的同时，也需要在自主探索的基础上，注重开展同非西方世界的治国理政经验交流。中国在过去三十余年里显著推动了经济发展并维护了这样一个超大型国家的政治稳定，其中的治理经验值得认真总结，而非洲国家在政治转型、公民社会发展等方面也积累了许多值得尊重和认真研究的经验教训，中非双方完全可以在平等而自主的基础上开展治国理政经验交流，进一步增进双方在发展领域的相互包容、理解和互信，共同探讨和解决发展中国家面临的发展问题。

第一节　非洲政治发展大势及面临的治理难题

非洲政治发展的最大变化，是政治民主化虽然进程曲折但仍在继续推进。"冷战"结束以来，伴随着西方大国在意识形态上的大力推动，非洲国家大多在短时期内经历了急剧的政治民主化转型。虽然多党民主制度曾一度激化了非洲原有的政治矛盾，造成20世纪90年代非洲大陆出现频繁的政治动荡和流血冲突，但近年来的事实是，非洲民主与人权的发展已有很大进步，良治已成为非洲政治发展的主要潮流，非洲政治局势也总体趋向稳定。客观地讲，非洲政治民主化的起步的确在很大程度上是由于西方大国的外力推动，但非洲民主化进程的持续推进及所取得的成就、经历的挫折，主要都是非洲人自主探索的结果，且经过二十余年的探索与磨合，非洲国家大多已基本接受以多党选举为主的民主设计，近年来非洲国家的大选大多能平稳举行，一些国家努力将西式多党民主制度内嵌于非洲的社会与文化之中，已探索出带有非洲特色的民主发展模式。① 正如中国前驻津巴布韦大使袁南生所言,西方民主制度在非洲曾严重"水土不服",但并不意味着永远"水火不容"。② 现在整个非洲大陆,除了斯威士兰、厄立特里亚等个别国家以外,名义上其他国家都建立了多党制。这表明,非洲的多党民主进程已经经历了"搭建期",进入了"巩固期"和"完善期"。

伴随非洲民主化的推进,一大批新生代非洲政治家开始走向历史前台。非洲公民社会也得到蓬勃发展并日渐成熟,知识精英对社会舆论和国家决策的影响力显著增强。这些政治和知识精英不仅仅只是寄希望于国际贸易条件的改善、世界经济的复苏以及不断增加的外来投资和援助,同时也更加强调非洲人的励精图治,不断推动国内的政治民主建设和发展政策调整,不断挖掘和发挥非洲发展的内生力量,体现出强烈的独立自主和复兴非洲的政治意愿。经过政治独立后半个世纪的主权维护和民族国家建设、近二十年的政治转型以及十余年的经济较快增长后,非洲国家开始以一种更加自主、更加积极、更加自信的姿态活跃在非洲历史和世界舞台上。如果说20世纪非洲的民族觉醒旨在实现非洲大陆的政治独立,实现非洲人作为人而与西方人平等生存的权利,那么当前时代非洲大陆所正在经历的又一次的民族觉醒浪潮,则志在实现非洲大陆的经济发展、政治转型,并结束非洲长期边缘化的不利地位,从而真正实现几代非洲人孜孜以求的非洲复兴夙愿。

但非洲政治民主化及自主发展意识的增强并未解决非洲发展所面临的所有难题,除了"有增长、少发展"这一发展痼疾外,在更为宏观意义上的政治与治理领域也面临两大问题:

一是多数非洲国家均存在不同程度的吏治腐败和治理不善。据易卜拉欣基金会与哈佛大学联合发布的《2013年易卜拉欣非洲国家治理指数》(2013 Ibrahim Index of African Governance, IIAG)显示,虽然非洲国家

---

① 类似观点可参见张宏明《非洲政治民主化对中非关系的影响》,载杨光主编《中东非洲发展报告(2006—2007):中国与非洲国家的历史与现实》,社会科学文献出版社2007年版,第38—48页。

② 袁南生大使于2009年1月8日在北京大学国际关系学院所做的学术报告:《中国—津巴布韦关系与中国外交新理念》。

总体治理指数从2000年的47.1上升到2012年的51.6，有了不少进步，但包括尼日利亚、埃及等非洲大国在内的部分非洲国家在人权、政治自由、透明度、政府问责方面的状况未有较大改善，一些国家甚至在持续恶化。① 非洲国家大多搭建了民主政治框架，但至今仍然存在着严重的贪污腐败、族群政治、裙带关系甚至政治专断，一些国家的治理状况常被世人称作"劣治"（bad governance）而非"良治"（good governance），成为国家治理研究中的"掠夺型国家"（predatory state）。②

二是非洲部分国家、局部地区至今仍被政治不稳定所困扰。21世纪以来，非洲政治不稳定多为国内冲突而非国家间冲突③，其中既有传统意义上的族群纠纷、宗教对峙、围绕政权而展开的各种选举暴力，也包括诸如恐怖主义、族群分离主义、极端宗教主义、海盗，以及生态环境的恶化导致的民众对资源的争夺等非传统安全问题，其中恐怖主义、族群分离主义、极端宗教主义等势力给当前萨赫勒地区的政治稳定带来了严重威胁。据斯德哥尔摩和平研究所统计，在2002—2011年的十年间，除了单边暴力（即某国政府或正规组织对非武装的贫民使用暴力且一年内的死亡人数在25人以上）数量有显著下降之外，国家冲突（即当事方至少有一方为政府的武装冲突且一年内的死亡人数在25人以上）和非国家冲突（即当事方均为非政府的部族或宗教团体且一年内的死亡人数在25人以上）的数量均显著反弹。其中，国家冲突从2002年的15起一度降至2005年的7起，但2011年又回升至15起；非国家冲突的数量由2002

---

① 《易卜拉欣非洲国家治理指数》旨在为非洲国家政府决策提供参考，增强政府执政能力，推动非洲国家的经济发展和政治改革进程。该指数通过综合衡量各国的"安全与法治"、"公民参与和人权"、"可持续的经济机会"、"人类发展"等指标计算而成。2011年排名前十位的非洲国家为：毛里求斯、博茨瓦纳、佛得角、塞舌尔、南非、纳米比亚、加纳、突尼斯、莱索托、塞内加尔；排在后十位的非洲国家为：刚果（布）、科特迪瓦、赤道几内亚、几内亚比绍、津巴布韦、乍得、中非共和国、厄立特里亚、刚果（金）、索马里。"2013 Ibrahim Index of African Governance（IIAG）"，http：//www.moibrahimfoundation.org/interact/（2014 - 09 - 29）

② Anjali Thomas Bohlken, "Coups, Elections and the Predatory State", New York University, August 10, 2009, https：//files.nyu.edu/at697/public/JoTP_08072009_identified.pdf；Boaz Moselle & Ben Polak, "A Model of a Predatory State", *Journal of Law, Economics and Organization*, Vol.17, 2001, pp.1 - 33.

③ 在进入21世纪以来发生的数十起冲突之中，除了2008年爆发的吉布提和厄立特里亚边界战争之外，其他冲突均为国内冲突，而且多数都是政府权力之争。

年的30起一度降至2007年的11起,但2011年又回升到22起,显示出非洲政局脆弱的一面依然比较突出。[①] 特别是2010年年底开始席卷多个北非国家的"阿拉伯之春"引发了利比亚的大规模内战以及外部大国的军事介入,而此后利比亚内战的外溢效应又进一步扩散至马里等西非国家,直接导致非洲出现更大范围的政治动荡。

事实上,上述两方面的问题只是非洲国家治理困境的表现而非成因。非洲国家的现代化进程何以频频出现严重的国家衰败乃至政治动荡?

第一,多数非洲国家的民族一体化进程尚未真正完成。非洲大部分地区的政治发展在前殖民地时代都未能达到一体化程度较高的民族国家阶段,而殖民列强往往根据自身利益和实力人为划分非洲的政治边界,造成今日非洲国家间和各国内部错综复杂的民族、宗教和文化关系,其间的利益差异和历史纠葛在特定时期必然会一再显现。[②] 与那些有着较长民族统一历史的亚洲和欧洲国家相比,非洲现代民族国家的形成有其显著的特殊之处,其中最大的不同在于,很多欧洲和亚洲国家是先有统一民族的形成,后有与民族地理范围大体一致的现代民族国家的建立;在非洲却恰恰相反,是先人为地搭建起现代国家的政治框架,而后才为这个新生国家培育统一民族与国家认同。正因为此,现代民族的形成及民族国家构建,才在当代非洲发展进程中有着特殊的重要性和紧迫性。[③] 这种民族建设进程的迟滞,在很大程度上导致了当前非洲国家的社会整合程度不高,国家凝聚力不强,并有可能由于族群利益冲突和族群关系紧张而一再引发政治冲突和动荡。

第二,非洲国家的基本制度建设的严重滞后及政府治理能力的相对低下。非洲国家自独立以来,无论是强人政权、威权政府、军人政权,还是各种形式的民选政府,其共同特点在于国家治理能力普遍相对低下,

---

① 斯德哥尔摩国际和平研究所:《SIPRI年鉴2013:军备·裁军和国际安全》,中国军控与裁军协会译,时事出版社2014年版,第64—92页。

② 据统计,44%的非洲边界是按经线或纬线划的,30%的非洲边界是用直线或曲线的几何方法划的,仅有26%是由河流、湖泊或山脉构成的自然边界线。[埃及]布特罗斯·加利:《非洲边界争端》,商务印书馆1979年版,第5页。

③ 刘鸿武等:《从部族社会到民族国家——尼日利亚国家发展史纲》,云南大学出版社2000年版,第3页。

政府所应当承担的公共服务能力严重不足,由此导致国家难以有效整合社会资源用于经济社会发展并为民众提供必要的公共产品,部分非洲国家的贫困、失业、饥荒、疾病等问题持续存在甚至有所恶化。一些国家难以有效处理各族群、各地区、各利益集团间的矛盾,甚至长期无法解决国家与军队的关系,成为非洲国家政治不稳定的重要隐忧。其原因,主要是现代国家所需的基本制度还极不完备,国家无法通过制度的力量来实现社会整合并化解各种矛盾和危机。同时,片面强调分权制衡的"小政府"模式忽视了必要的国家能力建设,导致国家治理有效性(effectiveness)的普遍缺失。

第三,非洲国家多党民主政治发育的不成熟及政党的族群化并由此激化了原本存在的各种社会矛盾。20世纪90年代非洲国家在开启多党民主化之后,在短时期内涌现出多个政党,一些政党出于选举考虑往往从特定的族群、地区、宗教群体寻求政治支持,从而导致政党政治"族群化"、国家政治"碎片化"。一些政党往往成为各路政客争权夺利的工具而非推动国家发展的平台,在推动国家发展和凝聚社会共识方面未能发挥应有的作用。虽然非洲国家的民主政治在不断地完善,许多国家都在着力规范和限制选举政治出现的各种乱象,但一些国家至今仍未走出"逢选易乱"的政治怪圈,政党政治仍然是诱发政治不稳定的重要因素。

上述三个问题,其实涉及非洲政治发展的三个核心命题:一是民族建设(或民族建构,nation building),即如何推动非洲国家的文化整合与民族一体化,在尊重族群多样性的基础上建构统一的现代民族国家;二是国家建设(或国家建构,state building),这涉及国家制度(institutions)和治理能力(capacity),即如何提升政府治理能力以实现国家的良治和发展;三是政党建设,涉及如何发挥政党在国家发展中的应有作用并建立更为成熟的政党文化,以推动多党民主政治的良性发展并由此实现国家的长治久安。

回顾非洲国家独立以来的发展进程,多数非洲国家不仅未能取得应有的经济和社会发展成就,也缺乏民众对国家的政治认同、发展完备的国家制度和富有效能的政府治理,而政党政治的不成熟以及伴随的政党无序竞争更是诱发了原本存在的各种社会矛盾。长期以来,西方国家及其学者多从西方政治观念和自身民主经历出发,强调非洲国家的民主架构和某些发展政策上的调整，虽然其间取得了不少历史成就，但非洲国家面临的发展困境及治理难题至今未能得到有效解决。因此，思考非洲的发展问题，就不能仅仅只是关注各种经济增长指标和多党民主框架的搭建，更不能只是关注几年一度的国家大选和多党轮流执政，还应关注诸如民族建设、国家建设及政党建设等具体领域的政治发展成效，后者往往更是决定非洲稳定与发展的关键。

中国过去近四十年不仅实现了经济的持续、快速发展，还稳步推进了政治改革并在这一进程中实现了这样一个超大型国家的政治稳定。由此，中国发展进程中政府和政党的特殊作用，中国经验总结中的治理模式与治理经验等议题日益被非洲国家所关注，成为它们热议的重要内容。不过，笔者认为，鉴于非洲政治发展的大势，中非治国理政经验交流不宜过多探讨或辩论意识形态和政党制度的孰优孰劣，而应充分尊重非洲国家自主选择发展道路和发展模式的权利，适度肯定甚至赞赏非洲国家在政治民主化方面所做的艰辛探索及取得的历史成就，在此基础上与非洲国家就国家治理的一些具体问题进行平等的交流与互鉴。所以，本文立足于当代非洲国家的政治发展实践，着眼于中非治国理政经验的相互交流，从民族建设、国家建设和政党建设三个领域来分析非洲国家的治理难题，探讨解决这些问题的路径与思路。

第二节 非洲国家的民族建设与中非经验分享

20世纪60、70年代涌现出的一大批非洲民族独立国家，在本质上更接近于"法理国家"而非"经验国家"。[①] 以尼日利亚的形成为例，英国殖民统治者出于自身统治和利益所需，将以豪萨—富拉尼（Hausa-Fulani）、约鲁巴（Yoruba）和伊格博（Igbo）三大族群为主的250多个族群

[①] 所谓"法理国家"是指在西方殖民者的分割占领下根据相关国际法或实践的要求人为创造出来的，"经验国家"则是历史上各族群通过相互交流与融合而历史地形成的，如亚洲和欧洲的一些民族国家。郝时远：《关于中华民族建构问题的几点思考》，载《中国民族报》2012年4月20日。

合并在一起①，以一个纯地理的边界掩盖了各族群间的文化与社会分野，这就为后来尼日利亚的民族建设埋下了隐患。② 尼日利亚民族独立运动领导人、约鲁巴人著名酋长奥巴费米·亚沃洛沃（Obafemi Awolowo）曾这样评价尼日利亚民族结构："尼日利亚不是一个国家，它仅仅只是一个地理表达。"③ 虽然非洲国家政治独立后都曾大力推动国家民族建构，民众的民族国家认同也在逐步形成，但直到今天，一些族群的族群意识仍十分浓厚，在其他政治经济矛盾的诱发下往往容易成为影响国家稳定甚至国家统一的重要因素。当前南苏丹内战及其背后潜在的族群因素就是最为明显的例证。

非洲国家实现政治独立后，各种形式的族群问题开始走上政治前台，这一问题在"冷战"后曾一度更趋恶化。也许并不夸张地讲，当前对非洲国家政治稳定的挑战和威胁，主要不是来自国家间冲突或外部干预，而是国家内部族群问题的持续存在以及与此相关的族群暴力和恐怖主义。因此，非洲现代民族国家的建设就不仅仅只是一个如何建立现代政治制度和国家机器的问题，还必须从族群、文化和认同上构建统一的现代民族，把历史上相互隔离、彼此陌生或互有仇怨的众多族群整合为一个现代国家意义上的统一民族。包括中国和非洲国家在内的发展中国家大多是多民族、多族群国家，均面临"多元一体"的挑战，因此，如何超越不同民族、不同族群的界限，凸显统一的现代国民身份并由此建立统一的现代民族国家，是这些国家面临的历史性课题。虽然中国的民族结构及面临的具体民族问题与非洲国家有很大的不同，但双方完全可以着眼于亚非发展中国家面临的共同的民族建设任务特别是"冷战"结束后广

---

① 关于尼日利亚的族群数量，并无一致的结论，有的文献估计有 300 个或 350 个，甚至多达 374 个。B. Salawu & A. O. Hassan, Ethnic Politics and its Implications for the Survival of Democracy in Nigeria, *Journal of Public Administration and Policy Research*, Vol. 3 (2), February 2011, pp. 28 – 33.

② 蒋俊：《论尼日利亚的族群问题与国家建构》，载《西南民族大学学报（人文社会科学版）》2010 年第 5 期，第 59 – 63 页。

③ "Nigeria is not a nation. It is mere geographic expression." See Alem Hailu, "the State in Historical and Comparative Perspective: State Weakness and the Specter of Terrorism in Africa", in John Davis (ed.), *Terrorism in Africa: the Evolving Front in the War on Terror*, Lanham & New York: Lexington Books, 2010, p. 39.

泛兴起的以国内少数族群为基础的民族分离主义浪潮,通过彼此经验的相互交流与分享,共同探寻处理族际关系的理念、制度和方式。其中值得共同探讨的问题有二:

一 从观念上塑造统一的民族国家认同和共同的身份意识

对于多民族国家而言,民族一词至少包含两个层面的意义,一是国家内部的各民族或族体(ethnic groups),如中国境内的汉族、藏族、蒙古族,尼日利亚的豪萨—富拉尼族群、约鲁巴族群和伊格博族群;二是与现代国家相联系的民族,也称之为国族(state nation),如中华民族(中国人)、尼日利亚民族(尼日利亚人)。在多族群国家内,原本不同的群体之所以成为现代意义上的统一民族,其中的一个核心要素是认同的形成。"这种统一的民族观念和国家认同,意味着生活在此版图的人们,对自己的国家有基本的归属感,对于本国的历史、传统、文化、国家利益有源自内心的认同、尊重和维护意识,对国家兴亡有所担当。这是一个国家实现稳定、生存与发展的基础,是一个国家能够不断成长的精神与文化动力。"[①] 中国在历史上通过多次的民族大迁徙和文化互通推动了各民族的大融合,逐步培育了各地区间较为紧密的经济联系和各民族对中央王朝的政治认同,逐步形成了以汉族为中心的"多元一体"的"大一统"格局。新中国成立后,为有效维护民族团结和国家统一,中国在承认国内各少数民族语言和文化个性的同时,进一步通过各种文化间的相互采借及汉文化自身的吸引力,不断培育共同的"中国文化"、"中华文化",在承认各民族的民族身份的基础上不断培育共同的民族国家观念,使各民族形成统一的"中华民族"和"中国人"的观念。中华民族之所以历经千年而生生不息,近百年来中国之所以能在积贫积弱中不断走向复兴,都与中华民族所承载的久远而又强烈的民族观念和民族精神分不开。

对于那些民族一体化进程严重滞后的非洲国家,如何塑造统一的民族观念和国家认同?在经济层面,通过国家力量和市场力量的上下协作

---

① 刘鸿武:《非洲治理与发展难题之破解:中国的视角》,载《新战略研究》2013年第1期,第28—42页。

以推动建立全国范围的统一大市场，逐步形成各族群、各地区共同的经济生活并由此形成共同的生活经历。在文化层面，则需要通过对传统文化的挖掘、教育的普及和文化传播来推动统一国民文化的成长，逐步培育一种举国一致、全民共识的文化价值体系和精神纽带。但是，这种统一文化的构建应是一个循序渐进的进程，需要在尊重各民族、各族群文化个性之基础上，逐步推动各文化间的相互融合、吸收与共生，最终培育出统一的国民观念、国民情感和既有文化多样性又有全民共识的文化价值体系。在非洲，坦桑尼亚、贝宁、塞内加尔、马拉维、加纳、南非、卢旺达等国已逐步找到适合族群多样性和文化多样性的民族政策。比如，南非宪法中对不同种族、不同族群的语言文化进行保护，注重尊重和保护各种族和族群维护和发展自身文化的愿望，使文化多元的南非成为了真正意义上的"彩虹之国"；卢旺达也在积极探寻以淡化特殊族群意识为基础，以构建新的卢旺达民族为目标的民族建设进程并取得了初步的成效。

二 从制度上维护少数族群应有的政治、经济和社会权益

一个国家对具有不同历史文化传统和风俗习惯的各族群是否具有凝聚力，是与该国总体发展水平和人民生活改善程度密切相关的，各族人民只有从国家发展和社会进步中得到相应的权益，才能逐步增进对国家的认同感，才能将本族群的命运与国家的前途融为一体。因此，国内民族问题的解决之道，不在于强制性地去消灭少数族群的族群意识或者通过强制手段来达到同化的结果，而应当建立适合的制度和政策来保障少数族群平等参与国家政治、经济和社会生活的权利，同时利用民主程序使其族群意识的表达合法化，从而达到逐步消除族际矛盾并实现民族一体化的目的，这是民族建设的初衷，也是民族建设的目的。

每个国家均有自己独特的族群关系及历史文化，因此没有一个放之四海而皆准的民族制度设计，但对于那些存在多个少数族群且少数族群的发展程度较主体族群低的国家，其中一个重要议题，是如何保护少数族群的正当经济和发展权益。比如，中国创建了民族区域自治制度，不仅从法律和制度上保障各少数民族在聚居的地方设立组织机关、行使自治权，而且还考虑到少数民族在经济社会发展上的滞后性，注重在经济

和社会发展方面给予少数民族以特殊照顾。这绝不意味着非洲国家应当效仿中国的民族区域自治,事实上,非洲国家与中国的族群构成、族群关系以及由此采取的族群政策有着很大的不同,即便是非洲国家之间也差别巨大,而是意在说明,对于那些各族群的发展并不均衡且相对贫困或发展相对滞后主要集中在少数族群及其聚居地区的非洲国家而言,有必要从国家层面制定各族群平等的经济政策和分配制度,必要时对处于明显弱势地位的少数族群给予特殊的经济照顾,因为在这种情况下,对少数族群给予特殊权利是实现真正族群平等的重要保障。这需要我们从理论和实践两个层面处理好交换正义(程序正义)和结果正义(实质正义)的关系。仅以经济关系为例,在现代市场经济体系中,各族体间基于等价交换原则的自由竞争看似公平公正,但事实上给少数族群或弱势族群带来了巨大的不公正,因为少数族群大多在发展条件和发展能力上较主体族群要低得多,看似公平的自由竞争会给少数族群带来事实上的不公正。因此,就需要国家在处理族际关系时,不只是强调交换正义或程序正义,还必须从制度层面对少数族群给予特殊的照顾和优惠,以弥补它们在面对主体族群时所具有的劣势和不对等地位,从而达到一种事实上的结果正义和实质正义。

第三节 非洲国家的国家建设与中非经验互鉴

非洲国家面临的第二个治理难题,即国家建设(state building)的严重滞后,体现为国家治理能力不强,缺乏有效的政府管理和基本的公共服务能力,更难以有效推动国家的稳定与发展。正如美国学者福山所言,国家构建是当今国际社会最重要的命题之一,因为软弱无能国家或失败国家已成为当今世界许多严重问题的根源。"如何改善弱国家的治理能力、增进这些国家的民主合法性并强化其可自我维持的制度能力成为当代国际政治的第一要务。"[①] 如何提升非洲国家的治理能力自然成为学术

---

① [美] 弗朗西斯·福山:《国家构建:21世纪的国家治理与世界秩序》,黄胜强等译,中国社会科学出版社2007年版,第96页。

界研究非洲国家政治发展的重要议题。

何为国家治理能力？它指国家或政府推动经济和社会发展，维护国家稳定和基本社会秩序，并为民众提供必要的公共服务的能力。国家治理能力的大小强弱及其有效程度，直接关系到国家的政治稳定和经济发展，直接关系到其民众的生活质量与基本安全保障。任何现代国家，无论其奉行的意识形态和具体的政治体制有何差异，都应该具备履行公共管理、维护社会基本稳定并为民众提供应有公共产品的能力。它们履行这些职能的程度大致反映了其国家能力的高低强弱，国家也因此可以分为有效的（有能力的）政府、低效的（低能的）政府、失败的（无能的）政府。① 事实上，许多非洲国家之所以出现国家衰败，正是因为缺乏上述治国理政的经验和能力。

因此，研究非洲国家的政治发展和国家治理，不能只是强调政治民主建设，更不能仅仅关注国家大选或多党轮流执政，还必须研究非洲国家亟待推动的国家建设进程，即如何通过国家制度建设和政府管理模式的创新来提高国家的治理能力和治理绩效，从而更好地推动国家的稳定与发展。

一　稳步推动国家制度建设

何为国家制度？任何性质的国家、任何形式的政府，都需要建立统一的国内市场秩序及相应的经济规则、现代的金融与财政制度、较为成熟的教育、医疗和社会保障体系，这是任何国家履行其基本职能的必要条件。中国是一个制度早熟的国家，在千余年前就逐步建立起了科层完备、分工明确的官僚政治体制，并辅之以科举考试和选贤与能，使中国在步入现代民族国家之前就已经具备了用制度来治理国家的能力和经验。

---

① 王绍光、胡鞍钢等人认为，国家职能与相应的能力包含八个基本方面：维护国家安全与公共秩序的能力（强制能力）；动员与调度社会资源的能力（汲取能力）；培育与巩固国家认同和社会核心价值的能力（濡化能力）；维护经济与社会生活秩序的能力（监管能力）；确保国家机构内部的控制、监督与协调的能力（统领能力）；维护社会分配正义的能力（再分配能力）；将民众参与需求纳入制度化管道的能力（吸纳能力）；协调不同利益、形成公共政策的能力（整合能力）。王绍光、胡鞍钢、周建明：《第二代改革战略：积极推进国家制度建设》，载《战略与管理》2003 年第 2 期，第 90—95 页。

第五章 经验交流：中非治国理政经验交流与非洲的能力建设

改革开放以后，中国启动了经济和政治改革进程，但这一进程始终是以国家制度建设为基础并逐步向前推进的，即在注重将现有国家机器民主化、制度化和程序化的同时，也大力加强国家制度的薄弱环节，建立一个高效、有很强的治理能力的政府。在中国看来，政治转型和制度建设是相辅相成的，国家制度建设需要不断增加民主的要素，这是中国政治改革的主要目标之一，但同时，现代民主政治发展又必须以国家制度建设为基础并审慎推进，因为大量经济、社会、政治、法治方面的问题必须要靠建立和完善国家制度才能解决。[①] 国家应该是一个"制度供给者"，进而才能成为社会快速稳定的"维护者"和经济发展的"推动者"。

反观非洲，在20世纪80、90年代，西方国家多认为，非洲国家的政治困境是由不民主的政治体制造成的，而政治民主化就成为解决这些问题的主要途径甚至是唯一选择，因此它们先是在80年代推动非洲国家实行了经济结构调整，而后在90年代更是广泛推动了非洲国家的多党民主化进程。非洲国家需要民主政治，这是当今世界各国政治发展的大势所趋，但光有多党民主化是不够的，非洲国家还需要切实加强国家基本制度建设，并在此基础上稳步推进政治民主化进程。这是因为，非洲国家大多都是在20世纪60、70年代获得政治独立的，国家基本制度从建立、发展到成熟还需要相当长的时间，那些在发达国家早已成熟，在一些新兴发展中国家也逐步完善的国家制度，在许多非洲国家那里还很不成熟，很不完善。因此，国家制度建设本应是非洲国家政治发展的优先任务之一，但这一任务却被西方国家倡导的多党民主化所掩盖。许多非洲国家在全面引入民主政治形式后曾出现了不同程度的"水土不服"，在现代化进程中一度出现了亨廷顿称之为"政治衰朽"的现象，其原因主要在于，在急速、大规模的政治变迁进程中，国家缺乏健全的制度设置及化解危机的能力，尚难以协调社会多元化进程中不断增加的利益分歧并有效化解因社会快速变革而迅速激化的各种矛盾。

非洲国家并非不要民主，而应该在国家基本制度不断巩固和完善的基础上稳步推进政治民主化，或者在推进民主化进程中格外注重推动国

[①] 王绍光、胡鞍钢、周建明：《第二代改革战略：积极推进国家制度建设》，载《战略与管理》2003年第2期，第90—95页。

家的基本制度建设,从而做到国家制度和政治民主的相互促进、相得益彰。作为西方民主的最忠诚的拥护者之一,亨廷顿曾断言,对于现代化进程中的发展中国家,政治秩序较之经济发展和民主化更为首要。他提醒到,在发展中国家开启现代化进程的初始时期,社会改革和经济发展往往不是促进政治稳定,反而成为政治动荡的诱因,成为革命的"催化剂"而非"替代物"。[1]非洲国家面临的主要问题,并非只是经济增长的缓慢,还有社会快速变迁带来的社会矛盾的急剧恶化和政治不稳定,从而形成许多非洲国家在现代化进程中难以解决的治理难题。对于当前面临严重治理问题的非洲国家而言,政治发展的主题不仅仅只是政治民主化,也包括同样重要的制度建设和政治稳定问题,后者对于国家的发展和进步同样具有基础性、决定性的作用。在当前非洲国家已普遍搭建民主政治框架之后,如何加强基本制度建设并提高制度体现出的规范能力,让民主政治真正成为规范政治生活、推动经济发展、促进社会和谐的建设性力量,就成为非洲政治发展的重要课题。

二 不断完善政府治理模式

对于一些贫弱的非洲国家,国家权威由于内外因素的挑战而面临持续的弱化和衰败。伴随现代民主政治的发展特别是多党竞争的展开,各种形式的族群主义、宗教势力和地区分裂主义普遍存在并持续发展,给国家权威乃至国家统一带来严重挑战。在国际上,全球化所带来的金融风险、跨国犯罪、武器走私和恐怖主义渗透从另一方面影响到非洲国家的稳定。这些脆弱国家本应强化国家权威建设及民众对政府的信任,但西方国家的各种新自由主义主张特别是"华盛顿共识"在要求非洲国家削弱国家对社会的控制的时候,又未能及时地完善和强化政府本该拥有的公共服务能力,结果给不少非洲国家的治理带来了严重的负面影响。

与非洲国家不同,中国在治理模式上有其自己独特的思考和探索。改革开放以来,中国开始逐步推动带有市场化取向的经济改革和体制转型,逐步调整了政府与市场、国家与社会的关系,由此带来经济社会领

---

[1] [美]塞缪尔·P.亨廷顿:《变化社会中的政治秩序》,王冠华等译,生活·读书·新知三联书店1989年版,第6页。

域自主权的扩大及社会多元化的明显增强；但同时，在政府职权范围有所收缩的同时，国家仍然能够对地方政府及社会进行有效管理，仍然能够对国家发展进行合理的顶层设计并对核心产业进行较为有效的宏观调控。所以，中国的政府机构改革并非国家的"消极退出"，而是在调整政府权能范围的同时，国家仍然有能力对社会资源进行汲取、整合与再分配，从而能够有效推动经济发展并为社会提供基本的公共物品和公共服务。中国政府治理模式因此具有了明显的优势，它在激发社会发展与创新活力的同时，能够较好地保持国家大政方针的稳定性和延续性，确保国家行动的有效性和高效率。国内有学者常把中国治理模式概括为"大政府"或"强政府"，并认为这是中国模式的优势和特色，其实，无论是"大政府"还是"强政府"，都有可能带来国家对社会和民权的压制，且两者在政治学领域也并非是完全意义的褒义词。从发展方向看，中国的治理形态应是一种"有能力的国家"（effective state）或"有能力的政府"（effective government），即政府在有限的治理范围内行使富有效能的行政权力，当前中国强调依法治国和建立服务型政府，其意正在于此。

对于身处后工业化时期的诸多后发国家而言，在一定时期、一定领域内保持必要的政治权威和有效的治理能力是必要的，因为它是推动国家发展和现代化起步的重要前提。不少国外学者常把包括中国在内的一些东亚新兴经济体称为"发展型国家"（developmental state），认为其特点在于，它是一种政府主导型的经济发展，国家通常拥有一个强有力的政府，且这一政府具有强烈的经济发展意愿并拥有能有效动员和配置各种资源以推动国家发展的能力。[①] 其实，亨廷顿早在几十年前就指出，处于现代化初期的发展中国家"必须先存在权威，而后才谈得上限制权威"[②]。他因此批评那些信奉洛克哲学的美国人，说他们骨子里便抱有如此强烈的反政府倾向，以至于将政府本身与对政府的限制混为一谈，因

---

① Victor Nee, Sonja Opper &Sonia M. L. Wong, "Developmental State and Corporate Governance in China", *Management and Organization Review*, Vol. 3, No. 1, March 2007, pp. 19 – 53; Linda Weiss, "Development States in Transition: Adapting, Dismantling, Innovating, not 'Normalizing'", *The Pacific Review*, 2000, Vol. 13, Issue 1, pp. 21 – 55.

② ［美］塞缪尔·P. 亨廷顿：《变化社会中的政治秩序》，王冠华等译，生活·读书·新知三联书店1989年版，第7页。

而看不到处于现代化之中的国家需要奠定有效权威的问题。

从政治学理论上讲,相较于"大政府"或"强政府",以"守夜人"为基本定位且以分权制衡为基础的"小政府"有更多的合理性。但也需要看到,"小政府"绝不等于"弱政府",这一点尤为关键。即便是美国、欧洲等西方国家,它们的政府规模特别是政府的职权范围可能不大,但是国家能力却很强。而众多非洲国家在实现结构调整之后,国家治理能力未能得到应有提高甚至可能进一步遭到削弱。对于这些非洲后发国家而言,国家权力在某些领域必须弱化甚至退出,但在一些关键领域的权力却仍需要维持甚至强化,而片面强调放松政府管制则有可能导致国家无法有效动员和整合必要的社会资源以推进国家建设,并在这一进程中化解社会急剧变革所产生的各种矛盾。真正的问题,不在于国家权力的无所不在、无所不能,而在于国家能否有选择性地强化或弱化自身的管理权。这里需要区分国家权力的范围(range)和国家能力的大小两个概念,"前者主要指政府所承担的各种职能和追求的目标,后者指国家制定并实施政策和执法的能力特别是干净的、透明的执法能力——现在通常指国家能力或制度能力"。贫困国家"不需要什么都管的国家,但它们确实需要在有限范围之内具有必要功能的、强有力并且有效的国家"。[①] 在过去几十年里,中国经济发展较多数非洲国家更快更好,其重要原因似乎不在于中国与非洲国家在政府职能范围上存在多大差别,而在于中国的国家基本制度更为完善以及政府治理能力相对更高。

需要特别指出的是,本书强调非洲国家的制度与能力建设,绝不意味着否定非洲国家的政治民主化进程,更不意味着为某些非洲国家仍然存在的集权政府或威权体制张目,而是想说明在发展中国家开启现代化

---

① [美] 弗朗西斯·福山:《国家构建:21世纪的国家治理与世界秩序》,中国社会科学出版社2007年版,第115页。英国学者迈可·曼(Machael Man)也曾把国家权力分为权力范围和执政能力两个层面:一是国家的专制权力(despotic power),即国家精英可以在不必与市民社会各集团进行例行化、制度化讨价还价的前提下自行行动的范围(range);二是国家的基础性权力(infrastructural power),即国家能力,它指国家事实上渗透市民社会,在其统治的领域内有效贯彻其政治决策的能力。Michael Mann, "the Autonomous Power of the State: Its Origins, Mechanisms and Results", in John A. Hall, ed., *States in History*, London: Basic Blackwell, 1986, p.59; Michael Mann, *The Sources of Social Power: the Rise of Classes and Nation-States*, 1760—1914, Cambridge: Cambridge University Press, 1993, p.114.

进程的初期，在这些国家追求政治民主化的同时，必须重视更为基础的国家制度与政府能力建设。本书强调中国政府的政治权威与治理能力，并不意味着赞同那种认为威权体制是成就中国经济奇迹的主要原因的论点，更无意于说明中国政治体制的完美无缺以致于不需要有进一步的改革。事实上，中国过去几十年经济发展的成功恰恰得益于市场经济改革，得益于对新自由主义思想与"华盛顿共识"的某种选择性借鉴。而中国政治体制改革的重要经验则在于，它在充分激发社会发展活力的同时，能够成功化解不断增多的社会矛盾，并通过有效的社会管理来维护国家的基本稳定，从而破解了其他发展中国家出现的"经济发展—政治动荡"的政治难题。

第四节　非洲国家的政党建设与中非经验交流

非洲国家面临的第三个治理难题，是政党发育的不成熟及由此带来的政党政治乱象。虽然非洲国家普遍建立并逐步接受了民主政治体制及民主价值观，但许多非洲国家的政党政治至今仍不完善，其中最为突出的问题有二：一是政党特别是执政党在国家发展进程中未能起到足够的引领作用。一些非洲国家的政党往往专注于如何上台执政而非如何有效推动国家建设和经济发展，从而把政党蜕变为争权夺利的工具；二是一些非洲国家的政党政治存在不同程度的"族群化"、"碎片化"倾向，导致政党政治往往成为国内族群矛盾的"催化剂"而非"熔化剂"。族群本应属于文化和社会范畴，而非一个政治实体。"但由于非洲国家的阶级关系并未成熟或处于不明显的状态，地区的利益或族群的利益（二者往往相互交织或重叠）就成为了重要的政治整合工具。"[1]一些非洲政党或多或少、或明或暗地诉求于族群政治的力量，政党的发展与存续往往需要依托某个或几个族群，从而使族群被赋予浓厚的政治含义。

与一些非洲国家的政党相比，中国共产党在政党能力建设以及有效推动社会整合、凝聚社会共识等方面，具有自身显著的特色和优势。虽

---

[1] 李安山等：《非洲梦：探索现代化之路》，江苏人民出版社2013年版，第192页。

然中国与非洲国家的政党制度存在较大差异,但中非双方可以尝试在撇开意识形态差异的前提下,就发展中国家的执政党所应发挥的历史作用及政党政治所应具备的功能和价值等问题展开平等的交流与对话。

一 政党特别是执政党在国家发展进程中的作用是什么?

无疑,政党政治的首要功能是实现利益表达和政治参与,也就是说要赢得国家政权或参与政权,以便为其成员创造政治参与、实现民主权利的机会。但是,政党不仅仅只是组织选举的工具,它还具有重要的社会组织和动员的功能,因而在国家建设中扮演着至关重要甚至是关键角色。在中国和非洲国家追求政治独立的进程中,许多民族政党往往就是民族运动的组织者和领导者。在当前追求经济现代化的进程中,政党的作用同样不容忽视,政党也能成为国家发展难以或缺的推动力量。以中国经验为例,改革开放以来,中国的党和政府前瞻性地规划了经济发展"三步走"以及"两个一百年"的国家发展蓝图,以国家之力推动实施了经济体制改革以及诸如西部大开发、振兴东北老工业基地、建设社会主义新农村等重大战略部署,为中国经济社会的快速发展奠定了坚实基础。

具体到非洲,多党选举本身并不影响政党的这种功能,无论是何种党派执政,它都应当有这种推动或领导国家发展的政治意愿和持续的行动。政党对于国家发展的推动,并不意味着政党必须全面行使原本归属政府的行政权甚至全面参与社会和经济事务,而是更多体现在从事社会动员、组织并监督政府、制定关乎未来国家长远发展的引导性规划和设计等方面。以社会动员为例,政党需要有较强的社会动员能力,能够吸收足够的社会支持和调动充分的社会资源,这不仅是政党为争取民众的支持而获取政权的需要,更在于它有利于政党去团结和整合广泛的社会力量从而推动国家发展并在这一进程中维护政治稳定和社会的公平正义。

二 政党政治的目的是什么?

政党作为维系各种社会力量的纽带,应该超越狭隘的族群和地区认同,尽可能地代表更为广泛的民众的利益,这是政党能为整个国家起到有效整合作用的基础。虽然政党(Party)在语义上本身就包含了"部分"的意思,在实践中也只是国内部分民众的集合体,但政党不应只是国内部分族群、地区或利益集团维持和追求其私利的工具。政党政治的根本目的，在于培育社会共识而非导致社会离散，在于创造国家整合而非导致国家分裂。"从现代国家建构的角度来看，不管政党制度是在什么情况下、以什么样的形式确立，其内在倾向都是共同的：就是最大限度地创造国家整合，减少党派的无序纷争所可能带来的社会分散和国家分离。政党政治的目的是通过竞争达到相互妥协与认同，共同维护国家的统一和发展，而非通过斗争来谋取权力，从而导致国家的分裂和衰败。"① 政党扮演何种角色，政党政治发挥何种功能，关键取决于国家制度能否把政党竞争纳入一定的秩序范围之内，取决于能否创造一个良性的政治文化并在此基础上创建一套适宜的政党制度。一个社会要形成多党极为容易，但要在多个政党的基础上建立一个适宜的政党制度却是相当困难的。② 所以，判断现代政党制度成熟与否的重要标准，不在于政党数量的多寡，而在于政党制度能否有效协调社会利益分歧和观念差异，以及能否有效推动社会整合和社会共识的形成。

因此，非洲国家的政党政治的完善路径，首先需要从制度上制约政党政治的族群化、地区化倾向。非洲国家应着力消除族群或宗教因素对政党政治的影响，使政党面向全国范围进行政治动员从而具有更为广泛的社会基础和群众基础，进而推动政党制度不断走向成熟。同时，非洲国家还需建立富有竞争而又更为包容的政治文化。现代民主政治的特点不仅在于其竞争性，也在于其包容性。正如美国学者拉里·戴蒙德在著述中所言，民主政治需要解决"冲突"与"认同"的悖论，即民主政治的运作需要有竞争与分歧的存在，但同时，民主政治进程又必须通过认同来节制矛盾与冲突，从而达到妥协与合作。③ 非洲国家要完善多党竞争民主，就需要积极培育某种富有竞争而又更具理性与包容、协商与合作的现代民主精神，在激发公民的政治参与热情的同时，又能使政党间的

---

① 林尚立：《中国政党制度与国家建设》，载《毛泽东邓小平理论研究》2009 年第 9 期，第 1—6 页。
② 林尚立：《政党、政党制度与现代国家——对中国政党制度的理论反思》，载《中国延安干部学院学报》2009 年第 9 期，第 5—14 页。
③ 转引自李安山《非洲民主化与国家民族建构的悖论》，载《世界民族》2003 年第 5 期，第 10—18 页。

竞争走向理性化、机制化，从而减少多党竞争引发的无序纷争，实现多党政治与国家统一的良性互动。其中重要方面，是在完善民主制度设计（比如从法律上禁止政党以特定的族群、地区或宗教为基础）的同时，根据现代民主的需要来挖掘传统政治文化中的合理成分，如非洲黑人传统文化具有认同宇宙和谐统一与群体主义至上的精神特质，非洲传统部落和氏族生活中具有尊重意见一致的政治传统[1]，以实现传统政治文化的自我更新与扬弃，最终建立一种兼具竞争性与包容性的现代民主观念和成熟的政党政治文化。后发国家的民主化进程多是内外因素共同作用的结果，来自外部力量的推动促成了现代民主形式的建立，而国家内生的民主因素的不断发展才是民主得以巩固的关键。

第五节　中非治国理政经验交流的历史价值与世界意义

中非治国理政经验交流，是中国与非洲国家在追求现代化进程中对各自发展模式、理念认知与经验探索的相互分享，是中非合作从一般意义上的经贸往来发展到更深层次的理念对话和知识共享的重要举措，从更大的意义上讲，也是中非两种不同文化、文明间的交流与互鉴。因而，这种交流必然对中国与非洲国家各自发展、对中非关系乃至对国际秩序都会产生积极的影响和深远意义。

一　中非治国理政经验交流为非洲国家提供了发展借鉴并有助于它们探索适合自身国情洲情的发展道路

从一般意义上讲，中国过去近四十年的发展其实是中国作为一个发展中国家追求现代化的历程。尽管中国发展模式远未定型，中国经验也远非尽善尽美，但中国的现代化历程积累了许多经验教训，其中许多经验可以为同为发展中国家的非洲国家所借鉴和分享。当前非洲国家之所以普遍重视发展与中国的关系，部分国家还曾明确提出过"向东看"的

---

[1] 张宏明：《多维视野中的非洲政治发展》，社会科学文献出版社1999年版，第108页。

政策，它们所看重的，不仅只是中国不断增长的对非贸易、投资和援助，也包括中国过去几十年里所取得的发展成就及经验总结。因为它们知道，中国在20世纪80年代以前与多数非洲国家一样贫穷，而现在中国已经成为举世瞩目的新兴经济大国。当前中国的快速发展及其体现出的积极的创业精神，中国经济发展的经验积累、政策思考，以及政策选择所体现出的自主精神，让这些在实现了政治独立之后正在苦苦追求自身发展的非洲国家，看到了独立自主地实现发展与复兴的希望。

在过去几十年里，非洲国家的发展深深烙上了西方经验的印迹，特别是以开放市场和放松政府管制为主要内容的"华盛顿共识"以及随后的政治民主化，更是显著推动了非洲国家的经济结构调整和政治民主转型，在很大程度上改变了非洲发展的方向和路径。客观地讲，非洲国家的政治经济转型取得了不少的历史成就，但非洲面临的若干治理难题并未得到彻底的解决。这并不说明西方经验不正确或者存在先天性的缺陷，而主要在于，当这些在西方国家被证明是正确的经验被人为地"移植"到具有不同的历史发展程度和人文传统的非洲大陆时，就显得不那么"灵验"或者无法解决所有发展问题。所以，非洲国家在合理借鉴西方经验的同时，更应该独立自主地去思考和探索自身的发展道路，同时以更为开放的姿态与广大非西方世界特别是以中国为主的新兴发展中国家开展治理经验对话和发展经验交流。这些新兴国家，与非洲国家有着相似的发展程度，面临许多相似的发展问题和外部发展环境，它们在推动经济发展和应对内外挑战方面所积累的经验或教训同样值得非洲国家借鉴和分享。对非洲国家而言，合理借鉴中国的治国理政与发展经验，有助于它们探寻适合自身国情洲情的发展道路，提升国家治理能力并校正因片面依附西方发展模式所带来的弊端与不足。

二 中非治国理政经验交流有助于中国提升自身在世界发展领域的话语权并助推中国发展模式的完善

21世纪中国所追求的民族复兴，是国家的全面发展与繁荣，除了经济的快速增长和军事实力的相应提升，还包含软实力的不断发展和国家形象的不断改善。中国发展模式作为过去几十年快速发展的经验探索与理念总结，正是当前中国软实力的重要组成部分，是中国可以为国际社会贡献自身价值的重要内容。如果中国能够通过治国理政经验交流来推动非洲的发展进程,或者哪怕是减少非洲国家在实现现代化进程中要走的弯路,那无疑是中国在实现自身发展的同时对世界发展做出的重要贡献。对中国而言,通过与非洲国家相互交流治国理政经验,通过向非洲、向世界正面阐释中国的发展道路与方式,可以有效展现自身发展模式的优势并由此提升自身在世界发展领域的话语权,同时通过治国理政经验交流来推动非洲发展进程,也有助于推动世界共同发展的美好愿景,进而展现中国日益增强的大国责任与世界抱负。正如雷默这样评价道:"中国正在指引世界其他一些国家在一个强大重心的世界上保护自己的生活方式和政治选择","一个有史以来最少依赖显示实力的传统手段的国家,它以惊人的榜样力量和令人望而生畏的大国影响作为显示实力的主要手段。"①

但也应看到,中国发展模式还在探索和形成之中,中国自然有非洲国家值得学习和借鉴的发展与治理经验,但非洲国家在政治民主建设、公民社会发展、非政府组织的培育等方面取得了许多历史性的进步,其中许多经验教训值得中国尊重、研究和借鉴。所以,新时期中国与非洲国家共同倡导的人文合作与经验交流,就应当是遵循完全"自主"、"平等"和"相互学习"的原则,而非中国经验的单方面介绍或推销。从这个角度讲,中非治国理政经验交流也有助于中国反观自身发展模式的不足与问题,通过与外部世界的经验交流助推自身改革和发展进程。与中非政治互信与经贸合作一样,中非治国理政经验交流也体现着中非关系一贯遵循的"互助"、"互利"和"共赢"的精神。

三 中非治国理政经验交流显著拓展和提升了中非合作的领域和层次并有助于培育中非"共享价值"

以政治互信、经济共赢、文明互鉴、安全相助、国际协作为内涵的中非全面战略合作伙伴关系,不仅需要有经贸合作的快速发展以及安全合作的稳步推进,也需要双方在更高层面的文化、观念和制度上展开交

---

① [美]乔舒亚·库珀·雷默:《附录:北京共识》,载乔舒亚·库珀·雷默等编《中国形象:外国学者眼里的中国》,沈晓雷等译,社会科学文献出版社2006年版,第283—333页。

流和互鉴。从多数非洲国家面临的治理难题出发，中国可以与非洲国家分享自身在治国理政方面的相关经验和智慧，比如，对改革、发展与稳定相互关系的认识，在实现社会公平、正义方面的积极探索，执政党在凝聚社会共识、维护政治稳定、推动国家发展所起的重要作用等。同样，非洲国家在追求政治民主、培育公民社会、尊重社会多元等方面也积累了许多经验教训和独特思考，其中许多方面也值得中国去认真研究，这不仅有助于中国更好地了解非洲发展，也有助于为中国自身的改革和发展提供一些新的思考和启示。

在本质上，中非治国理政经验交流属于中非人文交流、观念对话和政治互信的范畴。作为中非人文交流的重要组成部分，中非治国理政经验交流无疑有助于增进非洲民众对中国发展和中非关系的正确认识，有助于中国人更为全面地了解非洲的发展与变化，通过中非互信的增进来夯实中非关系发展的情感纽带和民众基础，从而为中非关系的长远发展发挥独特的作用。《中国对非洲政策文件》及中非合作论坛会议多次强调中非治国理政与发展经验交流，其意正在于通过这种深层次的人文交流来拓展中非合作的内容与形式并极大提升中非关系的合作层次，从而实现中非全面战略合作伙伴关系在政治互信、经济共赢与文化互鉴上更为平衡地发展。从长远看，中非治国理政经验交流不仅在于化解分歧、培育互信、增进友谊，还在于通过观念、文化和思想的交流来逐步培育中非"共享价值"。此种"共享价值"的培育，必将能为中非新型战略伙伴关系奠定更为坚实的价值观基础，为世界发展贡献更多来自非西方世界的思想与智慧。

四 中非治国理政经验交流势必有助于推动亚非复兴进程进而推动国际秩序的合理变迁

自人类步入近代以来的五个多世纪里，国际秩序一直由欧美大国所主导，曾经处于辉煌时期的英国和当前正处于权力巅峰时期的美国把这种强势与霸权演绎到了极致。在欧美大国眼里，它们有能力充当后发国家的"导师"或"教师爷"，它们有权利为世界安排秩序。然而，当前中非治国理政经验交流及由此带动的更为广泛意义的南南治理合作，不仅有助于推动亚非世界的经济发展和社会进步因而带来世界经济格局出现新的变迁趋向，也有助于推动亚非世界在制度、观念和思想领域不断创新，因而对西方主导的世界话语体系可能带来前所未有的冲击。这正是新时期中非治国理政经验交流乃至更大层面上中非合作所具有的世界价值。

的确，21世纪以来，伴随南南合作在各层面、各领域的不断推进，亚非世界开始涌现出一大批新兴发展中国家，并伴之以民族自信心和自主发展意识的显著增长，成为当今世界最大的变化之一。以一种"大历史"的视野观之，百余年国际关系结构转变的一个长期性趋向，是亚非世界相互合作的深入以及伴随这一进程所出现的亚非复兴浪潮。历时几个世纪形成的以西方世界为中心、亚非欠发达地区为外围的旧有等级制国际体系正在发生深刻而富有历史意义的变革，世界政治经济重心随之出现向地理上的"东方"和政治经济学意义上的"南方"世界转移。这些在近代资本主义世界体系中长期处于边缘的地区和国家，如今通过自主发展和横向联合，逐渐成为世界经济增长的新引擎，成为国际政治舞台的重要参与方。不争的事实是，世界财富、权力和话语权都在发生某种具有历史意义的结构性改变。[①]

基于上述意义与价值，我们以为，中非治国理政经验交流是中非合作大有作为的新的"增长点"，因此中国需要从战略高度认识到这种经验互鉴对中国与非洲国家发展所具有的重要作用以及它所具有的历史价值及世界意义。为推动中非治国理政经验交流更为全面的开展并产生积极效应，中国必须注意两点：一是中非治国理政经验交流不宜过多探讨或辩论双方在意识形态和政党制度上的孰优孰劣，而应充分尊重甚至赞赏非洲国家在政治转型方面的艰辛探索及取得的历史进步；二是应当坚持"自主"、"平等"和"相互学习"的原则，而非中国经验的简单复制或单方面介绍。应该看到，当代中非发展合作正在全面展开，中国对非发展政策还在逐步完善，互利共赢的合作效果还有待进一步展现。中非治国理政经验交流，自然有助于中国和非洲国家完善各自发展模式，丰富它们对治国理政的思考，但幻想用所谓"中国模式"去取代"西方模式"，或者以中国经验去拯救非洲发展，无疑是不现实的。从长远看，非

[①] 罗建波：《亚非复兴进程与世界地缘政治转变》，载《西亚非洲》2009年第5期，第12—17页。

洲国家应当基于自身文化传统、发展阶段和社会现实，独立思考和探索适合自身洲情国情的发展道路，不断探寻非洲发展的"本土方案"，不断寻求非洲问题的非洲化解决路径。非洲的出路在非洲人自己手中。

最后还需强调，由于非洲拥有54个国家，且各国在具体国情、发展程度和发展模式上具有很大的不同，因此，本书研究只是针对多数非洲国家或非洲总体情况而言，而进一步的深入研究还需要有更为具体的个案研究和更为细致的比较分析。本书并非结论，更准确地讲，它只是一项庞大研究的开始。我们希望看到，更多的学者能够参与这一议题的讨论，为已经开启且必将有更大发展的中非治国理政经验交流贡献自己的智慧，这也正是笔者写作此文的初衷。

第六章

中国—非盟关系：助推非洲复兴进程

20世纪中叶以来中非合作关系的一条历史主线，是中国同非洲人民通过相互间的团结与合作争取实现政治独立，在完成这一历史任务后开始追求经济发展与全面复兴。作为中非合作的重要方面，历史上中国与非统的相互支援，当前中国与非盟关系的全面拓展与提升，自始便是作为亚非世界追求民族复兴与国家自强的一部分而出现的，不仅对中国与非洲国家各自的现代复兴与发展具有深远的历史意义，从一个更为广阔的现代世界体系变迁进程来看，还具有超越中非关系范畴的更为广泛的世界影响。

中国与非洲统一组织（简称"非统组织"或"非统"）关系的核心内容，是中国对非统组织领导的民族独立运动的积极声援和坚定支持，中国也因此赢得了非洲国家的信任进而极大改善了自身的国际环境。新时期，中国同非盟开展南南合作的战略基础逐步由反帝反殖反霸斗争中的相互支持转向了对和平与发展事业的共同追求，中国与非盟的合作机制初步建立，双边关系的定位逐步清晰，合作内容也得到显著拓展。中国与非盟关系的全面展开，拓展了中非全面战略合作伙伴关系的内容与形式，成为当代中非关系全面提升的重要体现。双方合作关系的深化对于非洲发展、中非关系及世界体系变迁都具有重要的意义。

第一节 非洲一体化的历史使命与成就[①]

自20世纪初叶民族主义在非洲兴起后，以追求非洲大陆复兴与统一为目标的"泛非运动"及其当代形态"非洲一体化运动"，就成为非洲大陆百余年觉醒与复兴的一条历史主线，成为非洲人认知自我身份与权益、确认非洲在世界体系中的地位与价值的一种持久努力。非洲人民通过团结起来的力量，不仅成功地唤醒了民族自觉和种族平等意识，打碎了西方列强的殖民统治和政治压迫，而且在取得政治独立和国家主权后，还投身于经济自立和文化重建运动，以追求非洲大陆的彻底解放和全面复兴。非洲一体化在本质上属于非洲历史发展范畴，是非洲人民用集体力量追求大陆独立、发展与统一的历史实践。从此角度上讲，一体化运动是20世纪以来非洲历史进程中的一个核心内容，是非洲大陆走向现代复兴所必经的历史阶段，这一运动的兴衰起落不仅深刻影响了这期间非洲大陆的政治经济变迁和文化转型，也对非洲大陆的地区格局以及非洲与外部世界的关系产生了深刻的影响。可以说，晚近百余年来的非洲历史就是非洲人实现联合自强和集体自力更生的历史。

一 20世纪上半叶的泛非运动与非洲民族意识自觉

从规范的意义上看，以经济贸易的交往整合为核心内容的地区一体化运动是一个当代现象，具有它特定的现代属性和时代内容，因而20世纪在非洲大陆延续百年的"泛非运动"，在其早期尚不具备当代地区一体化运动的严格属性。不过，非洲大陆因其特殊的历史背景与时代条件，在追求地区统一与一体化方面，却早行了一步。当这块大陆在20世纪上半叶以"泛非运动"或"非洲主义"为武器来追求独立与解放之时，便已经以自己的方式开始了追寻一体化的进程。所以就世界区域化运动或一体化运动而言，将一体化作为地区复兴的必由之路而以人为之力主动

[①] 可同时参阅刘鸿武、罗建波《一体化视角下的非洲历史变迁》，载《西亚非洲》2007年第5期，第4—11页。

去追寻，非洲似乎还走在世界的前列。一体化运动始于前，民族国家成于后，此为非洲一体化区别于世界其他区域化进程的一个显著特点。当然，非洲一体化在其最初阶段，是以"泛非运动"、"非洲统一"的形式出现的。

泛非主义针对的主要是西方殖民侵略及其种族主义理论，致力于通过挖掘非洲传统文化精神来恢复非洲人的民族自尊心和自信心，在此基础上追求非洲大陆的独立、团结与统一。早期的泛非主义思想家和泛非运动领导人，无论是霍顿、布莱登，或者是杜波依斯和加维，他们都以饱满的热情投身于黑人文化复兴运动中，挖掘历史资料，宣传非洲黑人种族对人类历史的伟大贡献，批驳白人种族主义者的种种谬论。他们基于世界黑人共有的文化价值、共同的历史遭遇和历史命运，进而呼吁世界各地的黑人联合起来，形成统一的"非洲力量"（African power）以复兴古老的非洲文化和黑人种族。所以，非洲文化的复兴与整个黑人种族的权益问题是早期泛非主义关注的最为重要的议题。当时泛非主义对于非洲传统文化的挖掘和阐释，并不在于追求文化复古，而是在于为世界黑人的现实政治服务，因为要实现黑人的自觉与解放，首先必须使他们在文化和心理上摆脱被奴役的状态，恢复他们在文化和精神上的自尊自信，使黑人种族为自己的历史、文化传统以及自己的种族和肤色而自豪。

从非洲历史发展的角度讲，早期的泛非主义虽不能算作严格意义上的非洲一体化，但它的存在与发展在相当程度上唤醒了非洲人民的民族意识和民族尊严，塑造了非洲大陆特有的区域意识和历史使命感，为日后非洲一体化的发展奠定了意识形态基础和实践运动的经验。所以，二战后得以迅速发展的非洲一体化并不是对欧洲等其他区域化进程的模仿或复制，而是具有自己的历史发展逻辑和特殊使命。在非洲大陆仍处于殖民统治的时期，尚未获得政治独立的非洲各殖民地便已经开始了为争取民族独立和解放的政治联合，非洲大陆便以其特殊的方式开始了地区一体化进程。这是我们理解非洲一体化独特发展进程的重要维度。

二 20世纪下半叶的非统组织与非洲民族解放运动

进入20世纪60年代，泛非运动进入了第二个发展阶段，即非洲大陆用集体力量追求民族解放和政治团结的时代。非统组织于1963年成立，标志着基于主权独立国家基础之上的非洲一体化从此正式迈开了步伐。非统组织的成立是泛非主义最为重要的政治成果,为现代意义上的非洲一体化奠定了必要的组织基础和制度保障,在法理上把非洲国家的团结与合作予以了制度化和长期化。

以非统组织为载体的非洲一体化之首要任务是实现非洲大陆的完全解放。当时,非洲绝大多数国家和地区尚未获得政治独立。这些尚未独立的国家和民族主要分为两类:一是处于欧洲宗主国统治下的殖民地,二是受南非白人政权欺压和控制的南部非洲广大的领土和人民。西方殖民主义者和南非白人种族主义者并不甘心退出非洲历史舞台,并不甘心放弃多年的殖民经营和殖民利益,因此想方设法地阻挠非洲独立运动的发展和非殖民化进程。在这种情况下,如何有力推动非洲大陆的民族解放进程就成为非洲独立国家的头等政治议题。非统组织在宪章中明确宣告致力于从非洲根除一切形式的殖民主义,呼吁非洲各国和各民族加强团结,彻底献身于非洲大陆的民族解放事业。除了舆论动员外,非统组织还通过其相关机构为非洲各民族解放组织提供了大量物资和资金援助。在20世纪下半叶多数时间里,非统组织的泛非主义活动中最为持久有效的政治行动是对尚处于殖民统治下的非洲民族解放运动的一致支持。在非统组织的鼓舞下,非洲民族解放运动蓬勃发展,大批非洲国家在20世纪60、70年代相继独立。随着1990年纳米比亚的独立以及1994年新南非的诞生,非洲民族解放运动的历史使命最终完成。

非洲大陆的民族解放运动连同亚洲等其他地区广泛兴起的民族解放运动一起,在相当大的程度上改变了自15、16世纪以来几百年世界历史的基本进程和走向,并赋予了20世纪的世界历史以新的性质和意义。因为那些在近代几百年中曾遭受西方殖民征服和统治的落后民族与国家,通过在全球范围内掀起的民族独立和解放运动,逐渐在20世纪的世界历史中重新崛起,由西方的依附性角色转变为自主性力量,由世界历史的边缘逐步进入到世界历史的中心,并在越来越大的程度上成为影响20世纪人类历史进程和走向的重要因素。推动非洲大陆的政治独立和解放,是非洲一体化对于非洲历史乃至世界历史发展的重要历史意义之所在。

当时非洲一体化运动的另一任务则是维护新生国家的政治团结,以便为非洲大陆的经济发展和最终的政治统一奠定基础。因为要实现泛非主义有关非洲统一的政治理想，不仅要求非洲大陆实现彻底的民族解放，也必然要求非洲国家间保持团结合作与睦邻友好的地区政治安全秩序，在此基础上逐步推动政治协调与融合。为此，非统组织不仅明确规定了主权平等、不干涉内政，以及边界不可更改的原则，还尝试建构了初步的集体安全机制，以自主维护非洲大陆的和平与稳定。

在20世纪下半叶的整个非洲民族解放运动时期，非洲一体化的时代特征有：

其一，非洲国家面临的历史任务主要是政治性的，即反对新老殖民主义，实现非洲大陆的完全独立和解放，因此非洲国家的经济合作与发展问题始终是从属于这一政治任务的。非洲一体化自始便具有高度的政治性，其发展的主要成就也集中体现在政治领域而不是经济上的成功。而欧洲、北美和亚太等地区的区域化进程一开始大多从经济和技术合作等功能性领域入手，逐步扩展到其他诸如政治和安全等"高政治"领域。

其二，随着非洲独立国家的相继诞生，非洲一体化运动转变为在各个主权独立的现代民族国家联合基础上的一体化。泛非运动发展的结果促成了非洲大陆的独立与解放，但并未导致非洲的统一，反而是促成了一系列全新的民族国家的涌现，非洲大陆由此进入了由那些在国际法上享有绝对主权的数十个现代民族国家林立的政治格局。非统组织实际上是一个松散的国家间组织，主张在尊重各国的政治个性、维护各国国家主权和领土完整的基础上稳步推进国家间的政治与经济合作，并没有实现激进泛非主义者有关建立非洲合众国的愿望。这表明，在非洲人民致力于实现非殖民地化的时代，非洲一体化的历史任务当是民族解放、政治独立以及独立后的国家发展问题，实现非洲统一理想的历史时机还远未成熟。

其三，在这个阶段上，非洲大陆的一体化开始出现了更为复杂的局面，既有非洲大陆层面上的一体化，也有次地区层面上的一体化，更有各个主权国家内部的一体化。换句话说，以追求非洲大陆复兴与统一为目标的泛非性一体化进程，与仅在各主权国家的政治疆界内追求现代民族国家统一构建的国家一体化进程，及在某个特定区域内，诸如西部非洲英国国家、法语国家、东部非洲斯瓦希里语国家、北部非洲阿拉伯语国家间的次区域一体化，都同时成为那以后非洲一体化所追求的目标。

特别是整个非洲大陆层面的一体化，与数十个新兴的非洲国家内部自己追求的民族一体化，这两个一体化进程并存而交织，两者间既有统一重叠之处，也有矛盾冲突之所。泛非主义同民族主义携手并进，非洲一体化的产生与发展同民族国家的诞生与发展几乎同步进行，这是非洲历史发展进程上的一个独有的特点。两者关系如何协调互动，一直是当代非洲一体化进程中的一个复杂问题。

三　全球化时代的非盟与非洲复兴运动

非洲大陆的政治独立与民族解放是非洲大陆的"第一次解放运动"。但是政治独立并没有带来非洲人民的彻底独立和解放，因为"没有发展的自由绝不是真正的自由"。[①] 长期的殖民统治所建立起来的"中心—边缘"的经济秩序和产业结构并没有因殖民统治的瓦解而终结，非洲国家在现有国际体系中仍然处于极为不利的不平等状态中。在相继取得政治独立后，非洲国家在巩固新生的民族国家和民族政权的同时，开始积极投身于国家的经济发展和现代化建设，试图通过经济和文化的复苏来实现自身的彻底解放，这就是世人所称的非洲"第二次解放运动"。特别是20世纪90年代全球化迅速发展以来，如何规避世界政治经济体系中的不利因素，充分利用其发展机遇以迅速实现非洲经济的发展和社会进步，已经成为事关非洲各国生存与发展的重大政治问题。在这场更具经济和文化意义的解放运动中，非洲国家的联合与合作从一开始就起着不可替代的核心作用。

在此背景下，完成民族解放任务的非洲开始寻求国家现代化和地区复兴，非洲大陆的时代主题和历史任务也由"求独立"转变到"求和平"、"求发展"。非盟于2002年正式成立并取代非统组织，正是非洲国家旨在通过集体力量来寻求政治稳定、推动经济发展并提升非洲国际地位的重大举措。如果说非统组织的历史贡献在于推动大陆实现了民族独立和解放，那么非盟的成立则是这些已经实现民族独立的非洲国家在全球化时代对非洲发展与复兴的追求。非盟的成立是非洲复兴的新起点，

[①] Timothy Murithi, *The African Union: Pan-Africanism, Peacebuilding and Development*, Ashgate Publishing Limited, 2005, p.1.

标志着非洲一体化进入新的历史发展阶段。如何协调和整合非洲自身力量，共同实现非洲大陆的伟大复兴，已成为全球化时代非洲一体化的历史使命和政治归依，这是泛非主义在当前时代的继续与发展。

（一）非盟是非洲经济发展的主要推动者

非盟积极倡导"自主发展"思想，着力推动实施"非洲发展新伙伴计划"，为非洲经济合作搭建了制度平台并规划合作路径。"非洲发展新伙伴计划"提出了新世纪非洲发展的总体目标，旨在通过非洲国家的联合自强以消除贫困，实现经济可持续发展并减少对外部世界的依赖。其具体路径，一方面实施重大的经济技术和能力建设项目以推动非洲经济社会发展，另一方面通过非洲各区域经济共同体内部和相互间的一体化来实现大陆层面上的合作，最终建立起成熟的非洲经济共同体。目前，诸如东部非洲共同体、南部非洲发展共同体、西非国家经济共同体等区域组织正在推动建设关税同盟甚至货币联盟，为未来非洲大陆的经济合作搭建了必要的制度平台。

当前非盟致力于非洲经济合作的重要方面，是积极推动非洲大陆的跨国跨区域基础设施建设。落后的基础设施直接影响了非洲的发展能力和国际竞争力。"非洲基础设施集团"（Infrastructure Consortium for Africa）的报告声称："落后的基础设施使非洲国家特别是最贫穷国家的生产能力降低了40%。"[①] 经合组织（OECD）的统计表明，全球进口商品的平均货物运输费用占到商品价格的5.4%，而这一数字在非洲则高达5倍以上。[②] 为改变非洲基础设施的落后面貌，2012年1月召开的非盟第十八届首脑会议重点讨论了"非洲基础设施发展计划"，承诺落实跨国跨区域重大基础设施项目，加快铁路联通和港口运力建设，以突破制约贸易发展的交通瓶颈。大会通过《关于非洲一体化的决议》，呼吁"各会员国、非盟委员会、各区域经济共同体致力于在水、能源、环境、健康、跨境

---

① Ed Cropley, "Africa needs $93 billion a year for infrastructure: report", *Reuters*, 12 November 2009.

② Martyn Davies, "How China Is Influencing Africa's Development", Background Paper for the Perspectives on Global Development 2010: Shifting Wealth, OECD Development Centre, April 2010, p. 19.

流行疾病的控制等领域发展跨国界的合作项目与计划"①。"非洲发展新伙伴计划"积极鼓励非洲国家优先发展基础设施建设，特别是道路、铁路和连接邻国的动力系统，信息和通讯技术，人力资源开发，农业的振兴及生态环境保护等。②

非盟于 2013 年 5 月提出了非洲"2063 议程"，并在 2015 年 1 月非盟峰会上得到正式通过。"2063 议程"提出了涉及非洲经济增长、政治团结与一体化、和平与安全、民主与人权、青年与妇女发展等七大愿景。为实现"基于包容性增长和可持续发展的繁荣非洲"这一目标，非盟确定了多项具体的行动领域，包括：到 2025 年消除非洲贫困、实现经济转型、增长与工业化，巩固非洲农业和农产品加工业的现代化，加强非洲基础设施建设，建立大陆性自由贸易区等。非盟还决定通过 5 个连续的十年执行规划将愿景目标转化为具体政策行动。③ 为对接"联合国 2015 年后发展议程"，在非盟的推动下，非洲也提出了"2015 年后发展议程非洲共同立场"，也强调了非洲经济结构转型及包容性增长以及与外部世界发展伙伴关系等倡议。在非洲摆脱"绝望的大陆"之后，如何继续把"希望的非洲"真正转变为"复兴的非洲"，是当前非盟的历史使命，也是世人对非盟的期待。

（二）非盟是非洲和平与安全的主要维护者

在安全理念上，非盟对非洲集体安全原则进行了重大创新，以"非漠视"原则（non-indifference）取代了非统时期长期坚持的"不干涉"原则（non-interference）。非盟呼吁对非洲战乱与冲突实行"零容忍"（zero tolerance），规定在成员国国内出现严重反人道罪行或出现不符合宪法程序的政府更迭，以及在成员国间出现侵略情势时有权实施强制干预，其中包括武装干预的使用。这使非盟在理论和实践层面有权对那些潜在危机或现实冲突进行主动干预，在很大程度上突破了集体干预与国家主

---

① "Decisions on African Integration", in *Decisions, Resolution and Declarations*, Assembly of the Union Eighteenth Ordinary Session 29—30 January 2012 Addis Ababa, ETHIOPIA, pp. 6 – 7.

② 有关"非洲发展新伙伴计划"的具体内容，可参见 http://www.nepad.org/2005/files/home.php

③ African Union, *Agenda 2063: The Africa We Want: Popular Version*, 3 rd Edition, Addis Ababa, Ethiopia, January 2015.

权长期存在的内在紧张，这是非盟与非统组织在安全原则上的最大不同。[①] 在机制建设上，非盟创建了和平与安全理事会，正在积极建设非洲常备军和快速反应部队。非盟还推动建立了非洲国家间的相互监督和约束机制，即"非洲互查机制"，希望利用集体规则和相互监督来促使非洲国家实现良治，进而实现大陆的政治稳定。

在实践层面，非盟自成立以来，相继对科特迪瓦、多哥、科摩罗、马里、中非、南苏丹等国的政治危机进行了政治调解和斡旋，同时向布隆迪、索马里、苏丹达尔富尔及中非共和国派遣了维和部队（参见表6—1）。其中特别重要的是，非盟自2007年以来一直在索马里开展维和行动并在苏丹达尔富尔地区执行"非盟—联合国达尔富尔混合行动"，对于有效遏制索马里和苏丹达尔富尔地区动荡局势发挥了关键性作用。虽然非洲冲突管理离不开联合国和外部大国的介入，但非盟的集体安全机制无疑是非洲和平与安全建设的基础和核心。可以设想，如果没有非盟及其安全投入，非洲大陆的安全形势肯定会更糟。

表6—1 非盟实施的维和行动

部署地点	维和行动	期限	参与国 主要贡献者	参与国 其他
布隆迪	非盟驻布隆迪特派团（AMIB）	2003年4月—2004年6月	南非、埃塞俄比亚、莫桑比克	布基纳法索、加蓬、马里、多哥、突尼斯
苏丹达尔富尔	非盟苏丹特派团（AMIS）	2004年6月—2007年12月	尼日利亚、卢旺达、埃及、南非、塞内加尔、加纳、冈比亚、肯尼亚	毛里塔尼亚、尼日尔、马里、布基纳法索、赞比亚、莱索托、乌干达、马达加斯加、布隆迪、喀麦隆、毛里求斯
苏丹达尔富尔	联合国-非盟达尔富尔混合维和部队（UNAMID）	2008年1月至今	尼日利亚、卢旺达、埃塞俄比亚、埃及、南非、塞内加尔、加纳、冈比亚、肯尼亚	中国、孟加拉、印度尼西亚、尼泊尔、巴基斯坦，等等

---

① 罗建波：《通向复兴之路：非盟与非洲一体化研究》，中国社会科学出版社2010年版，第108—109页。

续表

索马里	非盟索马里特派团（AMISOM）	2007年1月至今	乌干达、布隆迪、肯尼亚、吉布提	
中非共和国	非洲领导的中非共和国支持特派团	2013年12月至2014年9月	刚果（布）等	

（三）非盟是非洲国际地位提升的积极贡献者

非盟注重以集体姿态"抱团"参与重大国际事务，以统一声音表达非洲人的应有权益主张。一是争取实现非洲国家的"入常梦"。非盟于2005年3月和7月相继发表《埃祖尔韦尼共识》和《锡尔特宣言》，呼吁联合国基于普遍性、平等性和地区平衡原则进行全面改革，要求给予非洲不少于2个拥有否决权的常任理事国和5个非常任理事国的席位。2015年5月9日，赞比亚、塞拉利昂、纳米比亚等非盟十国首脑聚会赞比亚，呼吁联合国加快改革进程，给予非洲安理会常任理事国席位，以扩大非洲国家在国际事务中的影响力。非盟能够基本协调非洲国家的立场并提出统一的入常方案，显示了非洲国家的政治团结，这是世界其他地区所未有的。二是在"非洲发展新伙伴计划"框架下与外部世界建立更为平等的伙伴关系，争取国际社会对非洲发展的支持。三是鼓励非洲国家以集体姿态与外部世界创建合作机制，更为清楚地表达自身的利益关切，增强非洲融入全球体系的能力。目前，非洲大陆已分别与美国、欧盟、日本、印度、中国建立了美非经贸合作论坛及美非峰会、欧非首脑峰会、日本"东京非洲发展国际会议"、印非首脑峰会、中非合作论坛机制等重要的合作机制。

（四）非盟是泛非主义和非洲复兴思想的积极倡导者

非洲是世界各大洲中较早提出整个大陆实现团结、统一与复兴的大陆。在20世纪非洲民族解放任务完成以前，泛非主义旨在复兴"非洲个性"和"非洲传统精神"，唤醒非洲人的民族自尊心和自豪感，从而推动非洲大陆实现完全独立和解放。21世纪非盟取代非统组织之后，开始在新的时代背景下重新阐释非洲复兴思想，呼吁非洲国家在团结合作的基础上实现发展、稳定与良治。2013年非盟在纪念非统组织成立50周年庆典时，再次强调"泛非主义和非洲复兴"的主题，呼吁非洲人团结一致共寻和平、发展、民主与良治的复兴之路。正如时任非盟轮值主席埃塞俄比亚总理海尔马里亚姆在会议致辞中说:"今天和未来非洲人的使命是完成先驱们的梦想,创造一个免于贫穷和冲突的非洲,一个和平、繁荣和统一的非洲。"① 非盟对非洲复兴思想的倡导,有助于塑造非洲人的共同身份意识,激发非洲人独立自强的精神,从而为非洲国家的团结合作与一体化提供了宝贵的精神动力。

四 非盟与非洲一体化的发展前景

非洲一体化并非没有建树。在历史上很长时期里,非洲一体化主要是一种政治合作而非经济合作,其发展成就也主要体现在政治领域而非经济领域。非统组织在历史上曾长期致力于非洲大陆的民族解放事业,促成了非洲国家的政治独立,当前非盟又积极致力于推动非洲国家的政治发展和人权进步,有力推动着非洲国家的良治和政治民主化进程。尽管非洲集体安全合作未能给非洲带来全面的政治稳定,但不断完善的集体安全机制却在相当程度上有助于遏制现有冲突的升级以及潜在冲突的爆发,有助于将和平与发展的理念深入人心。在对外关系领域,非盟的国际参与显著提升了非洲在国际体系中的地位,使非洲国家在相当程度上以近代数百年来未曾有过的独立姿态在国际上发表自己的声音和看法。从更为广泛意义的文化精神层面看,非洲一体化还有助于塑造非洲人的共同身份和区域意识,强化非洲人的历史责任感和使命感,这些对于非洲国家的长远发展以及非洲大陆的复兴事业是有着积极作用的。

非洲一体化是非洲复兴的必然选择。非洲国家大多积贫积弱且治理能力不高,缺乏以一国之力实现经济发展并有效维护政治稳定的能力,更难以以一国之力去应对全球化的挑战。因此,通过地区合作增进各民族国家的利益,通过集体力量来应对全球化的挑战并解决日益增多的跨国性问题,就成为非洲国家在全球化时代的战略选择。对多数非洲国家而言,当前非盟的奋斗目标并非是要建立"非洲合众国",

---

① 苑基荣:《把握机遇延续梦想——非盟庆祝其前身非统组织成立50周年》,载《人民日报》2013年5月27日第3版。

而是为各个非洲国家的发展提供外部条件,为那些弱小的非洲国家在国际社会争得一席之地,为那些弱小的非洲国家在国际舞台上发出自己的声音。正如埃塞俄比亚学者马莫·穆契（Mammo Muchie）所言:"联合起来的非洲是非洲在世界其他民族面前和相互间获得尊严、自信和自尊的唯一途径。"① 这是非盟和非洲一体化对非洲落后国家的特殊意义所在。

国际社会重视非盟和非洲一体化。国际社会普遍把非洲一体化视为非洲复兴的必然选择，把非盟视为非洲一体化的核心。各大国也纷纷加强了同非盟的合作，希望以此推动非洲的发展，同时借助非盟的平台扩大自身在非洲事务中的影响力。欧盟和美国均向非盟派驻了常驻使团，并向非盟提供大量的经济援助和维和支持。欧盟早在 2004 年便出资 2.5 亿欧元在欧盟—非洲伙伴关系框架下设立"非洲和平基金"，2014 年欧非峰会进一步承诺未来三年内为"非洲和平基金"提供 7.5 亿欧元的财政支持。中国、印度等新兴大国也显著加大了对非洲一体化的重视，金砖国家组织 2013 年德班峰会决定筹建金砖国家开发银行并筹备建立金砖国家外汇储备库，其中重要考虑便是支持非洲的跨国跨区域基础设施建设，以此撬动非洲国家的经济发展。非盟的当务之急是及时拟定统一的对外政策，充分利用外部世界对非洲一体化的重视来推动非洲地区合作。

总体而言，全球化时代的非洲一体化具有保护区域内民族国家利益与对区域外世界开放的双重属性。一方面，非洲国家的联合自强是这些国家通过区域途径寻求增进民族国家利益的一种战略选择，是通过集体力量应对外来挑战的一种持久努力。另一方面，非洲国家及其国家集团从未自外于世界体系和日益发展的国际交往与合作，它们并不试图通过一体化的制度安排使自身变成内向的、排他性的政治经济集团，而是在促进本地区经济贸易自由化和经济技术合作的同时加强与其他地区和国家的联系。这样，地区一体化犹如一个缓冲器，一个演练过程，它可使那些落后的非洲国家借助于地区组织的集体力量，在面对全球化的外来

---

① [埃塞] 马莫·穆契:《非洲联盟:希望之路》,张永蓬编译,载《西亚非洲》2003 年第 2 期,第 37 页。

冲击时有了一定的回旋空间，从而在全然自我封闭排斥全球化与毫无保护直接暴露于外部冲击的两极之间，获得了一种较为温和的过渡区间，以便既能保持民族国家个性又能逐渐进入外部世界的竞争激流。对非洲国家来说，通过区域化进程而逐渐与全球化进程相对接，通过区域化得以获得适应全球化的能力并逐渐走向全球化，正是区域化运动作为一种积极主动的努力，对非洲落后国家的特殊意义所在。非洲一体化充满艰辛，但却大有希望。

第二节　中国与非统组织的关系及其历史成就

中国与其他多数亚非国家一样，是伴随着西方的侵略而步入近代历史的。打碎西方殖民枷锁以寻求民族独立，就成为近代以来亚非复兴与亚非合作的历史起点。亚非人民从15世纪以来便不同程度地卷入这一历史进程之中，而其高潮则到来于20世纪尤其是20世纪中叶。正如著名的美国黑人领袖、"泛非主义之父"杜波依斯在1900年卓越地预言道："20世纪的问题，就是肤色界限的问题——亚洲、非洲、美洲和大洋洲诸岛上深色皮肤和浅色皮肤人种之间的关系。"[①] 亚非各民族以不同形式共同反抗西方白人对他们的统治，这是人类历史上的第一次，它对世界历史进程以及亚非民族自身发展的影响是不可估量的。

1949年新中国的诞生，标志着中国人民获得民族解放和真正意义上的政治独立，这一进程比多数非洲国家要早。由于西方国家对新生人民政权的敌视，更由于中国人民对亚非各国在近代历史上遭受西方侵略的感同身受，以及中国共产党人鲜明的国际主义精神使然，新中国在向以苏联为首的社会主义阵营"一边倒"的同时，自始认为自己同时属于被压迫民族和新兴民族独立国家的一员，誓言联合亚非各被压迫民族共同

---

① ［英］杰弗里·巴勒克拉夫：《当代史导论》，张广勇等译，上海社会科学院出版社1996年版，第149页。

反对帝国主义侵略。① 特别是在中国同时遭到美苏两个超级大国封锁孤立的时期，中国执行了最广泛的反帝反霸外交路线，以非洲国家为主要力量的第三世界成为中国国际统一战线的重要组成部分，毛主席先后提出的"两个中间地带"与"三个世界"的战略思想，是那一时期中国发展与亚非国家关系的指导方针。中国属于第三世界并坚定地同第三世界国家站在一起，这一身份定位及战略选择就成为中国与非洲国家关系的历史起点。

当时非洲人民也十分珍视来自中国的政治支持和经济援助，对这些正在追求政治独立或亟需巩固国家独立主权的新兴民族国家而言，如何通过南南合作以团结更为广泛的反帝反殖力量，是它们最为主要的外交任务之一。当时非洲国家一方面在非洲大陆层面开展政治团结，以非统组织为舞台开展外交斗争，同时也注重以单独或集体力量发展同其他民族独立国家包括中国的外交关系。在1955年4月举行的亚非万隆会议期间，埃及总统纳赛尔同中国总理周恩来进行深入交谈后，便认定中国是支持亚非民族独立事业并敢于伸张正义的可靠盟友。埃及同中国一道推动会议达成了以反帝反殖为核心的"万隆精神"，而且次年双方正式建立了外交关系，是那一时期中国与非洲国家关系的重要成就。当坦桑尼亚、赞比亚等国在推动南部非洲国家独立进程中遭遇挫折和困难时，纷纷把目光投向遥远的东方中国以寻求支持。当时坦桑尼亚总统尼雷尔在积极呼吁非洲统一的同时，也频频访问中国并倡导中非合作。中国同非统关系的建立与发展，正是在这一背景下展开的。

中国与非统关系的核心内容，是中国对非统领导的民族独立运动的积极声援和坚定支持。这首先体现在外交声援上，早在非统正式成立之前，1958年4月，周恩来总理致电加纳总理恩克鲁玛转非洲独立国家会议，热烈祝贺会议在反对殖民主义、争取非洲国家民族独立、反对种族歧视、增进非洲各国人民友好合作和维护世界和平的事业上取得的成功。

---

① 1949年9月中国人民政治协商会议通过了具有临时宪法作用的"共同纲领"，规定了处理对外事务的政策和基本原则："中华人民共和国联合世界上一切爱好和平、自由的国家和人民，首先是联合苏联、各人民民主国家和各被压迫民族，站在国际和平民主阵营共同反对帝国主义侵略，以保障世界的持久和平。"（第11条）谢益显主编：《中国外交史（中华人民共和国时期1949—1979）》，河南人民出版社1988年版，第11页。

在全非人民大会于1958年12月召开之际，周恩来总理致电表示祝贺并表达了政治支持。1963年5月20日，31个独立非洲国家的元首、政府首脑和代表在亚的斯亚贝巴举行会议，宣告非洲统一组织成立，并把签署《非洲统一组织宪章》的5月25日定为"非洲解放日"。在会议召开的5月21日，周恩来在向非洲独立国家首脑会议致电祝贺时，表示愿会议对促进非洲国家友好合作和非洲各国人民反对新老殖民主义、争取和维护民族独立，以及加强亚非团结和保卫世界和平的事业做出新贡献。此后历届非统首脑会议召开之际，除1966—1969年"文革"特殊时期之外，中国政府首脑均致贺电，表达中国政府和人民对非洲解放和发展事业的关注、声援和支持。

中国不仅在外交上声援非洲人民的反帝反殖斗争，还长期支持非统及其解放委员会，给予非洲国家大量经济、物资和军事援助。非洲解放委员会总部设在坦桑尼亚首都达累斯萨拉姆，负责计划和协调非洲国家对非洲未独立国家的解放斗争的支持和援助。① 非统通过解放委员会以及在它影响下的"前线国家组织"②，向各有关国家的解放组织提供了大量的武器、资金、医疗设备和人员培训工作。1974年3月底，非统解放委员会执行主席、索马里外长加利卜率领非统解放委员会友好代表团访华，这是非统成立后首次派代表团访问中国，周恩来总理会见代表团并应代表团要求，给予解放委员会军事和财政援助。中国还携手非统、非洲国家共同反对南非白人种族主义政权，中国一直未同南非白人种族主义政权建立任何政治和外交关系，而且从1960年7月起，断绝了和南非白人当局的经济和贸易往来。中国人民不但直接给津巴布韦人民武装斗争以支援，也给反对南非白人种族主义的前线国家如赞比亚、坦桑尼亚、莫桑比克等以积极支持。中国举全国之力帮助坦桑尼亚和赞比亚修建了长

---

① 解放委员会全称"非洲解放运动协调委员会"，成员国由1963年成立时的9国增加到1980年的21国。随着纳米比亚独立和新南非的成立，非洲人民完成了反对殖民主义和种族主义的历史任务，1994年6月召开的非统第30届首脑会议宣布撤销解放委员会。

② 前线国家组织（也即非洲前线国家首脑会议，African Frontline States Summit）是由部分非统组织成员国于1976组建而成，当时的成员国有坦桑尼亚、赞比亚、莫桑比克、安哥拉和博茨瓦纳等。它虽然不是非统组织的一个正式机构，但在贯彻执行非统组织反对殖民主义和种族主义、支持南部非洲民族解放运动的决议方面起了非常重要的作用。1994年7月，该组织宣布解散。

达1860公里的坦赞铁路,是那一时期中国支持非洲民族独立运动的最突出的历史见证。赞比亚"独立之父"、开国总统卡翁达曾这样称赞道:"中国是南部非洲同殖民主义、法西斯主义和种族主义进行斗争的爱国力量的主要支持者之一。中国对莫桑比克、安哥拉和津巴布韦人民的支持对这些国家的解放起了决定性的作用。"[1]

由于非统及非洲国家的不懈努力,以及来自中国等外部正义力量的积极支持,非洲民族解放运动在21世纪下半叶取得了辉煌成就。至20世纪70年代中期,葡属殖民地迅速并全部地获得了独立。在南部非洲,纳米比亚于1990年结束了长达75年的外来殖民统治,南非人民也终于在1994年迎来了没有种族隔离和种族歧视制度的新南非。至此,非洲民族解放运动的历史使命最终完成。数十个非洲国家相继获得政治独立,这是非洲历史发展进程中的重大转变,开启了以独立国家为基础的非洲现代历史的新进程。

在非洲民族独立这样一场波澜壮阔的历史巨变中,中国始终是坚定的支持者和历史的见证者。尽管就绝对数额而言,当时中国对非统及非洲民族解放运动的支持并不十分巨大,但它是中国在自身经济基础还十分薄弱甚至是经济异常艰难的情况下做出的,体现了中国对非洲国家追求独立和发展的深切同情和支持。而中国对非洲人民正义事业的坚定支持和声援以及对西方殖民者和南非白人种族主义政权的声讨和批评,更是体现了中国同非洲国家患难与共的政治立场和决心,由此赢得了非洲国家的广泛赞誉和认同。绝大多数已独立非洲国家相继同中国建立了外交关系,在关乎中国政治独立和国家主权完整等重大问题上坚定地与中国站在一起,在1971年最终把中国"抬进"了联合国。在那特殊的年代,南南合作使中国赢得了应有的国际尊重,中国借助第三世界的整体力量彰显了自己的国际地位与影响;而中国国际地位的提高反过来又加强了第三世界在国际斗争中的整体力量,让西方世界不得不重新思考它们与亚非世界的关系。这是南南合作之于中国和非洲国家的重要历史贡献。

---

[1] 谢益显主编:《中国外交史(中华人民共和国时期1949—1979)》,河南人民出版社1988年版,第596页。

第三节 当代中国与非盟关系的全面拓展与提升

进入20世纪80、90年代,中非合作的历史主题发生了显著变化,亚非复兴进程进入新的历史阶段。中国在经历政治独立后近三十年的艰难探索和曲折历程后,不仅巩固了主权独立并赢得了广泛的国际承认和应有的国际尊重,在此之后也开始迈入追求经济建设与国家发展并主动参与全球化进程的新阶段。进入21世纪以来,中国先后提出"走和平发展道路"并推动建设"和谐世界"的理念,近年来更是提出"中国梦"携手"非洲梦"共同推动实现"世界梦"的美好愿景,表明中国在以和平方式实现自身发展的同时,更加注重以一种世界主义的宽广视野来审视自身的国际责任以及与外部世界的关系,推动与非洲国家的共同发展自然就成为新时期中国外交的重要内容。

同样是在20世纪80、90年代,非洲面临的历史任务与时代主题也逐步发生了显著变化。非洲大陆已基本实现政治独立和民族解放,非洲国家的发展重心相继转入民族国家统一构建并实现经济社会发展。不过,在20世纪70年代的世界性经济危机的背景下,非洲国家普遍出现经济社会发展的缓慢、停滞甚至是严重倒退,这一趋势一直持续到20世纪末,国际社会因此把20世纪80年代、甚至90年代称为非洲国家"失去的十年"(Lost Decade)。[①] 冷战结束后,非洲国家原有的族群、宗教和社会矛盾又因为多党民主政治的冲击和两极格局解体而在短期内集中爆发,一些国家甚至出现了大规模的军事冲突和人道主义灾难。如何团结一致以应对非洲大陆的政治经济危机,怎样推进联合自强和集体合作以实现非洲大陆的复兴,就成为摆在非洲国家和人民面前的共同历史任务。

在此背景下,中国同非盟开展南南合作的战略基础逐步由反帝反殖

---

① John Darnton, "'Lost Decade' Drains Africa's Vitality", *The New York Times*, June 19, 1994; "Avoid Another Lost Decade for Africa", *Business Day (South Africa)*, December 07, 2010.

反霸斗争中的相互支持转向了对和平与发展事业的共同追求。这一历史转型奠定了新时期中国与非盟关系深入发展的基础，开启了中非南南合作的新时代。中国同非盟关系由此获得了一种新的基础和动力，一种新的内涵、形式与时代特征。

中国与非盟的合作机制初步建立，双边关系的定位逐步清晰。事实上，中国自1998年起便开始派政府特使以观察员身份出席非统首脑会议，这一惯例在非盟成立后得到进一步加强。2002年7月，中国外交部副部长杨文昌作为政府特使出席了在南非德班市举行的非盟首届首脑会议，此后中国均派出外交部级别较高的官员出席非盟首脑会议。2005年3月，中国向非盟派驻兼驻代表，成为首批非洲以外国家向非盟派驻兼驻代表的国家之一。[①] 2006年中非合作论坛北京峰会宣布中非双方致力于建立和发展"政治上平等互信、经济上合作共赢、文化上交流互鉴"的"中非新型战略伙伴关系"，中国与非盟关系自然是这一战略伙伴的重要组成部分。2011年，非盟委员会正式加入中非合作论坛，非盟在中非合作论坛机制中的地位得到应有确认。于2008年11月正式启动的中国—非盟战略对话会议至2015年已举办了六次，为双方就中非关系发展和涉及双方利益的重大国际问题交换意见搭建了平台。2015年3月，中国向非盟派驻常驻使团，以加强中国与非盟的全方位合作。中国与非盟关系的机制化和制度化已经起步，双方往来的总体框架已初步搭建起来。

中国与非盟还加强了高层互访，不断夯实双方政治互信与合作。2003年11月，温家宝总理在埃塞俄比亚出席中非合作论坛第二届部长级会议期间会见时任非盟委员会主席科纳雷。2005年8月，科纳雷访华。2009年9月，时任非盟委员会主席让·平访华，声称非盟高度重视中国在国际事务中发挥的建设性作用，感谢中国为非洲和平与发展事业做出的积极贡献。2012年1月，全国政协主席贾庆林应邀出席非盟第十八届

[①] 2005年3月8日，非盟委员会主席接受20个国家和地区组织驻埃塞的使节成为首批非洲以外国家向非盟派驻的兼任代表团，这些国家包括中国、丹麦、芬兰、荷兰、瑞典、西班牙、英国、法国、德国、葡萄牙、奥地利、意大利、挪威、捷克、日本、印度、加拿大、古巴、塞尔维亚和黑山共和国以及欧盟。参见：《驻埃塞大使林琳向非盟委员会主席递交兼驻非盟代表委任书》，外交部官方网站 http://www.fmprc.gov.cn/chn/pds/gjhdq/gj/fz/1206_1/1206x2/t195944.htm（2013-03-12）

国家元首和政府首脑会议开幕式，发表主题为《加强中非团结合作　携手共创美好未来》的演讲，这是中国国家领导人首次出席非盟首脑会议。2014年5月，李克强总理访问埃塞俄比亚和非盟总部，并发表《开创中非合作更加美好的未来》的演讲，称赞"非洲是世界政治舞台上的重要一极"、"非洲是全球经济增长新的一极"、"非洲是人类文明的多彩一极"。①

伴随双边关系的显著提升，中国与非盟合作的内容得到显著拓展，由此前主要集中在政治互助发展到全方位、多领域、多层次的合作。中国基于非盟及"非洲发展新伙伴计划"的优先目标，与非盟在基础设施建设、和平与安全、人力资源合作与能力培训、全球气候变化谈判及其他国际事务中开展了广泛的合作。

其中一个重要方面，是中国推动并参与非盟的经济一体化与跨区域合作。我们以为，经济合作、冲突管理与共同外交是非盟时代非洲一体化的三个核心领域，其中经济合作更是直接关系到非洲一体化的未来发展及世人对非洲一体化的信心。② 然而，非洲基础设施建设长期滞后，严重影响着非洲国家经济发展及相互间横向贸易的开展，也极大降低了非洲国家吸引外资的能力及参与世界经济的深度和广度。为表达对非洲区域合作的支持，在2012年第五届中非合作论坛会议上，胡锦涛主席宣布"中国将同非方建立非洲跨国跨区域基础设施建设合作伙伴关系，为项目规划和可行性研究提供支持，鼓励有实力的中国企业和金融机构参与非洲跨国跨区域基础设施建设"。③ 中方承诺在2012年后的三年里向非洲国家提供200亿美元贷款额度，重点支持非洲基础设施、农业、制造业和中小企业发展。在2015年底召开的中非合作论坛约翰内斯堡峰会上，中方决定提供600亿美元的资金，支持包括中非基础设施合作在内的"十大合作计划"。中国已成为非洲经济一体化的重要推动者和参与者。

中国注重与非盟在解决非洲地区冲突和热点问题上的合作，以负责任的姿态建设性参与非洲和平与安全事务。其具体方式，一是明确支持

---

① 李克强：《开创中非合作更加美好的未来——在非盟会议中心的演讲》，载《人民日报》2014年5月6日第2版。

② 罗建波：《通向非洲复兴之路：非盟与非洲一体化研究》，中国社会科学出版社2010年版，第55—56页。

③ 胡锦涛：《开创中非新型战略伙伴关系新局面》，《人民日报》2012年7月20日第2版。

非盟倡导"以非洲方式解决非洲问题"(African solutions to African problems)① 的原则,推动非盟在维护非洲和平进程中发挥重要作用。二是为非盟在非洲开展的自主维和行动和常备军建设提供资金和后勤支持,增加为非盟培训和平与安全事务官员和维和人员的数量。②《中国对非洲政策文件》明确声明:"支持非洲联盟等地区组织及相关国家为解决地区冲突所做的积极努力,并提供力所能及的援助。"③ 近年来的一个重大举措,是中国于2015年9月在联合国大会上宣布未来五年内向非盟提供总额为1亿美元的无偿军事援助。三是在诸如苏丹达尔富尔等地区热点问题上坚定支持非盟的主导作用。在苏丹达尔富尔问题上,中国明确推动苏丹政府、非盟、联合国"三方机制"和坚定支持以维和行动和政治和解进程为主渠道的"双轨战略",敦促苏丹方面与非盟开展务实合作。2007年2月,胡锦涛主席在中非论坛北京峰会后的首次非洲之行中访问了苏丹,提出处理达尔富尔问题应遵循的四项原则,其中就包括"非盟、联合国等应该在达尔富尔维和问题上发挥建设性作用"。④ 四是积极参与联合国在非洲开展的维和行动,以此帮助非盟及非洲国家实现冲突治理。当前中国参与了联合国在全球的9项维和行动,其中7项在非洲。2013年4月,中国向马里派遣了包括工兵、医疗和警卫在内的维和先遣队,是中国首次派出具有安全警卫能力的安全部队参与维和。2014年12月,中国

---

① Kasaija Phillip Apuuli, The Principle of 'African solutions to African Problems' under the spotlight: The African Union (AU) and the Libya Crisis, Open Society Institute, Africa Governance Monitoring & Advocacy Project, 06 September, 2011, pp. 1 – 10; Matthias Goldmann, "Sierra Leone: African Solutions to African Problems?", in A. von Bogdandy and R. Wolfrum (eds.), Max Planck Yearbook of United Nations Law, Volume 9, 2005, pp. 457 – 515.

② 中国先后向非盟在刚果(金)、布隆迪、苏丹达尔富尔和索马里的维和部队提供了物质和资金支持,主要包括:2001年向非统组织和平基金捐赠20万美元,用于其在刚果(金)的维和行动;2003年7月向非盟派驻布隆迪的维和部队提供价值250万元人民币的军用后勤物资;2005年向非盟提供40万美元现汇,支持非盟扩大在苏丹达尔富尔地区的维和行动;2006年中国增加对非盟在达尔富尔地区的维和行动的援助,总共提供140万美元现汇支持;2007年6月为支持非盟建设和非盟在索马里的维和行动,中国决定为非盟提供两笔各为30万美元的捐款;2009年8月向非盟驻索马里特派团提供40万美元的资金援助;2011年12月再次向非盟驻索马里特派团提供3000万元人民币的无偿军事援助。以上资料可部分参考:《中国与非盟关系》,中国驻埃塞大使馆网站 http://et.china-embassy.org/chn/zfmgx/ (2014 – 03 – 24)

③ 《中国对非洲政策文件》,载《人民日报》2006年1月13日第3版。

④ 《胡锦涛同苏丹总统巴希尔会谈》,载《人民日报》2007年2月3日第1版。

首次向联合国派出成建制的维和步兵营,部署在南苏丹首都朱巴地区,主要承担维和任务区保护平民、联合国和人道主义工作人员,以及巡逻警戒、防卫护卫等任务。这表明中国参与联合国维和行动的力度、广度和深度得到进一步提升,标志着中国在联合国维和行动中发挥的作用日益明显,也进一步体现中国承担国际和平与安全的大国责任。在第五届中非合作论坛会议上,中国承诺将发起"中非和平安全合作伙伴倡议",继续深化在上述领域同非盟的合作。[1]

中国还重视非盟的机构与能力建设,以此推动非洲一体化进程。非盟建立了泛非议会、和平与安全理事会、常驻代表委员会、非洲人权与民族权法院、经济社会与文化理事会、特别技术委员会等机构,初步搭建了一体化的组织框架和运行规则,但这些机构的完善尚需时日,且由于自身财政拮据及办事效率的相对低下,非盟的决策与行动能力还亟待提高。为支持非盟建设,中国显著加大了对非盟的资金、物质援助。中国于2006年决定无偿援建非盟总部大楼和会议中心,这一继坦赞铁路以来的又一重大项目于2012年1月正式竣工并交付非盟,使非盟第一次拥有了真正属于自己的会议中心和办公楼。正如时任非盟轮值主席、赤道几内亚总统奥比昂所言:"中方援建的会议中心,是中非友谊新的象征,……这座宏伟的建筑代表了中国人民对非洲人民的深情厚谊。"[2] 中国还承诺,自2012年起的三年内向非盟提供6亿元人民币无偿援助,用于双方商定的项目。同时,中国还注重与非盟开展人力资源培训工作,中非人力资源开发合作也把非盟纳入合作范围,2011年起商务部开始在多边项目下为非盟举办了专门的能力研修班,其他的非洲人力资源研修班也加大了吸收非盟的相关人员。

在更为广泛的国际政治领域,中国继续与非盟在维护发展中国家权益、推动国际秩序更为公正合理发展等方面开展合作。尽管当前国际格局较历史上已有很大变化,中非合作关系也已经超越了以反帝反殖反霸为基础的历史阶段,但中国与非盟及其成员国仍能在关系到双方利益的

---

[1] 胡锦涛:《开创中非新型战略伙伴关系新局面》,载《人民日报》2012年7月20日第2版。

[2] 《贾庆林会见非盟轮值主席、赤道几内亚总统奥比昂和非盟委员会主席让·平》,载《人民日报》2012年1月29日第1版。

重大问题上开展合作,在诸如人权、国家主权、联合国改革、应对气候变化、可持续发展、世贸组织多哈回合谈判及国际秩序变革等重大问题上,中非双方仍然视对方为可信赖的合作力量。比如,在全球气候变化问题上,中国始终站在发展中国家的立场,坚持"共同但有区别的责任"原则,敦促发达国家率先减排并对发展中国家提供资金和技术,同时对非洲国家应对气候变化提供力所能及的支持。在 2009 年中非合作论坛第四届部长级会议上,中国倡议建立"中非应对气候变化伙伴关系",不定期举行高官磋商,在卫星气象监测、新能源开发利用、沙漠化防治、城市环境保护等领域加强合作,并承诺在 3 年内"为非洲援建太阳能、沼气、小水电等 100 个清洁能源项目"。① 至 2012 年,中国在非洲实际援建了 105 个清洁能源和供水项目,陆续开工建设或交付使用。2012 年,中国还启动为有关非洲国家援建自动气象观测站、高空观测雷达站等设施,提供森林保护设备,支持非洲加强生态环境保护,应对气候变化挑战。

　　非盟及非洲一体化已经成为中非关系的一个重要因素,发展同非盟的关系已经成为中国对非洲外交的一个重要方面。中国与非盟的全方位合作,拓展了中非全面战略合作伙伴关系的内容与形式,成为当代中非关系全面提升的重要体现。今后,为深化中国同非盟的新型战略伙伴关系,需要不断创新合作机制与合作框架,继续落实中国同非盟及非洲国家间的"非洲跨国跨区域基础设施建设合作伙伴关系"、"中非和平安全合作伙伴倡议"和"中非应对气候变化伙伴关系"。比如,在和平与安全领域,除了参与联合国框架下的政治斡旋及维和使命外,中国还可加大对非盟安全建设的资金、物质支持及人才培训工作,推动中国相关部门同非盟和平与安全理事会之间建立更为直接的对话与合作渠道,使中国在非洲和平与安全建设中发挥更大作用。② 中国于 2007 年开始专门设立中国政府非洲事务特别代表,作为中国建设性参与非洲和平与安全事务

---

①　《温家宝在中非合作论坛第四届部长级会议开幕式上的讲话》,载《人民日报》2009 年 11 月 9 日第 2 版。

②　国内外均有学者认为,中国可以借鉴欧盟设立"非洲和平基金"(EU African Peace Facility)及美国设立"全球和平行动计划"(US Global Peace Operations Initiative)的做法,在资金投入和维和人才培训方面对非洲及非盟的安全建设搭建起常态化的合作机制。

的重要尝试,不过此种举措还有待加强,即中国在维护联合国和非盟相关倡议之时,还需加大对非洲热点问题进行直接调解和斡旋的力度,在劝和促谈中发挥更大的作用,特别是适时提出中国的冲突解决方案。这就涉及中国如何尊重并与时俱进地发展一贯倡导的"不干涉内政"原则,在维护非洲国家主权的基础上更加积极主动地参与非洲的和平与安全事务,在推动非洲安全建设的同时更为有效维护自身海外利益并彰显负责任的大国形象。[1]

再比如,更加注重开展与非盟在发展经验与治国理政上的交流。当前非盟关注的重要议题之一是提高非洲国家的治理能力,"非洲发展新伙伴计划"还建立了非洲国家相互监督的互查机制,以推动非洲国家实现良治和政治稳定。在如何实现政治稳定和经济发展方面,中国的现代化历程积累了许多经验教训,其中许多方面可以为同为发展中国家的非洲国家所分享。[2] 在现有的西方强势话语难以有效解决非洲国家面临的发展问题时,中国与非洲国家在自主而平等的基础上开展治国理政经验交流,势必有助于在西方话语体系之外探索出一条更为本土意义的发展道路,共同探索解决现代化进程面临的发展难题进而推动非洲大陆的整体复兴。今后,中国对非人力资源开发合作及相关合作项目还可更多地体现对非盟的关注,在议题设置上更多考虑非盟的关切,在人员的选择上体现出对非盟方面的照顾。在 21 世纪,中国如何通过与非盟的合作以深化中非政治互信、互利共赢和文化互鉴,需要在理念、机制与政策上进行更多的前瞻性思考。

非洲国家也应在非盟的框架下并本着"非洲发展新伙伴计划"的优

---

[1] 中国在达尔富尔危机解决中的外交调适,为中国外交创新提供了许多的尝试和新的思路。罗建波、姜恒昆:《达尔富尔危机的和解进程与中国国家形象塑造》,载《外交评论》2008年第3期,第44—50页。

[2] 笔者以为,中国模式与经验可以分为三个层次:一是理念上的,比如对独立自主的深刻理解,改革开放体现出的政治智慧,以人为本的政治观念,以及对国际关系中的平等、尊重和互利的理解;二是原则、路径层面的,比如主动学习借鉴而非完全照搬,推行渐进性改革而非激进式的"休克疗法",正确处理发展、改革和稳定的关系;三是技术、政策层面的,比如有效利用外资和外援、实现农村发展和减贫、提高政府治理能力,以及实现社会稳定和民族团结。罗建波:《如何认识 21 世纪上半叶非洲在中国外交战略中的重要地位》,载《西亚非洲》2011年第2期,第66—73页。

先发展目标，建构更为统一、更为明晰的地区发展战略，并以此为基础协调和推进与中国的合作。① 对非盟及非洲国家而言，中非合作带来的不仅只是不断增加的贸易、投资和援助，还有中国作为一个发展中国家而迅速实现减贫和发展的经验积累，以及双方在关乎自身重大利益问题上的相互配合与相互支援。非盟及"非洲发展新伙伴计划"需要继续深化同中国的对话与合作，以统一姿态推进和参与各区外大国在非洲逐步开展的三边合作或多边合作，继续推动中非合作论坛机制的不断完善。非盟能否推动非洲国家妥善处理与外部世界的伙伴关系，以此为非洲发展创造更为有利的条件并提升在国际社会中的"非洲声音"，事关非盟与非洲一体化的发展前景，关系到百余年来泛非主义所追求的非洲复兴梦想。

第四节　中国与非盟关系之于非洲发展及世界体系变迁的意义

历史上中国与非统的历史性接触，从一开始便是在一种由西方国家缔造的极不平等的殖民体系中起步的，那是一种特殊时期的亚非弱小民族间在相互平等基础上的互助互援与患难与共。对中国而言，它需要借助非洲国家的力量以维护国家主权独立，改善自身面临的外部环境，为自身赢得应有的国际尊严和国际承认。而对于那些政治上尚未独立或者需要维护独立主权的非洲国家而言，在面临西方殖民者的政治和军事压力时，也迫切需要中国为其伸张正义并给予必要的支援。中国与非统的历史合作，不仅推动了中国与非洲国家完成各自的历史任务，而且从更为广阔的世界历史视野看，这种亚非合作显现出的巨大合力还摧毁了西

---

① 国外学者多认为，非洲国家缺乏与中国对话的一致立场和政策，因此呼吁非洲国家以集体身份与中国开展对话与合作，同时呼吁中国更加重视以多边主义立场来处理与非洲国家的关系。相关论述可参见：Martyn Davies, *How China is Influencing Africa's Development*, Background Paper for the Perspectives on Global Development 2010: Shifting Wealth, OECD Development Centre, April 2010, p. 22; Richard Schiere & Alex Rugamba, *Chinese Infrastructure Investments and African Integration*, African Development Bank Group Working Paper Series, No. 127, May 2011, pp. 17 – 18; Saferworld, *China's Growing Role in African Peace and Security*, January 2011, p. v.

方国家经营数百年的殖民体系，极大改变了长期存在的不平等的国际政治结构和国家间交往原则，昭示着一个对人类历史发展具有革命性意义的全新时代的到来。数十个非洲国家相继获得政治独立，由此极大改变了与西方世界的传统关系，这是20世纪世界历史进程中最为重要也最富历史意义的转变之一。

21世纪以来，中国与非盟关系的拓展与提升，则是在一种全新的时代背景下展开的。在后殖民时代，非洲一体化的历史任务已发生重大转变，国家间以政治独立为诉求的政治合作开始更多地让位于以发展为中心的功能性合作，即通过集体力量来解决非洲大陆的和平与发展问题，通过联合自强来应对全球化时代的外来挑战。[1] 对非洲国家来说，通过集体合作以创造出国家和地区发展的必要条件，通过区域化而逐渐与全球化进程相对接，通过横向的联合自强以获得适应全球化的能力并逐渐走向全球化，正是一体化运动作为一种积极主动的战略选择，对非洲落后国家的特殊意义所在。因而在全球化时代，中国与非盟关系的不断发展就具有了全球化时代的特殊内涵，它是中国与非洲国家在追求现代化和经济复兴进程中的再度携手，是双方通过南南合作推动南北问题之解决并最终实现世界均衡发展的不懈努力。借助于中国快速发展所带来的机遇和不断增长的国际影响力，非盟及非洲国家不仅获得了更多的资金、技术和发展经验，而且还借助中国的影响力提升了自己的国际地位，以更为有利的方式进入全球化。"非洲的领导人把中国作为一张'王牌'，来确保他们在全球的一个新位置，并用来表达他们一种新建立的自信，有时还作为对欧洲过去压迫他们的一种报复。"[2] 伴随中非关系的显著提升，非洲开始更为自主、更为主动、更为自信地发展与外部世界的关系。

推动与非盟的战略合作，对于21世纪的中国外交同样意义重大。非盟是非洲地区最具代表性、最有影响力的地区组织，它的理念与政策不仅规范着非洲国家间关系，也在一定程度上影响到非洲与外部世界的关

---

[1] 有学者因此把新时期的非洲一体化称为"安全地区主义（security regionalism）"和"经济地区主义（economic regionalism）"。David J. Francis, *The Politics of Economic Regionalism: Sierra Leone in Ecowas*, Burlington: Ashgate Publishing Ltd., 2001, pp. 7 – 62.

[2] ［德］白小川（Uwe Wissenbach）:《地缘政治的复兴抑或终结？——在非洲的三边合作》，载《国际问题论坛》2008年夏季号，第111—123页。

系。自非盟成立以来，中国显著加强了对非洲一体化进程的重视程度，把非盟当作重要的合作伙伴，双边关系也已成为中非新型战略伙伴关系及中非全面战略合作伙伴关系的重要组成部分。无论是在理论上，还是在外交实践中，中国与非盟关系不仅只是中国与非洲国家双边关系的补充，事实上它具有更为实质意义的独特价值。通过参与非洲经济一体化特别是跨国跨区域基础设施的规划和建设，中国不仅帮助了非洲，也为自身赢得更多经济机遇提供了可能。从政治和外交层面上讲，借助于非盟这个地区组织平台，中国不仅可以通过推动非洲政治稳定和经济复兴进程而展现自身负责任的大国形象，从而更好地赢得非洲国家的信任，也能够通过非盟的政治影响力而获得非洲国家的战略支持，由此提升自身的国际话语权和国际影响力，这些对于正在实现崛起的中国及其战略环境的改善是弥足珍贵的。如果说非洲是中国撬动与西方大国关系的"战略支点"[①]，那么非盟就是这个支点的重要组成部分。

---

① 刘鸿武：《中非关系 30 年：撬动中国与外部世界关系结构的支点》，载《世界经济与政治》2008 年第 11 期，第 80—88 页；罗建波：《如何认识 21 世纪上半叶非洲在中国外交战略中的重要地位》，载《西亚非洲》2011 年第 2 期，第 66—73 页。

第七章

多边合作机制：搭建中非互利合作的坚实平台

21世纪以来，伴随中国经济的快速发展、国力的极大增强及国际影响力的显著提升，中国开始更加积极地参与国际体系，更加深入参与全球治理进程。其中重要方面是，中国在区域乃至全球层面主动"搭建"新的多边机制，努力"塑造"新的国际规则，积极向国际社会提供中国方案、中国智慧，贡献来自中国、带有明显"中国创造"标识的公共产品。借助多边舞台，中国不仅显著拓展了自身外交空间，维护并增进了国家利益，同时也增加了对国际社会的贡献，极大展现了中国不断增加的国际责任和世界抱负。中非合作论坛和金砖国家组织的创建与发展，便是中国多边外交大有作为的重要体现。

时至今日，中国的多边外交已经非常活跃且成熟，不仅是诸多既有国际组织及国际机制的"参与者"，也是国际秩序变革和完善的"推动者"，以及若干新国际机制的"倡导者"和"塑造者"。借助多边舞台，中国不仅显著拓展了自身外交空间，维护并增进了国家利益，同时也增加了对国际社会的贡献，极大展现了中国不断增加的国际责任和世界抱负。中国通过中非合作论坛以及金砖国家组织，积极推动非洲国家的经济发展及亚非南南合作的不断深入，体现了"中国梦"与"非洲梦"的携手并进，体现了中国在追求自身发展的同时致力于实现亚非发展中国家共同发展与繁荣的美好愿景。

第一节　中国多边外交及其战略意义

回顾历史，中国对多边外交的逐步重视，并非"机会主义"的权宜之计，而是在对自身身份的重新认识、对国家利益的重新定位、对外交理念的重大革新基础上形成的。多边外交不仅有助于中国维护和增进自身国家利益，塑造更加积极负责的大国形象，也必将对周边和国际秩序产生广泛而深刻的影响。

一　中国多边主义理念的历史演进

国际国内学者多认为，中国对国际机制的态度经历了从"反对"、"抵制"到"接触"、"参与"，再到主动"塑造"的过程，中国在国际体系中的角色也相应地经历了从"反对者"到"参与者"，再到"建设者"的转变，这是大多数学者的思维定势。但事实上，如果仔细回顾历史，中国在20世纪70、80年代以前并非反对所有的多边机制，也并非一味地拒绝多边外交。而恰恰相反，中国在有限的国际多边舞台，把多边外交开展得有声有色。

1955年4月，中国总理周恩来率团参加在印尼万隆召开的亚非会议，在部分与会国家诋毁社会主义中国甚至故意刁难之时，周恩来总理及时提出了"求同存异"的政治主张，成功扭转了大会的紧张气氛，推动会议最终达成了以反帝、反殖和维护国家主权独立为核心的"万隆精神"。而且，周总理还在会外展开了充分的首脑外交，宴请了埃及总统纳赛尔，并与加纳、利比亚、利比里亚、苏丹和埃塞俄比亚等非洲国家代表进行了直接沟通对话，让这些亚非国家看到了中国支持反帝反殖斗争的决心，看到了新中国平等待人、自尊自信的外交风格。这次会议的一个显著成效，是中国在1956年同埃及建立了外交关系，由此开启了中非关系的全新历史。同时，中国对于第三世界国家倡导建立的不结盟运动和七十七国集团也给予了坚定的外交支持和政治声援。

所以，那一时期中国对国际多边机制的反对，其实质，反对的是西方主导的国际多边体系。由于当时东西方冷战的尖锐对峙，美国对新中国的威胁和封锁，以及中国与西方国家在意识形态上的巨大差异，中国认为西方国家一手创建和主导的多边机制乃是西方帝国主义剥削广大第三世界、维系它们世界霸权的工具，因而在本质上是不公平、不公正的。因此，新中国不仅没有参与这些国际组织，甚至一度试图以"另起炉灶"式的方式推翻既有国际体系，建立另外一套革命的、平等的，属于第三世界和社会主义国家的国际体系。今天回过头来看，当时中国对西方主导的国际体系及其多边机制的认识，虽然与美国等国家对中国的包围和封锁不无关系，但也带有明显的政治和意识形态色彩，具有一定的历史局限性。

20世纪70年代后期，随着中国国内战略重心的转移、中美关系的逐步改善以及全球冷战对峙的逐步缓和，中国及时改变了过去对西方主导的国际秩序的看法，开始积极"参与"和"融入"既有的国际体系，从以前视之为斗争舞台转变到寻求合作、增进权益的重要平台。首先，通过对国际秩序的参与，中国逐步认识到自己能够成为现有国际秩序的"受益者"。借助这些国际组织及国际机制，中国不仅获得了新的发展机遇、增进了自身国际影响，还通过外交舞台的扩大而显著改善了自身面临的外部环境。虽然对国际机制的参与可能影响到国家主权在某些方面的完整性，但各成员国在接受共同条约和义务约束的同时，也创造了新的权利和机会，换来的是更为稳定的行为预期以及"合作、共赢"式的经济与安全收益。中国外交理念因此具有了日益明显的国际关系理论意义上的"自由主义"色彩[1]。其次，中国也认识到，虽然当前国际政治领域的强权政治和单边主义以及世界经济领域的不公平、不公正还普遍存在，但在既定的情势下，中国只有在融入世界的过程中才能更好地改变世界，只有先在一定程度上遵从现有国际秩序，才更有条件逐步对其进行改良和完善。中国已无意以"另起炉灶"式的方式改变既有的国际秩序，而是在全面参与国际体系的进程中凝聚各方共识、共同致力于国际秩序的变革和发展。正如外交部王毅部长所言："中国将继续做当代国际秩序和公认国际关系准则的维护者，同时更积极有为地参与国际体系的变革与完善。"[2]

---

[1] 韦宗友、吴萌：《中国的多边主义外交：一种范式的转移》，载《多边治理与国际秩序（第六辑）》，上海人民出版社2006年版，第244—256页。

[2] 王毅：《探索中国特色大国外交之路》，载《人民论坛》2013年8月上，第8—11页。

二 当前中国多边外交的三个维度

21世纪以来,中国多边外交更趋活跃,不仅积极参与既有的若干重大区域和全球性多边合作机制,而且积极致力于同其他国家一道努力搭建新的地区组织甚至是全球性国际组织及国际机制,注重在地区乃至全球层面发出中国人的声音,表达中国及发展中国家对世界秩序的理解和认识。

(一) 以地区组织为依托,着力经略大周边

中国长期坚持与邻为善、与邻为伴,坚持睦邻、安邻、富邻的理念,注重关注周边邻国的稳定与发展,注重发展与它们的友好合作关系。党的十八大以来,中国更是秉持"大周边"的宽广视野,提出和践行"亲、诚、惠、容"的周边外交理念,坚持与邻为善、以邻为伴,坚持睦邻、安邻、富邻的理念,深耕周边,努力打造"周边命运共同体";倡导共同、综合、合作、可持续的安全观,提出了"亚洲的事情归根结底要靠亚洲人民来办,亚洲的问题归根结底要靠亚洲人民来处理,亚洲的安全归根结底要靠亚洲人民来维护"的亚洲安全观。[①] 在周边战略布局上,提出"一带一路"的战略思路,以有效统筹中国大周边东—西两个战略方向的平衡,形成东西联动、海陆互补的有力战略态势。

通过搭建多边机制并充分发挥自身影响力,是中国经略"大周边"的重要途径。从20世纪90年代后期开始,中国逐步认识到多边外交在缓解亚洲邻国对中国发展的疑虑、维持睦邻友好关系以及增强自身地区影响力方面的积极作用,多边外交在中国周边和地区战略中的地位日益重要。由于中国周边的地缘政治和地缘经济条件较为复杂,中国与各国相互关系也存在很大的不同,因此中国在本地区推行了一种"灵活的多边主义",即在北边主要以安全合作优先,逐步扩展到包括经贸、人文合作,其典范乃是上海合作组织的创建及其合作议程的不断拓展与深化;在东南方向则主要以经济合作为先,逐步升级到人文交流、安全对话和政治互信等"高政治"领域,中国积极推动中国—东盟自由贸易区的建设,以及近年来重启亚太自贸区建设是其中两个最为突出的成就。

---

① 习近平:《积极树立亚洲安全观共创安全合作新局面》,载《人民日报》2014年5月22日第2版。

这里仅以亚太自贸区建设为例。亚太地区是当前全球经济最具活力的地区，涵盖了中、美、日三大经济体及东盟等地区经济集团，拥有世界经济总量的57%、世界贸易总量的46%和全球人口的40%。早在2006年，APEC各经济体就同意将亚太自贸区作为长期愿景。但此后亚太自贸区建设并未有实质性的进展，加上WTO谈判艰难而难有突破，亚太国家纷纷转向发展双边或多边的自由贸易协定（FTA），数十个各种形式、成员或多或少的自贸区大量涌现。因此，推动区域整合进程，克服当前亚太地区FTA众多所带来的"面条碗"效应，克服亚太贸易的"碎片化"趋势，特别是消弭以美国主导的高标准的"跨太平洋伙伴关系协定"（TPP）和以东盟为主导的"区域全面经济伙伴关系"（RECP）之间的分歧，符合亚太经济合作及各国经济发展的长远利益。在东道主中国的大力推动下，APEC第22次领导人非正式会议一致决定重启亚太自由贸易区建设，批准亚太经合组织推动实现亚太自由贸易区路线图。正如习近平所言，这是一个载入史册的决定，将把亚太区域经济一体化提升到新的更高水平，也将使太平洋两岸处于不同发展阶段的经济体广泛受益，为亚太经济增长和各成员发展注入新活力。①

在此次北京会议上，中国除了提出深化区域合作的新思路、新构想，还积极向亚太地区提供更多的公共产品。中国捐款1000万美元用于支持APEC开展机制和能力建设，出资400亿美元成立"丝路基金"，为"一带一路"沿线国家基础设施、资源开发、产业合作、金融合作等与互联互通有关的项目提供投融资支持。加强全方位基础设施和互联互通建设，必将有助于开拓亚太经济增长新源泉，提升地区竞争力，符合各成员共同利益和长远发展需要。中国力推亚太自贸区建设，愿意为本地区发展贡献自己的力量，展现了中国在逐步实现自身发展后不断提升的大国责任。②

（二）以跨区域多边机制为抓手，深入推动南南合作新发展

历史上，南南合作的历史任务与合作内涵主要是追求民族解放、维护国家主权、共同反帝反殖和反霸。进入20世纪80、90年代的后殖民时代，南南合作的历史内涵与合作基础发生了重大转变，共同追求和平与

---

① 习近平：《共建面向未来的亚太伙伴关系》，载《人民日报》2014年11月12日第2版。
② 罗建波：《亚太自贸区建设与中国的大国责任》，载《学习时报》2014年11月24日第2版。

发展、共同推动亚非复兴成为亚非发展中国家的新共识、新使命。历史上，中国曾参与了亚非万隆会议并发挥了建设性作用，当前中国在国力不断发展的基础上，更是积极倡导和创建新的跨区域的南南合作机制，使南南合作在新时期焕发出新的活力和生机，其中主要机制有二：一是在2000年，中国与非洲国家共同创建了中非合作论坛，二是与巴西、印度一道搭建了金砖国家组织并筹划组建了金砖银行和应急储备安排。中非合作论坛展现了中国对非洲不断增加的发展投入，而金砖国家组织的成立及合作的深化，则在更大层面显示出中国发展的全球辐射力和影响力，充分表明中国将在更大程度上推动南方世界的发展，成为南方世界发展的引领者、推动者。

（三）以联合国等全球性组织为平台，在全球治理进程中发挥更为积极的角色

在中国看来，联合国是当今国际秩序的核心，以联合国为基础的战后国际秩序是世界人民用生命和鲜血换来的，国际社会应该倍加珍惜。《联合国宪章》规定了当代国家间交往的若干基本原则，诸如主权平等原则、和平解决争端、不得使用威胁或武力、不得侵害别国领土完整和主权独立，已经成为当今国际秩序的奠基石。中国外交所倡导和一贯坚持的"和平共处五项原则"，其实质与《联合国宪章》的基本原则也是一致的。中国对国家主权的维护，并非如一些国外学者所言的那样是一种中国式的"执迷"，事实上，中国在捍卫主权独立与和平解决争端等原则的同时，也积极支持国际社会在联合国和区域组织的框架下关注和应对各种冲突、战乱和人道主义危机。当前中国是联合国维和行动的积极参与者，是非盟等区域组织建设集体安全体系的积极支持者，也是国际人道主义救援行动的积极贡献者。此外，中国在原则上支持联合国对国际人道主义干预进行的理念与实践探索。比如，对联合国秘书长和联合国大会所倡导的"保护的责任"概念[1]，中国在原则上予以了支持，愿意将它

---

[1] 《2005年世界首脑会议成果》（全文）的138段这样阐述："每一个国家均有责任保护其人民免遭灭绝种族、战争罪、族裔清洗和危害人类罪之害。这一责任意味通过适当、必要的手段，预防这类罪行的发生，包括预防煽动这类犯罪。我们接受这一责任，并将据此采取行动。国际社会应酌情鼓励并帮助各国履行这一责任，支持联合国建立预警能力。"《2005年世界首脑会议成果》，中国外交部官方网站，http://www.fmprc.gov.cn/ce/cgvienna/chn/xnyfgk/t227151.htm（2014-12-23）

作为减轻国际人道主义灾难的补充性的手段。中国政府并没有反对"保护的责任"这个概念本身，也没有反对合法的人道主义干预，而反对是"保护的责任"概念被滥用，反对少数国家打着"保护的责任"的旗号继续推行干涉主义之实。

同时，中国还是 G20 的主要创建者和参与者，积极推动 G20 应对世界金融危机及各种全球性问题。中国已成为世界银行的第三大股东，也是 IMF 的第三大份额国。虽然中国也认为世行和 IMF 在应对全球性金融危机，推动发展中国家的减贫和发展、特别是实现全球均衡发展等方面的作用还有待提升，虽然美国拥有的"一票否决权"及其经济霸权仍未根本改变，但中国仍希望不断提升自身及发展中国家在这两大组织中的议程设置权、发言权和决策权，以推动改革和调整不合理的制度设计，更好地增进广大发展中国家的应有权益，更好地维护世界人民的共同福祉。

三　积极开展多边外交的重要意义

任何国家的外交都首先服务于其国家利益。就像其他大国一样，中国进行多边外交也有自身国家利益需求和工具性考虑，诸如增进国家利益、扩大国际影响力、优化国家形象、提升国际话语权。但同样不可否认的是，中国的多边外交也致力于为国际社会的和平、发展与治理提供更多公共产品，为国际社会提供更具普适性的规则、规范和原则。正如中国外交一贯宣称的那样，中国积极推动世界的和平与发展，推动国际秩序更为公平公正的变革与发展。

对中国自身而言，多边外交及多边机制为中国倡导外交新原则、倡议合作新议程、阐明自身主张提供了极佳的外交渠道。相比双边外交而言，多边外交具有制度性保障及活动空间广泛、参与行为体众多、交流形式多样等特点，更有利于中国向国际社会进一步阐明自己的对外方针和处理国际关系的原则立场。比如，通过中非合作论坛，中国一再强调并彰显了中非关系中的"平等相待"、"互利共赢"、"共同发展"等原则，有效推动了中国对非合作关系不断迈向新台阶。

多边外交及多边机制为中国塑造自身负责任的大国形象提供了重要舞台。尽管中国国力迅速提升，但中国要想成为世界多极格局中有重要影响力的一极，要成就真正世界大国的愿望，就必须在世界重要事务如经济安全、能源供应、反恐怖主义、环境保护以及核安全等问题上发挥与大国相称的作用，在事关整个世界的和平与发展等重大事件中发挥应有的影响，而积极参与全球事务的多边治理便是中国参与国际事务、施展大国影响的重要途径。近年来中国提出"一带一路"大战略，倡议筹建亚洲基础设施投资银行和丝路基金，其重要初衷正是欢迎亚洲各国搭乘中国经济发展的快车，进一步扩大自身经济发展的外溢效应，以带动亚洲各国实现共同发展。正是通过对国际多边机制的积极参与以及在此过程不断增加中国的国际责任，国际社会已经逐步改变了对中国的认知，即便是西方国家也已不再把中国视为国际秩序的"反对者""破坏者""威胁者"，那种认为中国只是国际安全与繁荣的"搭便车者"的认知也正在逐步改变，而中国作为世界和平的"维护者"、世界发展的"贡献者"的角色正在稳步增强。世界正在见证，中国发展对世界不是一种"威胁"，而是一种可以共享的"机遇"，一种可以分享的"福祉"。

多边外交及多边机制也为中国提升自身国际话语权提供了重要平台。需要清醒认识到，中国经济实力在不断增强，但中国在区域化和全球化进程中的话语权仍然不大，在重大国际组织和国际事务中的发言权仍然有限。过去很长时间，我们讲得最多的是要"融入"国际社会，其实质仍然是被动接受国际规则，今后则需要更多地强调主动参与、引导甚至主导国际规则的制定，由国际规则的"接受者"向"塑造者"转变。过去十余年来，中国逐步提高了在世界银行、国际货币基金组织中的份额和投票权，成为G20的创始国和积极贡献者，与巴西、印度一道搭建了金砖国家组织并筹划组建了金砖银行，都是中国外交更加积极有所作为的重要体现。作为系列组合拳的重要一环，2014年亚太自贸区建设开启历史性一步以及中国作用的发挥，在有效整合区域经济合作的同时，也必将推动中国与其他国家关系的发展，提升中国在本地区的影响力和话语权。展望未来，中国多边外交必将随着国力的不断增强而更加有为，中国的大国责任与世界贡献也必将有进一步提升。

对国际社会及整个国际体系而言，中国积极开展多边外交并致力于国际多边治理，极大地推动了国际社会的和平与发展进程，进而推动了国际秩序的变革与发展。当前时代的国际秩序看似公平公正，但在某些方面仍然延续着历史上的强权逻辑，仍然缺乏足够的公平与正义。其中重要方面是，由于国际规则大多由西方发达国家所主导，因而在很大程度上反映了它们的观念与利益需要，广大发展中国家很难从看似公平的全球化进程中获得应有的益处，在国际政治领域也缺乏应有的话语权。因而，中国一直致力于推动南南合作，呼吁南北对话，对于南方国家的发展及国际地位的提升，实则有着重要的作用。习近平在2015年4月22日出席万隆会议60周年纪念活动时指出，和平、发展、合作、共赢是当前时代的发展潮流，各国需要秉持人类命运共同体意识，继续深化亚非合作，不断拓展南南合作，持续推进南北合作。[①] 以南南合作精神促进南北对话和全球合作，以人类命运共同体意识建立全球新型发展伙伴关系，最终实现全人类的长治久安和共同繁荣，是新时期中国对万隆精神的继承和发扬。

第二节　中非合作论坛与中非合作

中非合作论坛是中国与非洲国家间创设的政府间多边磋商与集体对话机制，为21世纪中非关系的发展搭建了极为重要的制度平台。论坛自2000年成立15年来，显著推动中非合作的制度化、机制化，通过中非合作在内容上的不断拓展和方式上的不断创新从而有助于推动非洲大陆的发展与复兴进程，通过中非关系的全面升级带动了国际社会对非洲的广泛关注因而极大提升了非洲的国际地位。同时，中国也通过更加全面地参与非洲事务从而显著扩大和增强了自身国际影响力，彰显了中国不断增强的大国责任。作为中国创建多边外交的典范之一，论坛对中国未来多边外交的发展也有着重要的示范意义。

---

① 《弘扬万隆精神，加强亚非合作推动建设人类命运共同体》，载《人民日报》2015年4月23日第1版。

一 中非合作论坛机制的历史演进

20世纪90年代末的世纪之交,中非双方都在思考,如何探索新思路、提出新举措,为中非关系在21世纪的深入发展构筑新框架、搭建新平台。根据部分非洲国家的建议,中国政府提出于2000年10月召开"中非合作论坛—北京2000年部长级会议"的倡议,得到非洲国家的热烈响应和广泛支持。[①] 自2000年以来,中非双方已相继召开了五届论坛会议,第六届论坛会议也将于2015年下半年在南非召开。

2000年第一届论坛会议。2000年10月10—12日,备受世人关注的"中非合作论坛—北京2000年部长级会议"隆重召开。出席本届会议的有中国和44个非洲国家的80余名部长、17个国际和地区组织的代表以及部分中非企业界人士。[②] 会议通过了《中非合作论坛北京宣言》和《中非经济和社会发展合作纲领》,前者集中反映了中非双方对重大国际问题以及中非友好合作关系的共识,后者主要阐述了中非双方进一步加强在各实质性领域合作的意向、设想、步骤和具体行动。上述两个文件为中国与非洲国家在21世纪发展"长期稳定、平等互利"的"新型伙伴关系"确定了方向。外经贸部部长石广生代表中国政府在会议上作出推动非洲经济社会发展的"四项承诺",即在力所能及的范围内继续向非洲

---

① 非洲方面也是中非合作论坛机制的倡议者。1997年9月,贝宁计划、经济调整和促进就业部长阿尔贝·特沃杰雷(Albert Tevoedjre)在访华期间向朱镕基副总理提出中非之间应成立一个类似"东京发展国际会议"的合作机制。埃及资深外交官、埃及前驻肯尼亚大使、时任非统组织助理秘书长艾哈麦德·哈加戈先生(Ahmed Haggag)于1999年1月访华,在会见李岚清副总理及外交部部长助理武东和时,明确提出中非之间建立多边合作机制的建议。1999年,马达加斯加外长利娜·拉齐凡德里亚马纳纳(Lila Honeta Ratfandrihamanana)外长访华,在与外长唐家璇会谈时,她提到中国应与非洲国家搭建类似法非首脑会议、英联邦首脑会议、东京非洲发展国际会议、美非部长级会议的机制性平台。上述建议得到了中国政府的高度重视,并最终在外交部等部门的大力推动下得以采纳。1999年10月,中国国家主席江泽民亲自致函有关非洲国家元首和非统组织秘书长,正式发出召开中非合作论坛的倡议。参见李安山《论中非合作论坛的起源——兼论对中国非洲战略的思考》,载《外交评论》2012年第3期,第15—32页。

② 江泽民主席和朱镕基总理分别出席开幕式和闭幕式并发表讲话,非统组织"三驾马车",即前任主席阿尔及利亚总统布特弗利卡、时任主席多哥总统埃亚德马、候任主席赞比亚总统奇卢巴以及坦桑尼亚总统姆卡帕出席开幕式并讲话,萨利姆秘书长在闭幕式上致辞。

国家提供援助，逐步扩大援助规模；未来两年内减免非洲重债贫穷国和最不发达国家100亿元人民币的债务；提供专项资金，支持和鼓励有信誉、有实力的中国企业到非洲投资，开展互利合作；设立"非洲人力资源开发基金"，帮助非洲国家培训专业人才。① 会议还确立了相关的后续机制，即三年后举行部长级会议；两年后举行高官会议，为部长级会议作准备。部长级会议轮流在中国和非洲国家举行。中非合作论坛的成立是中非双方在世纪之交开展集体对话、谋求共同发展的一次重要尝试。此次会议不仅增进了中非双方的共识，提出了中非互利合作的新举措，更为重要的是，中非双方将论坛制度化和长期化，在中非关系史上具有里程碑式的意义。

2003年第二届论坛会议。2003年12月15—16日，中非合作论坛第二届部长级会议在埃塞俄比亚首都亚的斯亚贝巴举行，中国和44个非洲国家的70多名部长及部分国际和地区组织的代表与会，中国国务院总理温家宝和埃塞俄比亚总理梅莱斯、非盟委员会主席科纳雷等出席开幕式并发表讲话。会议以务实合作、面向行动为主题，重点探讨中非在人力资源开发、农业、基础设施建设、投资和贸易等领域深化合作的新思路、新举措。中国开始给予非洲最不发达国家输华产品免关税待遇，增加中非洲人力资源开发合作的资金投入和培训规模。② 本届会议的特点：一是首次在非洲大陆举办论坛部长级会议，显示出非洲方面对论坛会议的高度重视；二是突出中非贸易、投资及企业间合作。会议期间举行了首届中非企业家大会，来自30多个国家的500多名企业家代表与会，进行了

---

① 《中国作出四项承诺支持非洲》，载《人民日报海外版》2000年10月12日第6版。

② 中国政府提出了支持非洲发展的五项举措：1）将给予非洲最不发达国家进入中国市场的部分商品免关税待遇，从2014年开始与有关国家就免关税商品清单及原产地规则进行谈判；2）将进一步鼓励和支持有实力的中国企业到非洲投资，双方同意采取促进投资的措施，简化对到非洲投资的中国公司的审批程序，鼓励非洲各国同中方签署双边投资保护协定和避免双重征税协定；3）在今后3年增加对"非洲人力资源开发基金"的资金投入，为1万名非洲各类人员提供培训机会；4）为加强中非在旅游业的合作，中国政府决定给予毛里求斯、津巴布韦、坦桑尼亚、肯尼亚、埃塞俄比亚、塞舌尔、突尼斯、赞比亚等8国"中国公民自费出国旅游目的地"地位；5）中国政府决定于明年举办"中非青年联欢节"、以非洲为"主宾洲"的"相约北京"国际艺术节和"中华文化非洲行"活动，以增进中非人民，特别是年轻一代的相互了解。参见赵章云《务实合作、面向行动——中非合作论坛第二届部长级会议闭幕》，载《人民日报》2003年12月17日第3版。

600多场洽谈，达到了"论坛搭台、企业唱戏"的目的。

2006年论坛北京峰会暨第三届部长级会议。2006年是中国与非洲国家开启外交关系的50周年。为增进中非传统友谊、深化友好合作，中非双方于2006年11月4—5日隆重召开中非合作论坛北京峰会暨第三届部长级会议。中国国家主席胡锦涛和非洲35位国家元首、6位政府首脑、1位副总统、6位政府高级代表以及非盟委员会主席出席会议，这是中非外交50年历史上规模最大、级别最高的一次首脑集体会晤。峰会的最大成就，是显著提升了中非合作关系的层次和定位，明确提出致力于建设"政治上平等互信、经济上合作共赢、文化上交流互鉴"的中非新型战略伙伴关系。胡锦涛主席代表中国政府宣布了支持非洲国家发展的八项措施，这些举措涉及中国对非援助、中非经贸合作、支持非洲技术与能力培训、支持非洲一体化等多个方面，以促进中非在更大范围、更广领域、更高层次上的合作。① 峰会期间还举行了中非领导人与工商界代表高层对话会暨第二届中非企业家大会。北京峰会的重要成就有二：一是确立了"中非新型战略伙伴关系"这一中非关系的新定位，为新时期的中非关系指明了方向、勾画了发展蓝图；二是提出了一系列对非务实合作新举措，大大提升了中非合作的水平和层次。

2009年第四届论坛会议。2009年11月8—9日，中非合作论坛第四届部长级会议在埃及沙姆沙伊赫举行，中国和论坛49个非洲成员国的外交部长、负责经济合作事务的部长和代表与会。温家宝总理和18位非洲

---

① 八个方面的政策措施是：（1）扩大对非洲援助规模，到2009年使中国对非洲国家的援助规模比2006年增加1倍。（2）今后3年内向非洲国家提供30亿美元的优惠贷款和20亿美元的优惠出口买方信贷。（3）为鼓励和支持中国企业到非洲投资，设立中非发展基金，基金总额逐步达到50亿美元。（4）为支持非洲国家联合自强和一体化进程，援助建设非洲联盟会议中心。（5）免除同中国有外交关系的所有非洲重债穷国和最不发达国家截至2005年底到期的政府无息贷款债务。（6）进一步向非洲开放市场，把同中国有外交关系的非洲最不发达国家输华商品零关税待遇受惠商品由190个税目扩大到440多个。（7）今后3年内在非洲国家建立3至5个境外经济贸易合作区。（8）今后3年内为非洲培训培养15000名各类人才；向非洲派遣100名高级农业技术专家；在非洲建立10个有特色的农业技术示范中心；为非洲援助30所医院，并提供3亿元人民币无偿援款帮助非洲防治疟疾，用于提供青蒿素药品及设立30个抗疟中心；向非洲派遣300名青年志愿者；为非洲援助100所农村学校；在2009年之前，向非洲留学生提供中国政府奖学金名额由目前的每年2000人次增加到4000人次。参见胡锦涛《在中非合作论坛北京峰会开幕式上的讲话》，载《人民日报》2006年11月5日第6版。

国家领导人出席了开幕式。中国在 2006 年提出八项对非合作举措的基础上，再次提出全面推进中非合作的"八项新举措"，其中包括继续扩大对非产品开放市场，增加对非援助并创新对非援助方式，增进非洲自身发展能力，以及扩大中非人文交流等内容，顺应了非洲发展的需要，展现了中国推动中非互利共赢和共同发展的诚意和美好愿景。①

2012 年第五届论坛会议。2012 年 7 月 19 日，中非合作论坛第五届部长级会议在北京召开，8 位非洲国家首脑、联合国秘书长潘基文、非盟委员会主席让·平以及 50 个论坛成员国外交部长和主管对外经济合作事务的部长等参加了开幕式，胡锦涛主席发表了题为《开创中非新型战略伙伴关系新局面》的讲话。中国政府提出今后三年将在"五个重点领域"支持非洲和平与发展事业，以全面推进中非新型战略伙伴关系。其中尤为引人注目的是，中方发起了一系列新的合作倡议，比如，实施"非洲人才计划"，继续增加对非洲人力资源开发的投入；同非方建立"非洲跨国跨区域基础设施建设伙伴关系"，帮助非洲提高整体发展能力；发起"中非和平安全合作伙伴倡议"，在非洲和平与安全事务中发挥更加积

---

① 八项新举措是：（1）倡议建立中非应对气候变化伙伴关系，不定期举行高官磋商，在卫星气象监测、新能源开发利用、沙漠化防治、城市环境保护等领域加强合作。中方决定为非洲援建太阳能、沼气、小水电等 100 个清洁能源项目。（2）加强科技合作，倡议启动"中非科技伙伴计划"，实施 100 个中非联合科技研究示范项目，接收 100 名非洲博士后来华进行科研工作，并为其回国服务提供资助。（3）增加非洲融资能力，向非洲国家提供 100 亿美元优惠性质贷款；支持中国金融机构设立非洲中小企业发展专项贷款，金额 10 亿美元。对非洲与中国建交的重债穷国和最不发达国家，免除截至 2009 年底对华到期未还的政府无息贷款债务。（4）扩大对非产品开放市场，逐步给予非洲与中国建交的最不发达国家 95% 的产品免关税待遇，2010 年年内首先对 60% 的产品实施免关税。（5）进一步加强农业合作，为非洲国家援建的农业示范中心增加到 20 个，向非洲派遣 50 个农业技术组，为非洲国家培训 2000 名农业技术人员，提高非洲实现粮食安全的能力。（6）深化医疗卫生合作，为援非 30 所医院和 30 个疟疾防治中心提供价值 5 亿元人民币的医疗设备和抗疟物资，为非洲培训 3000 名医护人员。（7）加强人力资源开发和教育合作，为非洲国家援助 50 所中非友好学校，培训 1500 名校长和教师；到 2012 年，向非洲提供的中国政府奖学金名额将增至 5500 名；今后 3 年为非洲培训各类人才总计 2 万名。（8）扩大人文交流，倡议实施"中非联合研究交流计划"，促进学者、智库交往合作，交流发展经验，并为双方出台更好合作政策提供智力支持。参见温家宝《全面推进中非新型战略伙伴关系》，载《人民日报》2009 年 11 月 9 日第 2 版。

第七章 多边合作机制：搭建中非互利合作的坚实平台 215

的建设性作用。①

2015年约翰内斯堡峰会。峰会于2015年12月4日至5日在南非召开，中非合作论坛52个成员国均派高级别代表与会，其中包括42位国家元首和政府首脑以及非盟委员会主席。习近平主席与论坛非方共同主席国南非总统祖马共同主持峰会。这是中非关系史上第二次峰会，也是首次在非洲大陆召开的中非峰会。峰会期间，中国全面系统地诠释了发展对非关系的新思想、新理念、新政策、新举措，绘就了"1+5+10"中非合作发展的新蓝图。所谓"1"，即提升一个定位，双方一致同意把中非新型战略伙伴关系提升为全面战略合作伙伴关系。所谓"5"，即构筑支撑中非关系新定位的五大支柱，政治上平等互信、经济上合作共赢、文明上交流互鉴、安全上守望相助、国际事务中团结协作。所谓"10"，即未来三年重点实施十大合作计划，包括工业化、农业现代化、基础设施、金融、绿色发展、贸易投资便利化、减贫惠民、公共卫生、人文交流、和平安全等合作领域。② 中方决定提供总额600亿美元的资金支持，以确保"十大合作计划"顺利实施。此次峰会，紧密围绕非洲面临最紧

---

① 五个重点领域及举措是：（1）扩大投资和融资领域合作，为非洲可持续发展提供助力。中国将向非洲国家提供200亿美元贷款额度，重点支持非洲基础设施、农业、制造业和中小企业发展。（2）继续扩大对非援助，让发展成果惠及非洲民众。中国将适当增加援非农业技术示范中心，帮助非洲国家提高农业生产能力；实施"非洲人才计划"，为非洲培训3万名各类人才，提供政府奖学金名额18000个，并为非洲国家援建文化和职业技术培训设施；深化中非医疗卫生合作，中方将派遣1500名医疗队员，同时继续在非洲开展"光明行"活动，为白内障患者提供相关免费治疗；帮助非洲国家加强气象基础设施能力建设和森林保护与管理；继续援助打井供水项目，为民众提供安全饮用水。（3）支持非洲一体化建设，帮助非洲提高整体发展能力。中国将同非方建立非洲跨国跨区域基础设施建设合作伙伴关系，为项目规划和可行性研究提供支持，鼓励有实力的中国企业和金融机构参与非洲跨国跨区域基础设施建设；帮助非洲国家改善海关、商检设施条件，促进区域内贸易便利化。（4）增进中非民间友好，为中非共同发展奠定坚实民意基础。中国倡议开展"中非民间友好行动"，支持和促进双方民间团体、妇女、青少年等开展交流合作；在华设立"中非新闻交流中心"，鼓励中非双方新闻媒体人员交流互访，支持双方新闻机构互派记者；继续实施"中非联合研究交流计划"，资助双方学术机构和学者开展100个学术研究、交流合作项目。（5）促进非洲和平稳定，为非洲发展创造安全环境。中国将发起"中非和平安全合作伙伴倡议"，深化同非盟和非洲国家在非洲和平安全领域的合作，为非盟在非开展维和行动、常备军建设等提供资金支持，增加为非盟培训和平安全事务官员和维和人员数量。参见胡锦涛《开创中非新型战略伙伴关系新局面》，载《人民日报》2012年7月20日第2版。

② 习近平：《开启中非合作共赢、共同发展的新时代》，载《人民日报》2015年12月5日第2版。

迫的加快工业化和农业现代化两大任务，着力破解非洲基础设施滞后、人才不足和资金短缺三大瓶颈，重点帮助非洲国家构建工业化、粮食安全和公共卫生防控三大体系，相应解决就业、吃饭和健康三大问题。双方通过在经贸、金融、民生等领域的全方位合作，旨在推动中非务实合作从一般贸易向产能合作升级，从工程承包向投资经营升级，从援助主导向自主发展升级，实现中非双方共同发展和共同繁荣。

二 中非合作论坛与中非关系的制度化、机制化

中非合作论坛已成为中非双方开展集体对话的重要平台和进行务实合作的有效机制。

（一）推动了中非关系的制度化、机制化

体现在四个方面：（1）论坛部长级会议每三年召开一次，在中国和非洲国家轮流举行。（2）论坛建立了高官会议以及中方后续行动委员会秘书处与非洲驻华使团磋商机制，中非外长在联合国大会期间举行外长级政治磋商也实现了机制化。（3）论坛框架下的合作机制、议程及活动日益增多，除了高层间的首脑会晤和部长级会议外，在农业、教育、法律、文化、科技、妇女、青年、民间、智库等领域还成立了许多分论坛，如中联部召开的中非农业合作论坛、教育部召开的中非教育部长论坛、中国法学会举办的中非法律论坛等。此外，论坛框架下由外交部主持的"中非联合研究交流计划"、由教育部主持的"中非高校20+20计划"、由团中央和全国青联主办的"中非青年联欢节"、由科技部主持的"中非科技伙伴计划"等项目也很活跃。（4）论坛的参与主体和角色也日益多元化，包括政府、企业、民间、学者、媒体等都在论坛中发挥了应有的作用，出现了政府往来与民间交流相得益彰、国家外交和公共外交齐头并进的新局面。

（二）提升了中非合作的内涵与层次

2000年第一届论坛会议宣布建立"长期稳定、平等互利"的"新型伙伴关系"。2006年初，中国政府发布《中国对非洲政策文件》，慎重宣誓从中国和非洲人民的根本利益出发，致力于建立和发展"政治上平等互信、经济上合作共赢、文化上交流互鉴"的"中非新型战略伙伴关系"。① 同年 11 月召开的中非合作论坛北京峰会将"中非新型战略伙伴关系"的定位变成了中非双方的重大战略共识。2015 年约翰内斯堡峰会进一步把中非新型战略伙伴关系提升为全面战略合作伙伴关系,即政治上平等互信、经济上合作共赢、文明上交流互鉴、安全上守望相助、国际事务上团结协作,体现了中国对非洲整体国际地位及中非关系重要性的高度重视。

(三) 有助于中国对非政策的统筹与协调

中国对非洲战略是由党中央制定,具体政策则由包括外交部、商务部等多个部门分头制定和执行,一定程度上存在彼此沟通和协调问题,不同部门内部也有职能重叠现象。论坛的创设,对协调对非洲政策、整合各方资源起到了积极作用。近年来,中国对非洲外交的新理念、新思路、新倡议、新举措大多在论坛框架下提出,不仅有助于各项举措间的相互协调,也有助于发挥政策的整体效益,极大提升中国在非洲发展事务中的影响力,提升中非关系的国际影响力。同时,三年一次的论坛会议也有助于中非合作举措的推陈出新,不断推动中非友好关系迈向新的高度。

三 中非合作论坛与中非合作的快速、全面发展

中非合作论坛显著推动了中非高层间的频繁互访,也通过不断创新合作机制、合作思路与合作方式极大推动了中非互利合作在领域上的拓展和层次上的提升。中非关系在经历了 20 世纪 60、70 年代的政治合作,80、90 年代的战略调整之后,进入 21 世纪后开始得到快速发展和全面提升。

(一) 推动了中非高层互访,由此有助于增进中非政治互信

进入 20 世纪 80、90 年代后,中国和非洲的内外环境发生了重大和深刻的变化,中非双方历史上基于共同反帝、反殖和反霸的政治合作逐步让位于全方位、多领域的互利合作,其中尤其是经贸合作更是新时期中非关系的基础。随着中非双方老一辈领导人逐步退出历史舞台及新生

---

① 《中国对非洲政策文件》,载《人民日报》2006 年 1 月 13 日第 3 版。

代领导人的上台执政，中非关系正经历从"老朋友"到"新伙伴"的转变。面对新的历史条件和实际需要，中非双方迫切需要加强领导人之间的相互往来，不断培育并增进高层间的情感交流与政治互信。

中非合作论坛自成立以来，通过历次论坛会议的召开及由此带来的中非关系升级，显著推动了中非高层互访。特别是2006年中非合作论坛北京峰会，非洲有35位国家元首、6位政府首脑、1位副总统、6位政府高级代表以及非盟委员会主席出席，成为中非关系史上具有里程碑意义的重大事件。同时，2006年是新中国同非洲国家开启外交关系50周年，胡锦涛主席和温家宝总理先后访问非洲10国，创造了在那50年里中国国家元首和政府总理同年访非的历史记录。习近平就任国家主席后，将俄罗斯和非洲确定为其首访目的地，于2013年3月访问了坦桑尼亚、南非和刚果（布）三国，在南非德班金砖国家领导人会晤期间，与埃及、埃塞俄比亚等多个非洲国家和非盟的领导人进行了广泛交流和沟通。习主席还全面阐释了"真、实、亲、诚"的合作理念，提出了携手构筑"中国梦"和"非洲梦"的主张，坚定表明了新时期中国政府对发展中非关系的高度重视。李克强总理于2014年5月访问了埃塞俄比亚、尼日利亚、安哥拉、肯尼亚和非盟总部，并在非盟总部发表了热情洋溢的讲话，提出支持非洲"三网一化"建设的宏大构想。近两年来，非洲国家元首也频频访华。2013年，尼日利亚总统乔纳森、肯尼亚总统肯雅塔、赞比亚总统萨塔、埃塞俄比亚总理海尔马里亚姆等非洲国家领导人陆续访华。2014年，南非总统祖马、坦桑尼亚总统基奎特、津巴布韦总统穆加贝等13位非洲国家总统和总理来华访问或出席重大活动。可以讲，中非如此频繁的高层交往在其他大国与非洲关系中是不多见的。

（二）提出了若干经贸合作新举措，由此极大推动了中非经贸合作的发展

经贸合作是当前中非合作的基础和中非关系不断发展的重要因素，推动经贸合作举措的不断推陈出新也成为历届论坛会议的重头戏。（1）不断创新对非援助方式、增加对非洲援助规模。中国不仅大规模减免非洲重债穷国的对华到期债务，如第一届论坛会议后的两年内减免了31个非洲重债穷国和最不发达国家105亿元人民币债务，而且在人力资源开发、气候变化、人道主义援助等领域也加大了对非援助。（2）进一步向

非洲国家开放市场，不断增加非洲产品的对华出口能力。中国于2005年取消了28个非洲国家190种输华商品的进口关税，2006年进一步宣布将把同中国有外交关系的非洲最不发达国家输华商品零关税待遇受惠商品由190个税目扩大到440多个，2009年更是宣布逐步给予非洲与中国建交的最不发达国家95%的产品免关税待遇。（3）鼓励中国企业投资非洲，以此推动非洲经济发展，比如设立"中非发展基金"，基金总额逐步达到50亿美元。（4）论坛期间召开"中非联合工商会"，起到"论坛搭台、企业唱戏"的目的。（5）支持中国金融机构设立"非洲中小企业发展专项贷款"，增加非洲的融资能力，鼓励非洲的中小企业发展。中国设立首批资金100亿美元的"中非产能合作基金"，全面推动中非产业对接和产能合作。

在上述措施下，中非经贸合作获得快速发展。贸易规模迅速扩大，中非贸易额从2000年的106亿美元增长到2014年的2218亿美元，2009年以来中国一直保持非洲最大贸易伙伴的地位。[①] 中国对非投资与援助也获得快速发展，对非投资从2000年的2亿美元增长到近年来的年均30亿美元左右，2014年对非投资存量已超过500亿美元；对非援助规模由世纪之交的年均50亿人民币增加到近年来的年均300亿人民币左右，援助方式也得到了极大拓展。中非经贸往来从过去由中国单方面提供对外援助逐步发展到互利合作、形式多样、共同发展的经贸关系，日益体现出务实、平等、互惠互利的特征。

（三）中非人文交流、安全合作等也获得快速发展，由此推动了中非关系更为平衡的发展

相较于中非经贸往来，中非在人义和安全领域的合作还较为滞后，因此如何推动中非人文交流与安全合作也是中非合作论坛的重要目标。[②] 仅以中非人文交流为例，在中非合作论坛带动下，中非人文交流日益频繁，合作领域和形式不断增多。中非"文化论坛"、"科技论

[①] 如果将欧盟视为一个整体，目前欧盟仍是非洲最大的贸易伙伴。

[②] 中国社科院西亚非洲研究所张宏明副所长认为，中非合作在一定程度上存在"结构性失衡"，中国在非洲利益缺乏人文方面的"软支撑"和安全方面的"硬支撑"。张宏明：《如何辩证地看待中国在非洲的国际处境——兼论中国何以在大国在非洲新一轮竞争中赢得"战略主动"》，载《西亚非洲》2014年第4期，第4—25页。

坛"、"民间论坛"、"青年论坛"、"智库论坛"、"法律论坛"纷纷成立并举办各种交流活动,中非对话从政府之间延伸至企业、传媒、学界和民间友好团体之间。"中非文化聚焦"、"中非科技伙伴计划"、"中非联合研究交流计划"、"中非高校20+20合作计划"等重要活动和合作项目实施顺利,为中非民间交流注入新的活力。同时,不断推进的中非人力资源开发合作不仅有助于提高非洲的发展能力,也通过广泛邀请非洲各界人士来华参与交流和研讨而显著增加了非洲人对华的了解与认知。在对外关系早已超越传统意义上的政治往来和经贸合作的今天,以人员往来、情感沟通、文化交流为主的人文交流和公共外交具有了特别重要的意义。中国与非洲国家的教育、文化交流以及人力资源开发合作,势必会推动中非关系在各个领域更为均衡的发展,有助于21世纪中非关系的不断深化。

(四)论坛机制还推动了中国同非盟的合作,有助于非洲国家的联合自强与非洲复兴事业

非盟是中非合作论坛的重要参与方,虽然其在论坛中的地位还有待提高,但论坛的成立无疑有助于增进中国与非盟的合作,增加中国对非洲一体化的关注和支持。一是论坛会议增加了中国同非盟的高层互访和对话,非统组织秘书长萨利姆、非盟委员会主席科纳雷和让·平曾先后应邀参加中非合作论坛会议。二是对非盟的支持也纳入了论坛的重要议程之中。中国于2006年中非合作论坛北京峰会上提出中非合作的八项举措,其中之一就有援建非盟会议中心,支持非洲国家联合自强和一体化进程。中国还承诺积极支持联合国和非盟在预防、调解和解决非洲冲突方面发挥更大的作用,在力所能及的范围内向非盟和平与安全理事会提供资金、物质援助,帮助非盟发展常设待命部队。同时,中国也表达了对"非洲发展新伙伴计划"的支持,在论坛框架下通过双边途径,在基础设施建设、传染病防治、人力资源开发、教育和农业等"非洲发展新伙伴计划"确定的优先领域与非洲国家开展合作。

四 中非合作论坛产生的国际影响

中非合作论坛显著推动了中非关系的发展,引发了国际社会的广泛关注,极大提升了中非关系的国际影响。论坛机制推动了国际社会对非

洲的关注和重视，提升了非洲的国际地位，同时对新兴国家开展对非合作产生了积极的示范效应。

（一）非洲方面对论坛的高度肯定

论坛会议不断推出对非合作新举措，不断增加对非投入，受到非洲国家领导人和新闻媒体的高度评价。2007年，坦桑尼亚前总统本杰明·威廉·姆卡帕（Benjamin William Mkapa）曾这样评价道："2006年中非合作论坛北京峰会象征和再次证明了中非关系的友谊与团结，同时为未来建设合作共赢的战略合作伙伴关系铺平了道路。"[1] 在峰会之后，坦桑尼亚发行量最大的英文报纸《卫报》刊载著名文章称赞中国是能够与非洲国家同甘共苦的国家，肯定中国为非洲国家的稳定和社会发展做出了贡献。[2] 2007年，时任非洲驻华使团团长、喀麦隆驻华大使埃蒂安评价道："中非合作论坛的出现是国际舞台上南南合作的光辉典范。"[3] 在第五届部长级会议召开之后，肯尼亚总理奥廷加表示，中方一贯坚持在互利合作、共同发展的原则下同非方开展合作，为非洲大陆的发展提供了新的活力。南非总统祖马也表示，中方认真落实中非合作论坛北京峰会和第四届部长级会议的各项成果，不折不扣地兑现了援非承诺。中非合作充分体现了中非关系平等、互利、共赢的特性。[4] 非洲标准银行集团则更强调中非合作对非洲一体化的积极影响，"非洲国家应以中非合作论坛第五届部长级会议为契机，进一步完善非洲的区域性组织和政府间合作，以促进非洲的整体实力、竞争力和贸易，深化同中国的合作，促进非洲经济体的发展"。[5]

（二）世界主要国家对论坛给予了积极关注

在2006年中非首脑峰会召开后，纽约时报专门刊发署名文章称：

---

[1] 《坦桑尼亚前总统姆卡帕谈中非关系和非洲形势》，载《西亚非洲》2007年第12期，第64—68页。

[2] 《国际媒体和专家学者积极评价中非合作论坛北京峰会》，载《人民日报》2006年11月10日第3版。

[3] 牛瑞飞：《南南合作光辉典范——访非洲国家驻华使团团长埃蒂安》，载《人民日报》2007年11月5日第7版。

[4] 《国际舆论积极评价中非合作论坛成果——中非合作是互利共赢的合作》，载《人民日报》2012年7月21日，第4版。

[5] 同上。

"中国与非洲平等者之间的注重实效的关系，……以互利、互惠和共同富裕为前提。"① 新加坡《联合早报》于同年 11 月 9 日发表社论,高度评价中非合作论坛北京峰会,认为其在多个方面都是举世瞩目的。社论指出,大会的规模与取得的实质成果本身足以让中国成为国际亮点,也让非洲再度成为世人关注的目标。葡萄牙主要报纸《快报》发表文章说,世界上最大的发展中国家和来自非洲 48 个国家的代表会聚北京,共同探讨非洲和世界的未来,这是一次历史性事件。② 俄罗斯《专家》周刊于 11 月 13 日载文称,在同一地点同一时间几乎把非洲各国领导人都聚在一起,无论是苏联还是美国都未曾做到过,尽管莫斯科和华盛顿几十年来一直为在非洲扩大影响力而奋斗,但中国成了它们多年斗争中的胜利者。

中非合作论坛的成功召开及中非关系的全面发展,引起其他主要大国的极大关注,它们纷纷调整政策,强化对非洲合作。随着中非关系的不断发展,中非合作论坛的影响力不断超出中非双方范畴,日益具有明显的"溢出"效应和"杠杆"效应。③ 中国与其他大国关系中的非洲因素,以及非洲与外部世界关系中的中国因素都在显著增强。欧非首脑会议、美非贸易与经济合作论坛及美非峰会、日本东京非洲发展国际会议等,都把中非合作论坛当作竞争对手或重要参照。同时,一些西方大国不得不承认中国在非洲的活动不仅对中国和非洲有利,对包括西方国家在内的世界其他国家也是有利的,并且试图与中国在非洲事务上进行合作。在这一背景下,有关中欧非、中美非三边合作开始成为西方国家的热议话题,大国在非洲的三边或多边合作开始提上议事日程。

（三）论坛对其他新兴国家对非合作产生了积极的示范效应

中非合作论坛建立特别是 2006 年中非北京峰会召开之后,一些新兴国家纷纷效仿中国,争相建立与非洲合作的制度化平台,开展集体对话

---

① James Traub, China's African Adventure, *New York Times*, http://www.nytimes.com/2006/11/19/magazine/19china.html (2015-01-04)

② 《国际媒体和专家学者积极评价中非合作论坛北京峰会》,载《人民日报》2006 年 11 月 10 日第 3 版。

③ 张宏明:《如何辩证地看待中国在非洲的国际处境——兼论中国何以在大国在非洲新一轮竞争中赢得"战略主动"》,载《西亚非洲》2014 年第 4 期,第 4—25 页。

与磋商，韩国—非洲峰会、南美—非洲峰会、印度—非洲峰会和土耳其—非洲峰会等相继举办。① 由中非合作论坛带动的国际对非洲多边外交热潮为非洲创造了更多的国际合作机会，为非洲发展赢得了更多的外部支持，有助于推动非洲国家更为深入地参与全球化进程。不过，新兴国家或源于政治需要或出于资源需求加快进军非洲步伐，使中非合作面临的竞争更趋激烈，而非洲国家也因此获得了更多的外交选择和回旋空间，这对中非关系的发展也提出了更高的要求和期待。

表7—1　　新兴国家（地区）主办非洲论坛（峰会）一览表

论坛名称	首次举办的时间和地点	首次论坛的规模	机制
韩国—非洲论坛	2006年11月7—9日，首尔	24个非洲国家代表团与会，其中包括刚果（布）、尼日利亚、加纳、坦桑尼亚和贝宁5个非洲国家的总统。	三年一届
南美—非洲峰会	2006年11月30日，阿布贾	47个非洲国家和11个南美洲国家的代表，包括23个国家的总统。	计划三年一届
印度—非洲论坛峰会	2008年4月8—9日，新德里	14个非洲国家的领导人及非洲联盟委员会主席科纳雷。	三年一届
土耳其—非洲峰会	2008年8月18—21日，伊斯坦布尔	非洲50个国家的政府首脑或代表。	2014年11月第二届峰会
伊朗—非洲论坛	2010年9月14—15日，德黑兰	30个非洲国家代表，包括马拉维和塞内加尔总统。	尚未举办第二届

---

① 国内学者对此多有论述，可参见李安山《论中非合作的原则与面临的困境》，载《上海师范大学学报（哲学社会科学版）》2011年第6期，第111—121页。

五 中非合作论坛的发展趋向

进入21世纪以来,中非合作领域显著拓展,合作议题显著增加,合作层次也得到明显提升。但相比中非合作的"量"的增长特别是中非经贸合作在规模上的快速增长,中非合作在"质"上的提升仍有待加强。在当前及今后一段时期里,中国应当借助中非合作论坛及其框架下的全方位合作,推动中非关系的内涵不断深化、层次不断提升,进一步彰显中非合作的平等协商、互利共赢和南南合作精神,推动中非关系不断迈向新的发展阶段。

(一)更加充分地发挥对非合作主渠道的作用

作为中非合作最重要的制度平台,论坛自成立以来,就一直发挥着中非合作主渠道的作用,主要体现在:(1)相继提出建设中非新型战略伙伴关系和中非全面战略合作伙伴关系的共识,显著提升了中非关系的战略定位与合作层次;(2)搭建了一系列合作机制(如高官会议、中非外长联大会晤机制等)和合作平台(如中非农业合作论坛、教育部长论坛、中非联合工商会议等),推动了中非关系的机制化;(3)提出了一系列对非合作新倡议(如"非洲跨国跨区域基础设施建设伙伴关系"、"中非和平安全合作伙伴倡议"等)和新举措(如减免债务、实施免关税待遇等),极大推动了中非务实合作的全面深化。今后,可以更加积极地利用论坛机制,不断凝聚中非共识,提出对非合作新理念、新思想,将中非关系打造成彰显中国外交新思想、新观念、新原则的平台,进一步彰显中国外交的道义高度,从根本上提升中国的软实力。从理想的角度讲,正在建构的"中非命运共同体",不仅仅只是"利益共同体"(中非互通有无、互利合作),也是"责任共同体"(中非携手解决非洲和平与发展问题),还应是"价值观共同体"(塑造中非共享价值观),后者更是中非关系实现长远发展的基础。

(二)把论坛打造成有效整合国内涉非资源的平台

过去十余年来,中非关系的确获得了快速发展,对非工作在国家外交工作全局中的地位也有所提升,对国家发展和外交大局的意义也日益明显。但时至今日,诚如学者们所言,中央热、地方冷(虽然部分地省市除外）；精英热、民间冷（虽然部分民营企业和部分民众除外）；有事热、无事冷的局面还没有根本改变。因此，有学者建议由有条件的中国地方省市主办由中方承担的论坛会议，以充分发挥地方政府的积极性，强化地方政府和公众对中非战略伙伴关系的认识。[1] 中国政府也需要更好地通过论坛推动中非民间交往和人文交流，增加公众对中非合作的参与机会，强化公众对中非关系重要性的认识。同时，还需要继续强化论坛后续行动委员会的协调能力，使之更有效地统筹和协调国内各部门、各领域、各行业的对非政策和重大涉非事务。

（二）继续关注和回应非洲国家迫切需要解决的议题

中非合作的领域和议题众多，且还有不断增加的趋势，这些议题均需要在论坛框架下得以反映。诚如国内学者建议，每届论坛会议可结合当时非洲大陆的发展态势和非洲国家迫切需要解决的重大问题，在照顾到"面"的基础上，突出重点和主次，由双方共同讨论并选出几个新的合作领域、合作倡议或重点发展项目。每届论坛出台的新举措，既要符合非洲国家的需要，又要考虑中国的承受能力，在充分利用好论坛机制提供的合作平台的同时，也不至于被论坛本身所束缚。[2]

（四）更加注重发挥非洲方面的主动性

非洲方面对论坛十分重视且寄予了较高的期望，但非洲方面的主体地位还有待加强。虽然论坛积极倡导"共商、共建、共享"的合作精神，还建立了高官会议、中方后续行动委员会秘书处与非洲驻华使团磋商机制，以及中非外长在联合国大会期间举行外长级政治磋商机制，非洲方面的意见和建议也大体能够得到较为充分的表达，但时至今日，论坛的组织和协调仍主要由中方操办，且具体的政策和举措也大多由中方提出。非洲方面希望发挥更为积极的主动性，诚如非盟委员会在其发布的《非洲如何与中国、印度和巴西等新兴力量建立战略伙伴关系》报告中所言："非洲需要认识到，与中国的战略伙伴关系正在建立和发展……作为中国

---

[1] 李伟建、张忠祥、张春、祝鸣：《迈向新的十年：中非合作论坛可持续发展研究》，载《西亚非洲》2010年第9期，第5—10页。

[2] 同上。

的一个伙伴，非洲要能够做什么，而不仅仅是中国能为非洲做什么。"①中非合作论坛的未来发展需要构建更加平衡的合作主体关系，在发挥中方主导作用的基础上，非洲国家应有更加积极、主动的参与。

（五）更加尊重非盟的应有地位和作用

要实现中非合作论坛的发展，中国不仅要维持并加强与非洲国家的双边关系，还要适时推进与非洲区域组织和次区域组织的合作关系，其中尤其是与非盟的关系。非洲国家日益认识到，域外大国都拥有完整和全面的对非洲政策，而非洲尚缺乏统一的政策予以回应，因此有必要强化非洲的共同立场和政策，以统一姿态面对与外部世界的集体合作与磋商。我们还要看到，非洲国家的联合自强和一体化是非洲发展的大势所趋，且近年来非盟的合作机制在不断完善和发展，它在非洲事务中的作用和影响也在稳步提升。联合国、欧盟及一些主要大国也注重发展同非盟的关系，通过搭建与非盟的伙伴关系来处理非洲事务成为它们介入非洲的重要途径之一。当然，进一步提升非盟在论坛中的地位也要考虑到以下因素：摩洛哥尚未加入非盟；非盟成员国中仍有个别国家与台湾保持了所谓的"邦交关系"；非盟对非洲事务的协调能力及本身的行动能力还有待提升。

第三节 金砖国家组织与非洲发展

金砖国家（BRICS）是指巴西、俄罗斯、印度、中国和南非五大新兴经济体。不过，金砖国家组织不只是这五大新兴国家的相互合作，也是发展中国家开展横向合作的新机制，是金砖国家用以撬动亚、非、拉各大洲众多发展中国家开展南南合作的新平台。2010 年南非正式加入金砖国家组织，2013 年南非德班金砖峰会对非洲发展的积极关注，以及 2014 年金砖国家开发银行的创建，都将为非洲的发展带来新的历史契机。金砖国家组织正在通过加强经济上互利合作来带动包括非洲国家在内的南

---

① The Afrian Union Commission, *meeting of the Task Force on Africa's Strategic partnership with Emerging Powers: China, India and Brazil*, Addis Ababa, Ethiopia, Septermber, 2006.

方国家实现共同发展，通过创设重大的经济和金融合作机制来推动全球经济治理转型，从而推动国际秩序朝着更加公平、公正和多元化的方向发展。

一 金砖国家组织的机制建设

"金砖国家"（BRICs）的概念由美国高盛公司经济学家吉姆·奥尼尔（Jim O'Neill）在2001年提出，当时意指巴西、俄罗斯、印度和中国四个发展势头强劲的新兴大国。2009年6月"金砖四国"领导人在俄罗斯叶卡捷琳堡举行首次会晤，随即金砖组织从一个经济学概念发展成为一个新的国际合作平台。2010年南非的加入，金砖四国（BRICs）随即演变为金砖五国（BRICS），金砖国家组织由此更具代表性，囊括五大新兴经济体大国，横跨亚、欧、非、南美四大洲。金砖五国的国土面积占世界近30%，人口占世界的42%，国内生产总值占全球总量的近20%，贸易额占全球贸易额的15%，近年来对全球的经济贡献率接近一半。如果发展中国家群体性崛起态势得以持续，未来一二十年金砖国家在全球经济中的份额及话语权还将有大的提升。

2013年3月，南非德班峰会推动金砖国家组织走上实质性机制化建设的新阶段，在金融合作、企业合作和智库合作三大领域提出了多项合作新倡议、新机制。其中最大的亮点体现在金融合作方面，峰会达成建立金砖国家开发银行的合作意向，初步同意建立规模为1000亿美元的外汇储备库。在企业合作方面，金砖国家组织设立了工商理事会，旨在加强金砖五国在技术开发、银行、绿色经济、制造业和工业化等领域的合作，成为加强和促进金砖国家间经济、商贸和投资的重要平台。在智库合作方面，峰会还设立了智库理事会，在金砖国家会议的议题提出、项目选择和效果评估等方面发挥重要作用，成为金砖国家研究机构和学者交流的重要平台。

2014年7月，在巴西海港城市福塔莱萨举行的第六次金砖国家领导人峰会正式签署成立金砖国家开发银行和建立应急储备安排的两大协议，标志着金砖国家合作正式从宏观层面的议事平台转变为由实体机构支撑的重要国际组织，成为金砖国家合作的历史新起点。根据协议，金砖国家开发银行授权资本为1000亿美元，初始认缴资本500亿美元，由创始成员国平等出资。银行首任理事会主席、董事会主席和行长将分别由俄罗斯、巴西和印度人担任。银行总部设在上海，并在南非设立非洲区域中心。金砖国家开发银行将为金砖国家以及其他新兴市场和发展中国家的基础设施建设、可持续发展项目筹措资金。应急储备安排的初始资金规模也是 1000 亿美元，金砖五国将按照自身经济规模为该安排出资，其中中国出资额为 410 亿美元，巴西、印度和俄罗斯均为 180 亿美元，南非为 50 亿美元。

形象地讲，金砖国家开发银行在功能上类似于世界银行，主要为基础设施建设和长期发展项目提供低息的长期融资，以缓解金砖国家和其他发展中国家在基础设施建设领域所遭遇的"融资难"问题。《福塔莱萨宣言》指出："该银行将本着稳健的银行业经营原则，深化金砖国家间合作，作为全球发展领域的多边和区域性金融机构的补充，为实现强劲、可持续和平衡增长的共同目标作出贡献。"应急储备安排在功能上则类似于国际货币基金组织，为面临国际支付困难、陷入流动性危机的成员国提供资金支持。《福塔莱萨宣言》指出："该机制在帮助成员国应对短期流动性压力方面具有积极的预防作用，将有助于促进金砖国家进一步合作，加强全球金融安全网，并对现有的国际机制形成补充。"[①] 可以说，金砖发展银行主要着眼于促进经济增长，而外汇储备库则主要发挥稳定经济的作用。

近几年来，西方媒体一直质疑金砖合作的凝聚力和行动力，先是夸大金砖国家内部的矛盾与分歧，认为它充其量不过是个"清谈馆"，后又借金砖部分成员国经济减速，大造"金砖褪色"舆论。虽然金砖国家在政治经济体制、产业结构等方面的确具有很大的不同，各国均面临经济结构调整、金融体制改革等具体难题，但福塔莱萨峰会的胜利召开，表明金砖国家在经济发展上拥有较为强劲的实力和相互合作的巨大潜能与空间。金砖国家开发银行和应急储备机制的建立，标志着金砖国家经济金融合作进入全新阶段，金砖国家合作开始拥有实体机制的支撑。两大机制不仅能极大带动金砖五国间的经济、金融合作，为各自经济发展提供更为坚实的制度保障，也能在更大范围内推动整个发展中世界的经济

---

① 《金砖国家领导人第六次会晤福塔莱萨宣言》，载《人民日报》2014 年 7 月 17 日第 2 版。

发展,推动新时期南南合作跃上新的历史阶段。

二 金砖国家组织与非洲发展

金砖国家组织对非洲发展的关注与推动,主要体现为三：一是2010年南非正式成为金砖国家一员；二是2013年南非德班峰会对非洲发展的积极关注；三是未来金砖国家开发银行对非洲基础设施建设的积极推动。

2010年南非加入金砖国家组织为非洲发展带来了新的契机。南非是非洲的经济大国,具有发展经济的丰富资源和良好的地理条件,拥有相较于其他非洲国家而言更为发达的工业基础和技术水平,而且在废除种族隔离制度后基本保持了经济的平稳发展。南非长期抱有非洲"领头羊"的抱负,积极推动非洲大陆的一体化进程,不仅首倡"非洲复兴"思想,推动非洲国家制定了"非洲发展新伙伴计划",还积极推动南部非洲的一体化进程和整个大陆的联合自强,在国际社会上注重维护非洲国家的整体利益。"倚重南非、立足非洲、走向世界"是南非外交的基本定位。① 因此,南非加入金砖国家,必将能够更好地搭建起金砖国家组织与非洲发展之间的桥梁,推动金砖国家组织更为深入地参与非洲大陆的工业化、现代化和一体化进程。

2013年南非德班峰会提出了金砖国家组织与非洲国家的经济合作新倡议。此次峰会主题为"金砖国家与非洲：致力于发展、一体化和工业化的伙伴关系"。峰会期间,五国首次举办了金砖国家与非洲12国领导人及非盟委员会主席的对话会,主题是"释放非洲潜能：金砖国家与非洲在基础设施上的合作",并达成了《非洲基础设施联合融资多边协议》。《德班宣言》指出,五国认识到区域一体化对非洲可持续增长、发展和消除贫困的重要性,并重申对非洲大陆一体化进程的支持。五国承诺,将在"非洲发展新伙伴计划"等框架下,通过鼓励外国直接投资、知识交流、能力建设以及与非洲贸易的多样化,支持非洲的工业发展、就业、技能发展、食品和营养安全、消除贫困及可持续发展,

---

① 罗建波：《通向非洲复兴之路：非盟与非洲一体化研究》,中国社会科学出版社2010年版,第259—266页。

重申对非洲基础设施可持续发展的支持。① 中国国家主席习近平在峰会上表示，金砖国家要"共同支持非洲在谋求强劲增长、加快一体化、实现工业化方面做出的努力，促进非洲经济成为世界经济的新亮点"。② 俄罗斯总统普京和巴西总统罗塞夫在峰会上表示，金砖国家将加大对非洲的投资，启动在基础设施、教育和能源等大项目上的合作，促进非洲国家的融合与发展。③

无疑，金砖国家开发银行将成为推动非洲国家基础设施建设和工业化的重要平台。非洲国家正在大力推进非洲一体化，希望通过工业化实现国家的发展，这就需要在跨国跨区域基础设施建设方面得到金砖国家的支持。金砖国家开发银行的成立，将为非洲国家在基础设施建设和可持续发展项目方面筹措基金提供新的渠道。或许同样重要的是，相较于发达国家在提供发展资金时往往附加苛刻的条件，金砖国家开发银行则更强调平等合作、相互支援和共同发展，强调对相关当事国主权的尊重与维护，更好地体现出南方国家平等相待、互助互利的南南合作精神。作为金砖国家中经济规模最大的一员，中方愿同非洲国家建立跨国跨区域基础设施建设合作伙伴关系，在南南合作框架下通过投融资、援助、合作等多种方式帮助非洲国家实现发展，鼓励中国企业和金融机构参与非洲跨国跨区域基础设施建设和运营管理。

三 金砖国家组织在全球治理中的作用及中国的角色

金砖合作机制助推南南合作进入新阶段。金砖五国都是地区性大国，在本地区经济发展和一体化进程中发挥着引领作用，如俄罗斯之于中亚、中国之于东亚、印度之于南亚、巴西之于拉美、南非之于非洲。从建立之初起，金砖国家合作不仅致力于增进相互间的团结与合作，也致力于发展金砖国家与其他发展中国家和地区的横向合作与交流。在2011年三亚金砖国家领导人峰会上，五国强调金砖国家之间的合作是包容的而非

---

① 《金砖国家领导人第五次会晤德班宣言》，载《人民日报》2013年3月28日第3版。
② 习近平：《携手合作共同发展——在金砖国家领导人第五次会晤时的主旨讲话》，载《人民日报》2013年3月28日第2版。
③ 刘重才、褚宇峰：《金砖五国峰会聚焦非洲基建中企海外订单有望乘势爆发》，载《上海证券报》2013年3月29日第A7版。

对抗的，金砖国家对加强同其他国家特别是新兴国家和发展中国家，以及相关国际、区域性组织的联系与合作持开放态度。在2013年在德班峰会上，金砖五国同12个非洲国家举行主题为"释放非洲潜力：金砖国家和非洲在基础设施领域合作"的对话会，将非洲发展纳入金砖国家合作机制的议事日程。在2014年福塔莱萨峰会上，金砖五国与11个南美国家围绕"包容性增长的可持续解决方案"这一主题举行对话会，又将南美大陆的发展纳入金砖合作机制的视野。由此，德班峰会上"BRICS + N"的开放式合作模式得以巩固，金砖合作机制开始成为金砖国家撬动南南合作的新平台。

金砖合作机制也有助于推动全球经济治理的民主化改革。发展中国家大多面临发展资金紧缺问题，且由于国内金融基础薄弱及金融机构的抗风险能力不强，易受到外部冲击的影响。但是，负责提供发展援助资金的世界银行和负责缓解短期流动性紧缺的国际货币基金组织一直对贷款项目附加苛刻条件，导致国际发展资金和救助资金长期存在供给缺口。金砖国家发展银行的建立，将在一定程度上弥补国际经济治理体系中公共产品供给的严重不足，特别是为发展中国家提供新的融资渠道和经济合作机会。与世界银行、国际货币基金组织按"资"排辈，形成基于经济金融实力的权力构架不同的是，金砖金融机构则强调平等合作和相互支援，五国将向金砖国家开发银行贡献等额资金并拥有相等的投票权，应急储备安排的重大决策也将基于共识做出。因此，金砖合作机制给世界提供了资金来源的新渠道和经济增长的新机遇，也给世界提供了经济合作的新理念、新原则、新机制，从而对全球经济治理体系的变革与发展必将产生不可忽视的影响。或许可以预言，在金砖合作机制以及其他南南合作机制的共同推动下，全球治理的核心理念正在逐步从传统以发达国家为基础的强权治理向符合时代要求的平等参与和互利共赢的民主治理模式转化，全球治理结构的核心特征也正从"西方治理"向西方与非西方"共同治理"转变。

在中国看来，金砖国家机制既是金砖国家之间加强经济合作、积极参与国际经济治理的舞台，又是凝聚发展中国家、推动新时期南南合作的重要平台。通过金砖国家组织，中国不仅能够显著拓展对外经济合作空间，提升自身国际话语权，也能通过互利互助的南南合作显著深化发展中国家间的经济合作、推动发展中国家的共同发展,进而从整体上提升发展中国家在世界上的地位和影响力。正如习近平主席强调的那样,中国尤为珍视与金砖国家合作,将加强金砖国家合作列为"外交优先领域",坚持同金砖国家做"好朋友、好兄弟、好伙伴"。[①] 在中国外交的整体布局中,多边外交一直是重要舞台,是中国增进国家利益、影响世界发展的重要途径。中共十八大报告就曾明确指出:"我们将积极参与多边事务,支持联合国、二十国集团、上海合作组织、金砖国家等发挥积极作用,推动国际秩序和国际体系朝着公正合理的方向发展。"[②] 在德班金砖峰会上,中国再次重申:"不管全球治理体系如何变革,我们都要积极参与,发挥建设性作用,推动国际秩序朝着更加公正合理的方向发展,为世界和平稳定提供制度保障。"[③] 在全球治理结构民主化转变的这一历史进程中,中国正在通过积极的多边外交更为深入地参与国际事务、发挥建设性作用,成为全球治理机制变革的重要"推动者"和未来世界秩序的主要"塑造者"。

[①] 习近平:《新起点 新愿景 新动力——在金砖国家领导人第六次会晤上的讲话》,载《人民日报》2014年7月17日第2版。

[②] 胡锦涛:《坚定不移沿着中国特色社会主义道路前进 为全面建成小康社会而奋斗——在中国共产党第十八次全国代表大会上的报告》,人民出版社2012年版,第48页。

[③] 习近平:《携手合作 共同发展——在金砖国家领导人第五次会晤时的主旨讲话》,载《人民日报》2013年3月28日第2版。

第八章

中国、非洲与西方国家的三边合作：如何更有益于非洲？[*]

21世纪以来非洲的国际战略地位相对回升，中非关系在原有基础上得到快速发展。中国的政治影响使非洲对外关系格局日益多元化，中国的经济影响力削弱了西方大国数百年来在非洲建立起来的垄断利益。西方国家因此高度关注中非关系的发展及中非关系对世界的影响，担心丧失对非洲资源和市场的控制，担心西方民主与人权观念受到挑战。以西方为中心的国际秩序已难以适应非洲地缘格局出现的新变化，建立关乎非洲和平与发展的国际多边合作迅速提上各方的议事日程。中国愿在"非洲提出、非洲同意、非洲主导"的原则下，与西方国家探讨在诸如经贸合作、对非援助、非洲和平与安全等领域务实地开展三边或多边合作，建立更为开放、包容、多方共赢的合作模式，争取在推动非洲发展进程中实现各方利益的共赢、多赢局面。

进入21世纪以来，非洲战略地位的总体上升及中非合作的快速发展，极大推动了西方大国对非洲的关注。中国与西方大国在非洲的经贸和影响力竞争显著增多，某些领域的地缘战略竞争也在初步显现。在此背景下，欧盟和美国相继提出有关中欧非、中美非的三边或多边合作倡

---

[*] 本章是在《中国与西方国家的对非洲外交：在分歧中寻求共识与合作》（载《世界经济与政治》2009年第4期）一文的基础上经修改补充而成。

议，各方在非洲发展议题上的合作及政策协调也在逐步展开。我们以为，中国与西方国家在对非洲外交的历史经验、外交理念和外交原则上存在差异，但双方在非洲也存在广泛的战略共识和利益交汇，各方理应在非洲问题上超越相互猜疑和彼此分歧，建立起关乎非洲发展的国际对非三边或多边合作模式。

第一节 西方国家对中国非洲政策的评价

进入21世纪，中非关系在原有良好基础上获得全面提升。2000年10月，首届中非合作论坛会议在北京举行，开创了中国与非洲国家进行集体磋商的多边合作机制。2006年初，中国政府对外发布首份洲域性的政策文件——《中国对非洲政策文件》，同年11月中非合作论坛北京峰会顺利召开，来自非洲48个国家的国家元首、政府首脑及政要聚集北京，中非关系跃升为"政治互信、经济共赢、文化共鉴"的"新型战略伙伴关系"。近年来，中国相继提出一系列对非合作新理念、新思路、新倡议和新举措，显著推动了中非关系的全面拓展和深入发展，由此极大推动了21世纪非洲的和平与发展进程。

中非关系的快速发展引发了西方人的极大关注。[①] 对中非双方的平等与务实合作，不少西方人士却抱有明显的偏见、猜疑乃至误解。我们可以把过去十余年来西方的负面评价大致分为以下四种：

其一，"新殖民主义论"。2006年2月，英国外交大臣杰克·斯特劳（Jack Straw）率先"批评"中国在非洲搞"新殖民主义"，将中国与贫困、地区冲突、恐怖主义等一道列为非洲面临的十大挑战之一。[②] 这个原

[①] 北京大学李安山教授把20世纪90年代以来中非关系研究中的国际话语权演变划分为三个阶段：20世纪90年代国际社会对中非关系的研究相对较少，领域主要集中在国际政治或国际关系方面；2000—2008年研究迅速增多，但西方学者和媒体掌握着话语权且研究的倾向性十分明显；2008年以来国际社会的总体研究逐步趋于理性客观，非洲智库和学者对中非关系的研究显著增多。李安山：《中非关系研究中国际话语的演变》，载《世界经济与政治》2014年第2期，第19—47页。

[②] Tunde Adelakun, "Is the influence of China growing in Nigeria", http://www.helium.com/items/439062-is-the-influence-of-china-growing-in-nigeria（2014-10-23）

本用来指称西方殖民宗主国在二战后通过政治干涉和经济控制的方式继续剥削原殖民地国家的特定名词[1]，自那以后却被西方国家用在了中国头上，指责中国在非洲开展了赤裸裸的剥削和敲诈。2008 年 7 月，美国亚利桑那大学社会学教授艾伯特·伯格森（Albert Bergesen）更是提出"外科手术式新殖民主义（the new surgical colonialism）"的概念来描绘中国在非洲的外交行为。[2]

其二，"掠夺非洲资源论"。一些西方学者认为，中国关注非洲是为了获取其国内经济发展所需的战略资源，中国奉行实用主义的经贸政策损害了西方国家的利益，且破坏了国际贸易的公平和透明。[3] 部分西方媒体污蔑中国在非洲就是"赤裸裸的交易"，是新的"经济帝国主义"。[4]

其三，"漠视非洲人权论"。这种观点认为，在非洲的中国企业多注重经济利益，忽视非洲国家的劳工权益和人权状况。国际知名非政府组织"人权观察"曾发表报告，称中国在赞比亚的国有铜矿企业忽视非洲工人的安全、权益并阻碍当地工会发展。[5] 有观点甚至认为，中国对非洲政策特别是不附带任何条件的经济援助客观上支持了非洲的所谓"失败

---

[1] 加纳前总理恩克鲁玛在《新殖民主义：帝国主义的最后阶段》指出："新殖民主义的实质是，在它控制下的国家从理论上说是独立的，而且具有国家主权的一切外表。实际上，它的经济制度，从而它的政治政策，都是受外力支配的。……在更多的情况下，新殖民主义的控制是通过经济的或货币的手段进行的。……控制其政府政策的办法，可以用以下方法来实现：支付这个国家的行政费用，安置居于决策地位的文职官员，强迫接收帝国国家所控制的银行制度而从财政上控制外汇。"[加纳] 克瓦米·恩克鲁玛：《新殖民主义：帝国主义的最后阶段》，世界知识出版社 1966 年版，"导言"第 1 页。

[2] Albert Bergesen, "The New Surgical Colonialism: China, Africa, and Oil", Paper presented at the annual meeting of the American Sociological Association Annual Meeting, Sheraton Boston and the Boston Marriott Copley Place, Boston, http://www.allacademic.com/meta/p237190_index.html (2014 - 10 - 23).

[3] Michael Klare & Daniel Volman, "America, China & the scramble for Africa's Oil", *Review of African Political Economy*, No. 108, 2006, pp. 297 - 309; Denis M. Tull, "China's Engagement in Africa: Scope, Significance and Consequences", *The Journal of Modern African Studies*, Vol. 44, No. 3 2006, pp. 459 - 479.

[4] Dianna Games, "Chinese the New Economic Imperialists in Africa", *Business Day*, February 21, 2005; Lindsey Hilsum, "China's Offer to Africa: Pure Capitalism," *New Statesman*, July 3, 2006, pp. 23 - 24.

[5] Human Rights Watch, "'You'll Be Fired If You Refuse': Labor Abuses in Zambia's Chinese Stateowned Cooper Mines", November 3, 2011.

国家",削弱了非洲国家致力于民主改革和追求良治的努力。① 美国外交协会批评中国对非政策给美国带来了挑战,"在令人发指的侵犯人权的行为面前,中国仍然对某些'流氓国家'进行偏袒,如苏丹和津巴布韦"②。

其四,"破坏非洲环境论"。这些指责主要针对中国在非洲的能源开采、伐木和修建水坝。自称对中非关系素有研究的英国圣安德鲁斯大学国际关系学高级讲师伊恩·泰勒(Ian Taylor)为此"忧心忡忡":"中国对国内环境的关注驱使北京到境外寻求资源,但它必须认真对待伐木和石油开采给非洲带来的环境冲击。"③

从历史上看,非洲一直是中国外交战略的基础,是中国走向世界并显示自身尊严、地位和影响的重要舞台。在当前 21 世纪初期,非洲更是中国增进硬实力和软实力并借此展示自身负责任大国形象的战略合作伙伴。而部分西方人士对中国非洲政策的误解,夸大中非之间存在的经济和贸易问题,甚或人为歪曲中国在非洲的战略意图,增加了中国建构软实力的难度,给中国国家形象塑造带来了潜在的负面影响。

不过,也要看到,部分西方有识之士能够正确评价中非关系的价值,客观认识中国对于非洲发展的意义。例如,英国爱丁堡大学非洲研究中心前主任肯尼思·金积极评价中非关系,他认为,相比西方而言,中国对非洲外交"强调相互性、强调共同经济利益、强调伙伴交流的方式",并从中非教育合作及对非人力资源合作的角度阐述了中国在非洲日益增长的软实力。④ 曾供职于欧盟驻华使团的德国人白小川认为,中非合作给非洲带来了发展和繁荣的机遇,也符合欧洲的利益,因此他呼吁中欧双

---

① "Africa - China: For Better Or For Worse," *Africa Research Bulletin: Political, Social and Cultural Series*, Vol. 43, No. 6, 2006 pp. 16696 - 16697.

② [美] 查尔斯·斯蒂思:《中非关系:美国视角下的简要评估》,载《国际政治研究》,2006 年第 4 期,第 21—31 页。

③ Ian Taylor, "China's environmental footprint in Africa", February 2, 2007, http://www.chinadialogue.net/article/show/single/en/741 - China - s - environmental - footprint - in - Africa (2014 - 10 - 23)

④ [英] 肯尼思·金:《中国与非洲的伙伴关系》,载《国际政治研究》2006 年第 4 期,第 10—20 页。Kenneth King, *China's Aid and Soft Power in Africa: the Case of Education and Training*, Boydell & Brewer Ltd, 2013.

方应该理性认识对方在非洲的角色并务实地开展合作。[1] 美国学者黛博拉基于在非洲和中国的大量调研以及扎实的文献研究，撰写大作《龙的礼物——中国在非洲的真实故事》，认为中国对非援助和经贸合作具有诸多创新之处且注重双赢，有力批驳了西方学者在中国对非援助问题上存在的诸多错误观念。[2] 曾任美国驻埃塞俄比亚和布基纳法索大使的戴维·希恩（David H. Shinn）和美国外交政策理事会高级研究员江佳士（Joshua Eisenman）推出新书《中国与非洲：一个世纪的接触》，对1949年以来中非关系的发展历史给予了较为客观的全景式的描述。[3] 美国凯斯西储大学法律学副教授、东亚法律项目研究主任蒂莫西·韦伯斯特（Timothy Webster）曾撰文，专门批驳了那种认为中国支持非洲独裁者并有损非洲人权和良治的观点，认为中非合作改善了非洲人的人权状况，这是因为中国对非农业、教育和基础设施投入显著改善了非洲人的生活。[4]

欧美国家从政府层面也积极关注中非关系并主张开展与中国在非洲问题上的合作。欧洲方面一开始就是从其全球战略的角度来审视中非关系的。2006年10月欧盟出台题为《欧盟—中国：更加紧密的伙伴，不断增强的责任》的对华政策新文件，要求中国敦促非洲国家实现"良治"，在非洲政策上加强同欧盟的协调。时任欧盟负责外交与安全事务高级代表的索拉纳称："在非洲的合作是欧盟与中国全面战略伙伴关系中的一个要素。"[5] 美国方面同样关注中非关系及中美在非洲的合作，2008年6月4日，时任美国国务院负责东亚和太平洋事务的助理国务卿帮办柯庆生

---

[1] ［德］白小川：《欧盟对中国非洲政策的回应——合作谋求可持续发展与共赢》，载《世界经济与政治》2009年第4期，第72—80页；Bernt Berger & Uwe Wissenbach, "EU‐China Africa trilateral development cooperation: Common Challenges and new directions", Discussion Pater, Bonn 2007, http://www.ec‐an.eu/files/bergerweissenbach_0.pdf (2013‐10‐12)

[2] Deborah Brautigam, *The Dragon's Gift: The Real Story of China in Africa*, New York: Oxford University Press, 2009；［美］黛博拉·布罗蒂加姆：《龙的礼物——中国在非洲的真实故事》，沈晓雷、高明秀译，社会科学文献出版社2012年版。

[3] David H. Shinn & Joshua Eisenman, *China and Africa: A Century of Engagement*, University of Pennsylvania Press, 2012.

[4] Timothy Webster, "China's Human Rights Footprint in Africa", Faculty Publications, p.620, http://scholarlycommons.law.case.edu/faculty_publications/620 (2015‐05‐23)

[5] ［西班牙］索拉纳：《欧盟期待在非洲问题上与中国合作》，载《中国青年报》2007年1月24日。

(Thomas J. Christensen) 和负责非洲事务的助理国务卿帮办詹姆斯·斯旺(James Swan) 共同指出,"中国在非洲的影响不断扩大",呼吁两国应当加强接触。① 由于中欧关系、中美关系中超越双边关系的全球性色彩越来越浓厚,加强彼此在非洲问题上的对话就成为中欧、中美全球伙伴关系的重要内容。

第二节 西方国家为何"关注"中非关系?

西方国家为何关注中非关系?除了学者们的学术兴趣以及媒体追逐热点报道外,我们以为,西方世界高度关注中非关系,主要源于两个因素:

一是近年来非洲在国际战略格局中的地位相对回升。20世纪70年代后期至90年代初期,非洲大陆冲突频发,经济发展缓慢,这一时期有"失去的十年"之说。贫困、战乱、疾病,曾长期以来是世人认知非洲的标签。但从21世纪初期以来,非洲呈现良性发展态势。非洲经济开始复苏,经济增长率十余年保持在年均5%左右(见表8—1),特别是部分资源、能源价格的相对上涨,给那些资源禀赋较高的非洲国家带来了巨额的外汇收入,提高了它们在国际经济谈判中的话语权。非洲民主化进程经过艰难而痛苦的探索,已逐步建立了一套适合非洲国家历史文化和社会结构的多党竞争的政治制度,在一定程度上促成了非洲国家内部稳定局势的出现。非洲一体化继续发展,非盟对内推动非洲经济发展和政治稳定的愿望显著增强,"非洲发展新伙伴计划"的实施以及非盟和平与安全理事会的建立就是两大标志性事件;对外以集体方式与世界主要国家和国家集团发展多边合作机制,已经形成了包括美非经贸合作论坛及美非峰会、欧非首脑会议、日本"东京非洲发展国际会议"、印非首脑峰会、中非合作论坛机制等重要的合作制度平台。非洲还是世界上唯一以统一身份提出加入联合国安理会常任理事国要求的大陆,向世界显示了

---

① Thomas J. Christensen & James Swan, "China in Africa: Implications for U. S. Policy", http://foreign.senate.gov/hearings/2008/hrg080604a.html (2014 - 10 - 23)

非洲统一与团结的巨大力量。

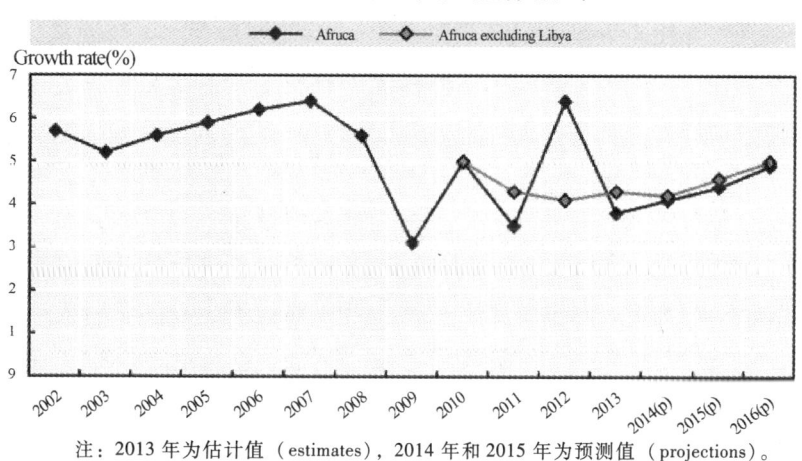

表8—1 2002年以来非洲经济增长率

注：2013年为估计值（estimates），2014年和2015年为预测值（projections）。
资料来源：AfDB, OECD, UNDP, *African Economic Outlook* 2015, p. 23.

欧盟2005年12月通过历史上的首份对非洲战略文件——《欧盟与非洲：走向战略伙伴关系》，加大了对非洲的重视程度。2007年第二届欧非峰会发表《里斯本宣言》，声称欧非双方致力于在平等互利和相互尊重的基础上建立一种超越传统的"捐助者"和"受援者"模式的新型战略伙伴关系，被誉为欧非关系史上一个具有转折意义的里程碑。欧盟向非盟派驻了常驻使团，长期向非盟提供大量的经济援助和维和支持。以非洲和平建设为例，欧盟早在2004年便出资2.5亿欧元在欧盟—非洲伙伴关系框架下设立"非洲和平基金"，2014年欧非峰会进一步承诺未来三年内为"非洲和平基金"提供7.5亿欧元的财政支持。近年来，法国显著加大对非洲的安全和军事介入，2011年参加北约对利比亚的军事行动，2013年相继出兵马里和中非以平息叛乱，对非政策的"再军事化"（re-militarization）色彩明显加强。[①] 美国于2007年10月批准建立美军"非洲

[①] Horace G. Campbell, "Mali, France and the war on terror in Africa", February 20, 2013, http：//www.pambazuka.org/en/category/features/86326; Rob Prince, "In Mali, Conflict Continues a Year After the French-led Invasion", December 17, 2013, http：//fpif.org/mali-conflict-continues-year-french-led-invasion/ (2014-02-19)

司令部",加强了与非洲的反恐与军事合作。虽然相比欧亚地区而言,非洲大陆在国际上仍处于相对弱势地位,但随着非洲复兴进程的推进以及非洲共同外交政策的发展,非洲对世界的影响力得到进一步提升,世界对非洲的关注也在迅速增长。非洲又一次处于历史转折的关键时刻。

二是在中国国力和影响力不断发展的背景下,中非关系的快速发展对国际秩序产生了震荡性影响。[①] 在经济领域,中国的经济影响力削弱了西方大国数百年来在非洲建立起来的垄断利益。中国在 2007 年已成为非洲的第二大贸易伙伴,对非洲国家的投资和援助也得到迅速发展。全方位的互利合作带动了非洲经济的快速发展,中国也成为推动非洲复兴的最重要的外部力量。西方国家在非洲几百年的经济活动使非洲日益边缘化,而当前中非经济合作却带动了非洲进入经济全球化的轨道。在战略层面,历史上中非双方曾互为政治盟友,当前中非双方在推动世界多元化和多样化发展,共同维护国家主权和民族权益的过程中找到了新的合作基础。借助非洲国家的力量,中国得以不断改善自身外部环境并最终走向国际舞台。同时,非洲国家对中国发展的期待在上升,不仅希望借中国快速发展之势来实现非洲的复兴,也希望日益崛起的中国能在国际舞台发挥更大的作用,帮助非洲国家维护应有的政治经济权益。"非洲的领导人把中国作为一张'王牌',来确保他们在全球的一个新位置,并用来表达他们一种新建立的自信,有时还作为对欧洲过去压迫他们的一种报复。"[②] 在价值观层面,中国依据"不干涉内政"原则平等地与所有非洲国家发展友好关系,体现了中国外交一贯坚持的平等、互信、互利、共赢的理念和原则,对长期以来由西方主导的对非合作模式形成了有力挑战。无疑,中非合作使非洲对外关系格局日益多元化,非洲开始更为自主、更为自信地发展与西方世界的关系,非洲开始以更为平等、更为有利的方式融入世界体系。

几个世纪以来形成的以西方为中心、非西方欠发达国家为外围的"中心主导并支配外围"的世界格局正逐渐向东西南北各文明平行对等交

---

① 有关中非关系对当前国际秩序的影响的论述,可参见李安山《为中国正名:中国的非洲战略与国家形象》,载《世界经济与政治》2008 年第 4 期,第 6—15 页。

② [德]白小川:《欧盟对中国非洲政策的回应——合作谋求可持续发展与共赢》,载《世界经济与政治》2009 年第 4 期,第 72—80 页。

往、亚非国家自主性发展日趋明显的方向演进。① 亚非世界的整体性崛起及其相互合作的深入引起了西方的"忧虑"：他们担心自己丧失对非洲资源和市场的主导性控制，担心中国式的经济发展模式受到非洲国家欢迎并成为效仿的对象，担心西方国家的民主与人权观念受到挑战，担心西方主导的世界秩序因此出现结构性松动。西方世界对中国非洲政策的过度反应部分源于对中国扩大在非洲影响力的本能、自然的反应，部分则源于过时的意识形态偏见和狭隘的战略利益考量。一个客观事实是，中非关系中的大国因素，大国关系中的非洲因素，以及非洲与外部世界关系中的中国因素都在日益显现。非洲再次成为国际社会的关注焦点，成为影响国际格局演变与大国关系走向的重要因素。

第三节　中西方在非洲问题上的观念分歧与政策差异

按照温特等人的建构主义思维逻辑，共有的观念和知识建构行为体的身份和利益，由此决定行为体的对外行为方式和政策。② 中国与西方国家对非洲政策的分歧在根本上源于双方在历史经验、外交理念和外交原则上存在差异。了解彼此的观念、政策与意图，是进行有效沟通进而建立互信的基础。

一　历史经验的不同：依附关系还是平等互利？

近代非洲与西方关系是伴随欧洲的对外扩张和殖民而开始的。1415年葡萄牙人占领摩洛哥的休达后，西方殖民者纷至沓来，强行把非洲纳入西方殖民体系之中。近代欧洲虽然较早地确立了"民族国家"的概念和"主权平等"的外交原则，但西方人从未把非洲各国各民族视为平等的交往对象，而只是把它们视为奴役和压迫的对象。在经济上，欧洲殖

---

① 刘鸿武：《当代中非关系与亚非文明复兴浪潮——关于当代中非关系特殊性质及意义的若干问题》，载《世界经济与政治》2008年第9期，第29—37页。
② ［美］亚历山大·温特：《国际政治的社会理论》，秦亚青译，上海世纪出版集团2000年版，第1—58页。

民宗主国强迫非洲发展单一出口型经济,把非洲置于西方资本主义经济链条的最底端。著名黑人学者沃尔特·罗德尼(Walter Rodney)曾指出:"多样化是非洲的传统,单一经济是殖民主义者的发明。"① 政治上,西方国家成为非洲大陆的主宰,非洲人从未以平等身份参与国际政治事务,甚至是参加非洲的事务。在文化关系上,为了给奴隶贸易和殖民侵略披上合法外衣,西方殖民者精心炮制了形形色色的种族主义理论。针对非洲黑人的"无耻诽谤和邪恶中伤持续了四个世纪之久",其目的就是要把"原先杜撰的关于黑人种族低下卑贱的说法变成既成事实"。② 这种践踏人格和尊严的做法严重摧毁着非洲人的自尊和自信,使非洲人觉得自己在文化、心理和生理上不如白种人,给非洲人套上了潜在的但也是最为致命的精神枷锁,其负面影响至今仍未完全消除。非洲的近代历史是以被侵略、被奴役的方式而被迫卷入的,这是理解近代以降非洲历史的重要背景。

这种垂直依附型关系直接影响了后殖民时代非洲与西方世界的关系。当前,法国、英国等欧洲国家仍然通过各种政治、经济和文化联系保持着与非洲国家的特殊关系。比如,法郎在非洲数十个国家正常流通;世界法语国家首脑会议定期在巴黎与非洲国家召开;法国在非洲还设有常设军事基地,是在非洲驻军最多的西方国家。对法国来说,非洲是其传统的势力范围,也是其外交的重点领域。相比欧洲国家而言,二战后美国在非洲的地位后来居上。美国通过冷战期间与苏联的较量以及冷战后在世界各地强力推行"民主化"进程等手段,在非洲建立了广泛的政治影响。即便是当前倡导建立"欧非战略伙伴关系"的欧盟,也把与非洲的政治和安全合作摆在重要位置,并且在对非援助上附加了许多限制性条款。③ 可以看出,欧美世界主导非洲发展的意图并没有彻底消除,它们

---

① Walter Rodney, *How Europe underdeveloped Africa*, Washington, D.C.: Howard Unversity Press, 1974, pp. 142—143.

② P. Olisanwuche Esedebe, *Pan - Africanism: the Idea and Movement, 1776—1991*, Washington, D.C.: Howard University press, 1994, p. 18.

③ 2007 年,欧非首脑会议推出《非欧联合战略》,拟定了欧非战略伙伴关系的四个目标,即加强非洲和欧盟的政治伙伴关系;促进非洲的和平、安全和可持续发展;共同推动多边主义及国际多边机制的发展;共同促进非国家行为体的发展。

试图按照自身社会发展标准安排非洲的发展，框定非洲发展的基本框架与路径选择，巩固西方在非洲的利益存在。

当代中非关系的发展有着完全不同的历史轨迹和本质特征。20 世纪 50—70 年代，中非双方互为国际统一战线中的政治盟友，共同"反帝"、"反殖"和"反霸"。20 世纪 80—90 年代以来，为适应国际形势的变迁和中非各自战略利益的调整，中非双方在继续开展政治合作的同时，着重强调经济上的互利合作，中非关系日益体现出务实、平等和互惠的特征。半个世纪的中非关系体现出三大特点：

一是政治上的"患难与共"。为支持非洲国家的民族解放斗争，中国曾尽所能地给予了非洲国家大量无私援助。据统计，中国在 1956—1977 年向非洲国家提供了超过 24.76 亿美元的经济援助，占中国对外援助总额的 58%。[1] 特别是，中国帮助非洲国家修建了坦赞铁路，借此有力支援了南部非洲国家的民族独立和解放运动。从单个力量来看，中非都无法与西方国家及其同盟体系相抗衡，但以亚非国家为主体的第三世界的大联合，却在过去特殊的年代展示了让西方世界必须予以正视的巨大合力。

二是外交上的"平等待人"。国际政治领域的"平等"对曾经遭受西方列强欺凌的亚非国家而言具有特殊意义。在国家外交层面，中国自与非洲国家建立外交关系时起便始终坚持"主权平等"和"不干涉内政"的原则，注重尊重非洲国家选择适合自身发展道路的权利。比如，与西方国家对非援助大多带有苛刻的附加条件不同，中国对非援助着眼于推动非洲国家的发展和巩固中非友好合作关系，且不附带任何政治条件。特别是在援助方式上，中国从不以施舍者身份自居，尽量避免使用"援助者"和"受援国"这样的字眼，而是强调中非合作过程中的团结、互助与共同发展。[2] 在民众交往层面，中国也注重强调对非洲人的平等相待，特别是历史上中国援非工作者认真践行对外援助的"八项原则"，平等待人、忘我工作，向非洲民众展示了中国人的精神和风范。

---

[1] 李安山：《论中国对非洲政策的调适与转变》，载《西亚非洲》2006 年第 8 期，第 11—20 页。

[2] ［英］肯尼斯·金：《中国与非洲的伙伴关系》，载《国际政治研究》2006 年第 4 期，第 10—20 页。

三是经济交往中的"互利共赢"。中国政府于1982年宣布了对非经济技术合作的"四项原则",即平等互利、讲求实效、形式多样、共同发展,开始积极探寻新的对非援助与经贸合作方式,鼓励中国企业加大对非洲的投资和技术转让。近年来,中国已着手在赞比亚、毛里求斯、博茨瓦纳、埃及等非洲国家建立境外经贸合作区,当前更是承诺积极推动非洲的"三网一化"建设,旨在变"输血"为"造血",以全面提升非洲国家的整体发展能力。

中国同传统的殖民主义的根本区别,在于中国始终注重与非洲国家的互利共赢与共同发展,也没有对非洲进行政治上统治或垄断的企图。正是中国加大了对非洲的经济投入,不断深化同非洲的战略合作,才使得非洲得以更快地实现经济发展,在对外交往中有了更多选择和回旋空间,由此提升了非洲在国际事务中的地位。正如坦桑尼亚学者梅威斯加·巴热古所言,当前非洲面临两扇机会之窗,第一扇窗是推动区域一体化和非洲大陆的统一进程,第二扇窗是加速发展和中国、印度这些飞速发展经济体的关系。[①] 中国现在是以平等的身份与非洲国家开展经贸往来,虽然其间也存在一些亟待解决的问题,但这本是国际经济活动中的正常现象,双方可通过平等协商方式予以解决。如果因中非双方存在经济结构上的不平衡而指责中国在非洲推行新殖民主义,因个别中资企业的社会责任不强而指责中国对非洲进行了残酷的剥削,甚至将经济问题上升到政治问题的高度,无疑是误解甚至是曲解了中非合作关系的本质,过分解读了中国对非洲可能带来的不利影响。[②] 由此,中国领导人在访非时才理直气壮地说,"新殖民主义"这项帽子绝对扣不到中国的头上。[③]

---

① [坦桑] 梅威斯加·巴热古 (Mwesiga Baregu):《非洲—中国—欧盟关系:来自非洲的视角》,载《国际问题论坛》2008年夏季号,第124—133页。

② 中国政府和学者曾多次回应外界的"新殖民主义"批评,概括起来主要有四点:(1) 中非经贸合作的主流是良好的,问题是非主流的。(2) 中国对非洲外交的本质是真诚友好的,个别中资企业的负面行为并不代表中国的外交政策。(3) 中非间的现有问题多是纯粹的经济问题,是可以加以控制并得到解决的。(4) 非洲国家政府和有识之士多对中非经贸合作持积极评价。参见罗建波《非洲非政府组织与中非关系》,载《现代国际关系》2008年第4期,第10—15页。

③ 《温家宝在埃及举行记者会》,载《人民日报》2006年6月19日第3版。

二 外交观念的分歧:"华盛顿共识" vs "北京共识"?

自20世纪80年代以来,西方先后推动非洲国家实施了"经济结构调整计划"、政治民主化改革及"良治"建设,其理念核心是基于新自由主义之上的"华盛顿共识"。① 这一由西方国家强力推广的所谓"共识",要求非洲各国实行经济上的自由化、私有化和政府管制上的非调控化,其中心思想是尽力减少政府在经济活动中扮演的角色,让市场在经济生活中全面发挥主导作用。华盛顿共识尽管在理论上建构得精致而完备,但在世界各地的实践中曾屡遭败绩,"经济结构调整计划"令非洲和拉丁美洲沦为经济危机的重灾区,"休克疗法"曾让俄罗斯一度坠入深谷,错误的危机应对也一度让亚洲金融危机雪上加霜。② 尽管"后华盛顿共识"针对"华盛顿共识"过分依赖市场而忽略政府作用和社会均衡的弊端,增加了诸如治理、政府调控和制度建设等新内容,但西方一贯坚持的新自由主义原则未有根本改变。③

与华盛顿共识不同,"北京共识"代表了另一种经济增长模式乃至社会发展途径。这一概念最先由美国高盛公司高级顾问乔舒亚·库珀·雷默(Joshua Cooper Ramo)在2004年5月提出,用以总结中国经济和社会发展模式。按照雷默的理解,重原则、主动创新和大胆试验,是北京

---

① "华盛顿共识"的概念由世界银行经济学家约翰·威廉姆森(John Williamson)在1989年提出,用以概括当时世界银行、国际货币基金组织和美国政府向其他国家推销的经济改革和应对金融危机的举措。其内容主要有十条:(1)加强财政纪律,压缩财政赤字,降低通货膨胀率,稳定宏观经济形势;(2)把政府开支的重点转向经济效益高的领域和有利于改善收入分配的领域;(3)开展税制改革,降低边际税率,扩大税基;(4)实施利率市场化;(5)采用一种具有竞争力的汇率制度;(6)实施贸易自由化,开放市场;(7)放松对外资的限制;(8)对国有企业实施私有化;(9)放松政府的管制;(10)保护私人财产权。参见[美]约翰·威廉姆森:《华盛顿共识简史》,载黄平、崔之元主编《中国与全球化:华盛顿共识还是北京共识》,社会科学文献出版社2005年版,第63—85页。

② 邹东涛:《"华盛顿共识"、"北京共识"与中国独特的发展道路》,载俞可平等主编《中国模式与"北京共识":超越"华盛顿共识"》,社会科学文献出版社2006年版,第409—434页。

③ 关于"后华盛顿共识"的论述,参见World Bank, World Development Report: The State in a Changing World, New York: Oxford University Press, 1997, p. iii;[美]约瑟夫·E. 斯蒂格利茨:《后华盛顿共识的共识》,载黄平、崔之元主编《中国与全球化:华盛顿共识还是北京共识》,社会科学文献出版社2005年版,第86—102页。

共识得以成功的关键所在。① 改革开放三十年来，中国根据自身国情独立自主地探索出一条不同于西方的发展道路：拒绝完全照搬西方经验，而是强调"摸着石头过河"；拒绝采取激进式的"休克疗法"，而是推行渐进性改革；在借鉴市场经济政策的同时，注重保持和发挥政府的宏观管理能力和动员能力；在鼓励变革与创新的同时，正确处理发展、改革和稳定的关系。中国政府和学者更倾向于使用"发展模式"而非"北京共识"，意在说明中国的改革与发展进程尚未完成，且中国无意与华盛顿共识一比高下，也无意像西方国家那样强行输出自己的所谓发展共识。

华盛顿共识并未给非洲带来预期的发展和繁荣，许多国家曾相继出现政治动荡和经济停滞，而同期中国的改革开放和现代化建设却取得了令世界瞩目的成就。许多参加中非首脑峰会的非洲领导人并非只被援助和贸易的机会所吸引，他们也是为中国的发展模式所吸引。时任南非总统姆贝基在峰会后撰文《希望诞生在北京天安门》，盛赞中国的改革开放和北京的巨大变化。② 塞内加尔总统甚至指出："不光是非洲，就连西方自己也有很多地方需要向中国学习。"③ 对于许多仍面临严重治理问题的非洲国家而言，的确需要一个高效且廉洁的政府，需要一条源自本土的发展方式，这些或许正是中国模式对于非洲的巨大魅力所在。

在过去的冷战年代里，世界被划分为东西两部分，发展中国家要么跟随西方模式，要么效仿苏联模式。冷战结束后，西方世界以"历史终结者"的傲慢之势强力在发展中国家推广其政治理念和发展模式。而当前中国的快速发展，使这些在实现了政治独立之后又经历过发展痛楚的发展中国家，开始看到了独立自主地实现民族复兴的希望。非洲国家之所以出现"向东看"的趋势，其实正是非洲寻求自身发展道路的一种自主性的尝试，它让非洲在寻求发展道路方面多了一种可能性，一种新的选择机会。作为对当前日益紧迫的社会治理与发展问题的回应，中国发

---

① ［美］乔舒亚·库珀·雷默：《附录：北京共识》，载乔舒亚·库珀·雷默等编《中国形象：外国学者眼里的中国》，社会科学文献出版社 2006 年版，第 283—333 页。

② Thabo Mbeki, "At the Heavenly Gate in Beijing Hope is Born!", *ANC Today*, November 10, 2006.

③ Abdoulaye Wade, "Time for the West to Practice What it Preaches", *Financial Times*, January 24, 2008.

展模式的成功显示了其巨大的吸引力、影响力及对外辐射力,为中国赢得了软实力和国际话语权。正如雷默所言:"中国正在指引世界其他一些国家在一个强大重心的世界上保护自己的生活方式和政治选择","一个有史以来最少依赖显示实力的传统手段的国家,它以惊人的榜样力量和令人望而生畏的大国影响作为显示实力的主要手段。"① 有学者更是把中国政府制定政治经济替代模式的能力视为"自冷战结束以来,西方人所面临的最大的思想威胁"。②毫无疑问,非洲国家"向东看"的选择有可能使未来非洲的发展进程和走向在某种程度上"偏离"西方的期待,这自然会使西方国家产生种种的担忧与疑惑。

三 外交原则的差异:干预合法还是"不干涉内政"?

欧美本着政治自由主义的理念,习惯于向非洲国家推销其人权、民主和良治标准。从早期欧洲对非洲的奴隶贸易和殖民统治,到后来对非洲独立国家实施政治经济控制,再到冷战结束前后形形色色的"经济结构调整方案"、良治和政治民主建设,我们可以看到西方国家试图按照自身意愿来主导非洲发展的历史轨迹。无论是2008年2月美国总统小布什访问贝宁、坦桑尼亚、卢旺达、加纳和利比里亚,还是现任总统奥巴马在2009年访问加纳以及2013年访问塞内加尔、南非和坦桑尼亚,他们的重要目的之一是宣传人权、民主、良治等价值观念。美国通过其于2004年1月设立的"千年挑战账户"向非洲国家提供援助以示奖励,以提供巨额"胡萝卜"的方式鼓励更多非洲国家走上良治道路。

中国对非洲政策所坚持的是"不干涉内政"原则,这是中国对外关系的基本原则和立国之本。它至少有如下内涵:第一,其内涵是指不干涉非洲国家的政治经济自主权,相信非洲国家有自己选择发展道路的能力,但这也绝不是说中国对非洲的和平与发展不闻不问。恰恰相反,中国在过去几十年里长期支持非洲反帝、反殖和反种族主义斗争,长期支持非洲国家的经济建设,特别是通过援建大型基础设施项目来实现非洲

---

① 乔舒亚·库珀·雷默:《附录:北京共识》,载乔舒亚·库珀·雷默等编《中国形象:外国学者眼里的中国》,社会科学文献出版社2006年版,第283—333页。

② Bates Gill & Yan ZhongHuang, "Sources and Limits of Chinese 'Soft Power'", *Survival*, Vol. 48, No. 2, 2006, pp. 17 – 36.

的自力更生。近年来中国积极关注非洲的和平与稳定,广泛参与联合国在非洲的维和行动并支持非盟的自主维和行动。第二,"不干涉内政"原则还意味着中非关系已经超越意识形态分歧,只要承认"一个中国"原则,不管文化背景、政治制度和外交理念有多么不同,中国都平等地与所有非洲国家建立外交关系。第三,"不干涉内政"原则意味着中非关系不针对第三方。尽管中非双方一再强调推动世界民主化进程,推动国际政治经济秩序的完善,但中非双方无意塑造一个现实的或潜在的竞争对手,双方反对的只是国际社会的单边主义行为和国际秩序的不合理之处,其核心在于结伴而不结盟,"对事而不对人"。[①]

西方国家却认为,中国坚持的政治与经济相脱钩的对非洲政策,与后冷战时期欧洲在处理非洲事务中所奉行的外交原则相抵触,会阻碍非洲各国实现良治的进程。[②] 所以它们要求中国加入现有的多边援助与投资倡议,力图将中国纳入既定的国际体系,使中国遵守现有的由西方主导的游戏规则。其实,中国同样关心非洲的治理绩效,但这与西方国家所谓的"良治"存在很大不同。欧洲所言良治,是以价值判断为基础,以西方的政治制度和发展模式去改造非洲;而中国则关注非洲国家的有效治理,这是一种以结果为导向的思维方式,看重的是政府的有效运作和社会管理的有序进行,强调政治的稳定与恰当的经济发展政策。[③] 这种认知差异,不仅反映了中国与西方国家在价值观上存在的某些不同,从外交的角度,也反映了中国更能尊重非洲国家的发展选择,体现了中国外交一贯倡导的平等待人与相互尊重。

---

① 罗建波:《如何推进中国对非多边外交》,载《现代国际关系》2006年第11期,第24—29页。

② Dianna Games, "Chinese the New Economic Imperialists in Africa," *Business Day*, February 21, 2005; Lindsey Hilsum, "China's Offer to Africa: Pure Capitalism," *New Statesman*, July 3, 2006, pp.23—24.

③ 方晓:《"中欧非合作:机会与挑战"国际学术研讨会综述》,载《国际问题论坛》2008年夏季号,第139—143页。

第四节 中西方能否在推动非洲发展
进程中实现各方共赢？

建构主义认为，国际社会结构是一个动态发展的进程，各方的交流与接触可以重新建构新的观念认知和身份认同，由此导致行为体相互关系的变化。因此中西方理应在非洲问题上超越相互猜疑和彼此分歧，争取实现各方利益的多赢局面，求同存异，和而不同。

一 应有的观念调适与思维转变

中国与西方国家需要认识到各方在非洲问题上存在的利益交汇与战略共识。从现实的利益角度，各方在非洲加强政策协调可以增进共同利益，避免可能存在的恶性竞争。中西方力促非洲的和平、稳定与发展，加强非洲自身能力建设，符合各方的共同利益。正如时任中国驻欧盟使团团长关呈远大使在2007年欧盟举办的"欧盟、非洲和中国：竞争伙伴？"会议上所言："中欧都主张维护非洲大陆的和平、稳定与发展，都主张加强非洲自身的能力建设，均希望看到一个持续发展的非洲，均在身体力行为非洲国家维护和平、稳定和实现共同发展做出努力。"[①] 从更广泛的意义上讲，非洲是当前全球问题表现最为突出的地区，是解决当前南北问题的关键所在。中国与西方国家采取何种姿态应对非洲的和平与发展问题，关系到世界能否更好地实现和谐与可持续发展。发展关乎非洲发展的国际多边伙伴关系，是中国与西方国家在本世纪更有效地应对全球性挑战的理想模式。

西方国家应以更为理性、更为务实、更为包容的眼光来看待中非关系的发展，认识到以下方面是至关重要的：

（1）中非关系已较为彻底地抛弃了意识形态色彩，中非战略合作不针对第三方，当然也不针对任何西方国家。中国无意改变西方在非洲的

---

① 关呈远：《中国与非洲和欧盟的战略伙伴：两者如何相容？》，http://www.chinamission.be/chn/sgxx/t335118.htm（2014-12-10）。

既有政治经济联系，事实上在短期内也不具备这种能力。

（2）中国尊重联合国和非盟的相关决议，在非洲重大热点问题上注重倾听国际社会的声音。比如在达尔富尔问题上，中国曾通过多种途径敦促苏丹政府务实地与非盟和联合国合作，在一定程度上促成了苏丹政治和解进程的重启和非盟—联合国混合维和行动的部署，逐步赢得国际社会的肯定和赞誉。①

（3）中非经贸合作不具排他性且日益公开、透明。中国经济已逐步同国际接轨，中国公司也主要是遵照国际规则在非洲开展经济活动。虽然中国同部分非洲国家的政治关系较为紧密，但中国并非主要依靠政治优势在非洲的竞标中胜出，而是由于自身物美价廉的质量和服务以及由此积累的良好声誉。

（4）中国在非洲的投资和援助规模远未达到西方人所夸张的程度。仅以中国对非援助为例。纽约大学瓦格纳学院（NYU Wagner School）于2008年发布的研究报告称：中国向非洲、拉美和亚洲地区提供的经济援助和政府支持的经济项目从2002年不足10亿美元迅速增加到2006年的275亿美元。② 美国威廉玛丽学院（College of William and Mary）于2013年发布调查报告称中国在2000—2011年间向51个非洲国家的1673个项目提供了750亿美元的政府财政支持，与美国同期900亿美元的对非官方发展援助几乎相当。③ 这些数据并没有很好地区分中国的对外援助与投资，混淆了中国政府贴息优惠贷款与进出口银行、国家开发银行及其他商业银行所提供的商业贷款，其结果是显著夸大了中国对外援助的规模。中国于2011年首度发布的《中国的对外援助》白皮书称，从20世纪50年代至2009年近60年间，中国累计对外提供援助金额为2562.9亿元人

---

① 2008年3月13日《经济学人》杂志推出题为《新殖民者》的文章，虽然再度提及中国的"资源饥渴"，但同时也认识到中国外交的积极变化，特别是在苏丹达尔富尔问题上的政策调整。"The New Colonialists", *The Economist*, Mar 13th, 2008, http://www.economist.com/opinion/displaystory.cfm? story_id = 10853534（2014 - 10 - 12）

② NYU Wagner School, "Understanding Chinese Foreign Aid: A Look at China's Development Assistance to Africa, Southeast Asia and Latin America", April 25, 2008.

③ Austin Strange, Bradley Parks, Michael J. Tierney, Andreas Fuchs, Axel Dreher & Vijaya Ramachandran, "China's Development Finance to Africa: A Media - Based Approach to Data Collection", Center for Global Development, Working Paper 323, April 2013.

民币。其中，对非援助占 45.7%。① 2014 年 7 月发布的《中国的对外援助（2014）》白皮书显示，在 2010—2012 年三年间，中国共计提供对外援助 893.4 亿元人民币。其中，对非洲援助占 51.8%。②

（5）中非经贸合作已经且正在产生积极效果。中国廉价商品适应了普通非洲人的消费水平，提高了他们的生活质量。中国的投资和援助带动了非洲经济发展，活跃了非洲市场，客观上有利于西方国家。

（6）中国企业正处于国际市场的开拓阶段，注重资本积累且缺乏国际运营经验，因此部分企业的社会责任形象还有待提高。但从长远看，中国企业势必会按国际通行规则调整其经贸活动。正如赞比亚大学福瑞迪克·穆蒂萨（Fredrick Mutesa）教授所言，中国有色矿业集团所属谦比希铜矿（Chambishi）已吸取了 2005 年 4 月瓦斯爆炸和 2006 年 7 月赞方工人罢工的教训，正在逐步改善工人的工作条件和工资待遇。③ 而且至关重要的一点是，部分中资企业的负面行为并不等同于中国的非洲政策。正如美国国务院助理国务卿帮办柯庆生和詹姆斯·斯旺告诫他的同行，"我们必须区分中国能源公司寻求勘探协议的行动与中国政府的非洲政策。……人们常常言过其实地指责中国公司的活动或投资决定由中国政府协调，……实际上，中国公司不仅与技术上比较先进和政治上精明的国际公司竞争，而且还彼此竞争。"④

中国和非洲方面也应以发展和变化的眼光来看待西方的全球角色及其对非洲政策的转变。出于历史经验的惯性思维和对现实利益的考量，西方国家势必继续谋求在非洲的主导性权力，防范其他新兴力量在非洲权势的过快增长。但 21 世纪以来西方国家对非洲外交政策也出现了一些积极的变化：一是开始注重发展与非洲国家的"平等关系"或"伙伴关系"。法国声称要摆脱后殖民主义心态，把同非洲国家间垂直的"父子关

---

① 国务院新闻办公室：《中国的对外援助》，2011 年 4 月，第 7 页。
② 国务院新闻办公室：《中国的对外援助（2014）》，载《人民日报》2014 年 7 月 11 日第 22 版。
③ Fredrick Mutesa, "China's footprints in Zambia", Paper presented at the meeting of "China's Footprint in Development Countries Research Sharing Workshop", January 22 - 24, 2008, Hong Kong, YMCA International House.
④ Thomas J. Christensen & James Swan, "China in Africa: Implications for U. S. Policy", http://foreign.senate.gov/hearings/2008/hrg080604a.html（2014 - 05 - 26）

系"变为更为平等的"兄弟关系"。① 美国于 2006 年发布的《国家安全战略报告》也把美非关系界定为"伙伴友好关系",而不是"家长式附属关系"。② 殖民统治、后殖民和冷战政治的线性延伸思维已难以继续,西方国家已不可能回到它们与非洲国家关系的旧有模式。二是倡导在非洲事务上的多边主义。鉴于中国、印度等发展中大国在非洲影响力的迅速扩大,西方国家在某些方面也欢迎中国、印度等发展中大国参与非洲的和平与发展事业,关乎非洲的国际多边合作也正是在这种背景下才得以展开的。西方国家已经认识到,在非洲建立绝对垄断性利益的思维已变得不合时宜。

中国与西方国家的合作应以非洲的发展为出发点,注重倾听非洲的声音,并在多边合作中充分尊重非洲的倡议权和主导权。在有关非洲问题的大国合作中,非洲并非任人主宰的对象而应是大国平等相待的伙伴和利益相关方。近年来,非盟以团结一致的姿态努力提高非洲发展的自主性和主导权,"非洲发展新伙伴计划"突出强调"自主发展"的思想,重在发展与域外大国及国际多边机构的新型伙伴关系。非洲应在非盟的基础上本着"非洲发展新伙伴计划"和非洲"2063 议程"的优先发展目标,建立一个清晰明确、协调一致的对外统一立场,来开展与中国和西方国家的交往。

二 合作领域与路径选择

各方在非洲的合作宜采取务实、循序渐进的方式予以推进。第一阶段可以在项目层面和具体问题上展开协调与合作,可先行的领域:(1)粮食问题,各方可以携手应对非洲的粮食安全问题,推动非洲的农业发展,这关系到非洲国家的减贫与发展进程,关系到世界大国治理全球性问题的绩效。(2)环境问题,其中包括自然灾害、气候变暖、水资源利用问题。环境领域的非传统安全问题不仅可能抵消非洲经济发展成就,而且还是引发政治冲突的潜在根源,苏丹达尔富尔危机的直接诱因正在

---

① Rachel Utley, "'Not to do less but to do better⋯': French military policy in Africa", *Internal Affairs*, Vol. 78, No. 1, 2002, pp. 129–146.

② "The National Security Strategy of the United States of America", http://www.whitehouse.gov/nsc/nss/2006/nss2006.pdf (2014–05–26)

于各方对水土资源的争夺。①（3）在能源问题上，确保能源的合理开发和有效供应，抑制全球能源价格出现背离供需平衡关系的非理性上涨，符合各方的利益。（4）在基础设施建设领域，由于基础设施落后是制约非洲经济发展的瓶颈，所以也是非盟和"非洲发展新伙伴计划"优先关注的领域。西方国家的资金、项目管理经验与中国质优价廉的工程技术可以形成优势互补。（5）在教育与公共卫生领域，中国援非医疗队和教育援非工作积累了丰富经验，西方国家的各种慈善机构、教会、社会团体等一直在非洲各国基层开展初级教育和公共卫生的普及与推动工作。中国与西方国家可以在人力资源开发、抗击疟疾、艾滋病和结核病方面加强合作。（6）在和平与安全领域，注重参与联合国在非洲的维和行动，同时培育和增强非洲的自主维和能力。

在上述领域积累经验、培育互信后，可以拓展到政治性色彩相对浓厚的领域，如非洲重大热点难点问题的解决，非洲国家治理与政治发展，非洲发展模式的探索。各方可以通过沟通协调以减少相互猜忌和防范、增进互信与理解，在推动非洲和平与发展进程中实现各方利益的共赢局面。

三 合作机制与合作主体

中欧双方建立了在非洲问题上的定期沟通渠道，中欧战略对话机制和亚欧会议开始定期探讨非洲议题。在欧盟框架之外，中国政府同英国等欧洲主要大国建立了定期的信息沟通与非洲事务磋商机制，探讨包括非洲在内的国际发展议题。在对非援助议题上，中英合作的重要目的是"促进非洲自我发展远景的实现，尤其是非洲发展新伙伴计划和非洲联盟提出的目标"。② 中美关系方面，非洲议题也已纳入中美战略经济对话及其他例行高层对话的议程，从2005年至2014年，中美双方已相继举行了六轮

---

① 罗建波、姜恒昆：《达尔富尔危机和解进程与中国国家形象塑造》，载《外交评论》2008年第3期，第44—50页；Adam Al-Zein Mohamed & Al-Tayeb Ibrahim Weddai, eds., *Perspectives on tribal conflicts in Sudan*, Institute of Afro-Asian Studies, University of Khartoum, 1998.

② 英国国际发展部：《与中国合作，在非洲实现千年发展目标》，http://www.dfid.gov.uk/countries/asia/China/partners.asp （2014-10-11）

中美非洲事务磋商。合作机制也可以是中、欧、非或中、美、非的大三边合作。2007年6月欧盟发起召开了"欧盟、非洲和中国：竞争伙伴？"研讨会，中、欧、非三边合作迅速成为欧洲热议的话题。2008年10月17日，欧盟委员会正式推出《欧盟、非洲与中国：走向三边对话与合作》的政策文件，提出了开展中、欧、非三边合作的机制构想和政策建议。① 在非洲问题上，甚至可以考虑更为广泛的中、欧、美、非四边合作。

就合作主体而言，中国应继续加强同欧洲、非洲的地区大国的双边合作，同时注重加强同欧盟和非盟的交往，因为在一体化深入发展的今天，地区组织的政治、经济和外交权能日益扩大。中国也应注重开展对欧洲和非洲的公共外交和民间往来，体现在外交工作的对象上就是要着重开展同那些在国际社会拥有一定舆论或政治影响力的媒体、非政府组织的对话与沟通。为此，还需适度调动中国民间外交资源，通过民间交流来达到增信释疑的作用，因为民间的对外声音往往比政府的对外宣传更容易被外界接受。民间交往曾为新中国打开外交局面发挥过重要作用，今后也应注重发挥这种"二轨外交"的辅助作用。

最后还需强调，中国、非洲与西方国家的多边合作是一个有待深入探讨的课题。各方在此问题上的合作尚处于探索阶段，多边合作机制及其相关权益分配格局尚未定型。积极拟定富有前瞻性、预见性的应对举措，符合中国自身外交利益。在战略层面，中国应以积极而审慎的态度审视这一课题，一方面欢迎西方国家对非洲问题和中非关系的关注，在"非洲提出、非洲同意、非洲主导"的前提下采取建设性姿态参与甚至主动推动各方在非洲问题上的协调与合作。另一方面，又要谨慎行事，不能操之过急。中国正处于国力迅速上升期，任何机制安排都需要充分考虑到自身政治经济权益日渐增长的事实，给自身发展留有足够空间。在政策层面，应保持多边外交与双边外交、官方外交与公共外交的动态平衡，同时注重点面结合，既开展与西方大国及非洲地区大国的协调与合作，也重视发展与欧盟、非盟等地区组织的关系。

---

① Commission of the European Communities, "The EU, Africa and China: Towards trilateral dialogue and cooperation", http://ec.europa.eu/development/icenter/repository/COMM_PDF_COM_2008_0654_F_COMMUNICATION_en.pdf (2012-05-09)

结语：

中国在非洲："天使"还是"魔鬼"？

  对中非关系，中国与西方国家有许多不同的认知和解读。中国国家主席习近平在2013年初访非时，畅谈"中国梦"和"非洲梦"，把中非关系的本质特征概括为真诚友好、相互尊重、平等互利、共同发展。中国学者和对非外交工作者，多以乐观的态度看待非洲的发展和未来，对中非互助、互利、互信、互鉴的友好关系充满信心。然而，不少西方人却对中非合作的互利共赢充满了质疑。从2006年英国时任外交大臣杰克·斯特劳率先批评中国在非洲搞"新殖民主义"，到2011年希拉里·克林顿在赞比亚含沙射影地攻击中国，再到2013年美国总统奥巴马在访问南非时"善意提醒"非洲领导人要谨慎发展与中国的关系。西方人往往以"卫道士"的身份来审视中国的非洲政策及不断发展的中非关系。

  对非洲的发展，中国是"天使"还是"魔鬼"？如同任何国家的外交首先服务于它的国家利益一样，中国对非洲外交也有自己的战略意图，这一点我们从不否认。但中非关系从一开始就具有一种以南南合作和亚非复兴为指向的世界主义抱负，这一直是中国对非洲外交的显著特色。在过去几十年里，中国对非洲外交有自己的成功之处，即便是西方国家也不得不承认。但当前中非关系在快速发展的同时又出现了许多新的问题和挑战，其中许多方面考验着中国人的外交智慧。

  21世纪上半叶是中国实现和平发展的战略机遇期，中国外交也必将经历更为深刻的变革和更为全面的调整。当前及未来几十年，中国在非洲有着何种战略利益与目标，中非关系之于非洲发展又有何种重要的价值与意义？中非合作到底面临哪些重要问题，中国在外交层面又应当如何予以回应？这需要我们以一种前瞻性、战略性的思维，站在中国外交全局的高度，着眼于21世纪上半叶中国与世界关系变迁的全球视野，来全方位思考上述问题，从而为中非关系进一步发展提供更为深入、全面的理论总结和战略研判。这里，笔者谈谈自己粗浅的认识，权当本书的结束语。

一　如何认识非洲对中国外交的战略价值？

中国的经济发展离不开非洲。中非贸易额从2000年的106亿美元增长到2014年的2218亿美元，从世界各国与非洲双边贸易的角度看，2009年以来中国就已成为非洲最大贸易伙伴；中国对非直接投资存量在2003年底仅为4.9亿美元，目前已经超过了300亿美元。中国在非洲的经济利益涉及多个方面，其中最为重要、最为迫切的是实现中国资源和能源进口的多元化。如同任何大国都有明确的海外资源利益和资源战略一样，中国也无需刻意回避它在非洲的资源需求，对部分西方人士对中非资源合作迅速发展表现出的不适、惊恐乃至批评，也不宜过于惊慌失措。

中非经贸合作还有助于中国企业积累参与全球化的经验，这是中国企业对非走出去的重要意义之一。中国企业深度参与非洲的投资、贸易和工程建设，可以在海外市场拓展、企业管理、资本运作、风险规避，以及如何处理与当地政府、民众和国际社会的关系等方面积累宝贵经验。中国企业在非洲投资过程中所受的诸如环境保护、劳资关系等方面的国际压力及批评也在一定程度上有助于它们完善企业社会责任，规范自身行为，提高它们对国际经济运行规则的认知。

中非合作还有更为重要的战略价值。历史上，非洲国家曾给予中国极其宝贵的外交支持，有三件事我们不能忘：一是非洲黑人兄弟把我们"抬进"了联合国。在那特殊的年代，正是在广大非洲国家的帮助下，中国才得以突破自身面临的外交困境，重回国际社会并赢得应有的国际尊重。二是1989年北京政治风波后，又是非洲国家帮助中国打破西方国家对中国的封锁。当年8月钱其琛外长先后应邀出访了8个非洲国家。当时，顶着西方外交压力到中国访问的第一位外国元首来自非洲，第一位政府首脑来自非洲，第一位外长也来自非洲。作为回应，从1991年开始，每年年初中国外交部长首次出访都是去非洲国家，这一外交惯例的确定和延续显示出中国对中非关系的高度重视。三是在台湾问题和人权问题上，绝大多数非洲国家也是"一个中国原则"的坚定支持者，是中国维护国家主权独立的重要外部支持力量。过去的历史表明，中国的国际环境越是恶化，非洲在中国外交战略中的地位就越重要。如果说"发展中国家是中国外交的基础"，那么非洲就是这个基础中最为核心的部分。

21世纪上半叶是中国实现和平发展的关键时期。中国渴求有一个稳定的国内国际环境，希望妥善处理与外部世界的关系。中国一再宣称它不挑战他国的利益和现有国际秩序，但它同样希望其他国家尊重它的核心利益，其中尤为重要的是国家统一和政治稳定。由于部分西方国家在欢迎、接纳中国融入国际体系的同时，又秉持延续多年的冷战思维或坚持传统霸权思维，对处于快速崛起进程中的中国进行政治或安全上的防范。在这种背景下，中国要实现自身的战略目标，除努力经营周边睦邻关系外，还要积极加强和拓展与非洲国家的关系，利用其整体力量制衡少数国家对中国的阻遏，改变和优化中国在国际社会的处境。中国不会搞军事同盟关系，但也需要政治上的合作伙伴。从这个角度讲，非洲对中国和平发展的外交全局有着重大的意义。

2000多年前，伟大的古希腊哲学家、物理学家阿基米德曾说过一句名言：给我一个支点，我能够撬起整个地球。那么，中国外交的战略支点在哪里？作为发展中国家的重要组成部分，非洲是撬动中国与外部世界关系的一个结构性支点，是中国在若干重要问题上平衡西方压力的借助力量。[①] 长期以来，中国人关注中国的权势增长，目光大多集中在与西方国家的关系上，以及中国在东亚的影响力上。如果跳开这些领域，这些年中非关系世界影响力的增长对于中国的崛起，同样具有某种特殊的战略意义。中非关系的意义，在于它推动着中国实现大国复兴的历史进程，也见证了这一进程中不断增长的世界影响力。

历史上中非双方曾互为政治盟友，当前双方在维护国家主权和民族权益、共同追求发展和复兴的过程中找到了新的合作基础。着眼于国际关系格局的变迁，当代中非关系所展现出的南南合作势必会显著提升中国与非洲国家的国际影响力，极大改变长期以来亚非世界在国际体系中

[①] 刘鸿武：《中非关系30年：撬动中国与外部世界关系结构的支点》，载《世界经济与政治》2008年第11期，第80—88页。

的弱势地位。当代亚非复兴浪潮所昭示的,是过去长期屈居于欧美世界的亚非各民族各国家开始由世界的边缘和外围逐步走向世界舞台的中心,重新彰显它们对世界发展的价值和意义。几个世纪以来形成的以西方国家为中心、以西方话语为主导的世界结构正在发生显著改变,人类文明正在向更加多元、更加多样、更加包容的方向发展。① 虽然这一进程才刚刚开始,但其发展趋势与前景却让人充满期待。

二 如何认识中国对非洲外交的本质?

无需否认,中国对非外交有自己的战略意图,比如寻求非洲的政治支持,获取战略资源,但中国对非洲外交也有超越国家利益层面的理想、使命和抱负,这一点经常被国外学者忽视、怀疑,甚至是否定。

1949 年新中国的诞生,标志着中国人民获得民族解放和真正意义上的政治独立,这一进程较多数非洲国家为早。由于西方国家对新生人民政权的敌视,更由于中国人民对亚非各国在近代历史上遭受西方侵略的感同身受,以及中国共产党人鲜明的国际主义精神,新中国在向以苏联为首的社会主义阵营"一边倒"的同时,自始认为自己同时属于被压迫民族和新兴民族独立国家的一员,誓言联合亚非各被压迫民族共同反对帝国主义侵略。在 20 世纪 60、70 年代,中国对非洲提供了超出自身国力的援助,很多援助设备中国自己都舍不得用。中国举全国之力帮助坦桑尼亚和赞比亚修建了长达 1860 公里的坦赞铁路,是那一时期我们支持非洲民族独立运动的最突出的历史见证。尽管当时中国对外援助的绝对数额不大,但它是中国在自身经济基础还十分薄弱甚至是经济异常困难的情况下做出的,体现了中国对非洲国家追求独立和发展的深切同情和支持。

现在,中国逐步发展了,它同样有一个愿望,就是在自己实现发展的同时,尽力去帮助非洲国家实现共同发展。中国是世界上最大的发展中国家,长期以非洲和发展中国家为自身外交依托和战略伙伴,这决定了中国日益增长的全球责任,就不仅仅只是与世界主要国家一道维护全

---

① 刘鸿武、罗建波:《中国在世界中的角色》,载《中国社会科学报》2011 年 12 月 29 日第 24 版。

球金融秩序稳定,打击国际恐怖主义,阻止全球气候变暖,尤为重要的,是推动发展中国家的减贫与发展,促进世界均衡发展和南北问题的解决,以及帮助尚处于动荡中的发展中国家实现政治稳定。中国的全球责任主要是对以发展中国家为主体的国际社会负责,这是中国基于自身身份和利益的外交选择。

其中一个重要形式,是中国在力所能及的范围内不断创新中非发展合作的形式,增加对非洲发展的支持,其中包括适时增加对非援助规模。历届中非合作论坛会议均提出推动非洲发展和中非合作的新倡议和新举措,2015年约翰内斯堡峰会更是承诺提供600亿美元支持开展中非十大合作计划,体现了中国在实现自身发展的同时,开始更多地帮助非洲国家实现共同发展。与过去中国支持非洲民族解放运动相比,当代中非发展合作开始更为紧密结合非盟和"非洲发展新伙伴计划"设置的优先发展议题,把重点放在非洲国家迫切需要的基础设施建设、医疗卫生、技术培训、人力资源开发等领域,着力提高非洲经济自主发展能力和民众生活改善。

非洲国家的有识之士大多欢迎中国在非洲的务实合作,且对中非关系寄予了极大希望。在2008年的一次中欧非三边研讨会上,一位来自坦桑尼亚的学者梅威斯加·巴热古称,当前非洲面临两扇机会之窗,一扇是非洲的一体化和非洲统一,另一扇是非洲发展与中国和印度的关系。① 丹比萨·莫约(Dambisa Moyo),一位出身赞比亚,而求学并定居西方的非洲人,用"死亡的援助"(dead aid)来批评西方人对非洲的发展政策,却相信中非务实合作将为非洲发展带来新的契机。她断言:"在过去60年,没有任何国家对非洲的政治、经济和社会结构的影响能像中国在新千年开始以后对非洲的影响这么大。"她在书中称"中国人是我们的朋友"。②

当代中非关系的本质特点之一,在于通过构建全新的互惠互利关系来推动中非双方的共同发展。这一外交使命,是对过去几十年中国倡导

---

① [坦桑]梅威斯加·巴热古:《非洲—中国—欧盟关系:来自非洲的视角》,载《国际问题论坛》2008年夏季号,第124—133页。
② [赞]丹比萨·莫约:《援助的死亡》,王涛、杨惠译,世界知识出版社2010年版,第70—82页。

无产阶级国际主义的扬弃,体现了中国倡导推动世界共同繁荣和持久和平的美好愿景,因而展现出一种新时期的大国责任精神。21世纪初期中国提出"走和平发展道路"并推动建设"和谐世界"的理念,近年来习近平主席更是提出"中国梦"、"非洲梦"和"世界梦"的美好愿景,表明中国在以和平方式实现自身发展的同时,更加注重以一种世界主义的宽广视野来审视自身的国际责任以及与外部世界的关系,推动与非洲国家的共同发展自然就成为新时期中国外交的重要内容。中国发展不仅造福自身,也惠及世界。

中国传统文化中有一种"大同"思想,用现代话语讲,就是世界要实现共同富裕,人与人、民族与民族间要实现和谐相处。虽然当前中国仍不富裕,中国关注的重心仍在于解决国内发展问题,正如美国加州大学教授谢淑丽(Susan L., Shirk)所言,中国还是一个"脆弱的超级大国"(fragile superpower)。[①] 但随着中国进一步发展,中国的世界责任意识必将会继续增长。而体现这种世界责任的最好地方,就是在非洲。

我曾对一位欧盟的官员讲,欧洲和美国谈对非发展援助,或多或少带有一种赎罪感,因为历史上,它们要么有在非洲的殖民历史,要么有贩奴历史,甚至二者兼有。而中国谈对非援助与经济合作,则更多地是一种使命感,因为它没有历史包袱。中国是一个有着13亿人口的大国,其在经济和社会领域的任何发展成就均是对人类发展的巨大贡献,而如果中国能够通过自身发展所创造的机遇带动其他发展中国家实现共同发展和富裕,通过全方位的互利合作关系来推动非洲国家的减贫与发展进程,必将极大提升中国外交的感召力、亲和力和影响力,提升中国外交的国际形象和道德高度。从此角度讲,非洲是中国展现大国责任的形象舞台,提升自身国际影响力和话语权的重要平台。

三 怎样去推动非洲的和平与发展?

近年来,中国主要有三种形式去帮助非洲实现和平与发展:

一是通过对非洲的投资、贸易和援助来带动非洲的经济发展。应该承认,中非合作给非洲带来了巨大的好处,否则中非经贸合作就不会发

[①] Susan L., Shirk, *China: the fragile Superpower*, Oxford University Press, 2007.

展如此迅速。比如，中国商品适应了普通非洲人的消费水平，提高了他们的生活质量；中国对非投资带动了非洲经济发展，特别是提升了非洲国家的基础设施建设水平；非洲的某些原材料价格因为中国需求的增加而显著提高了价格，这对非洲是有利的。而非洲市场的活跃，客观上也是有利于西方国家的。

这些年中非经贸合作发展很快，但问题也很多。其中既有结构性的问题，除非洲部分矿藏富集国外，中国对多数非洲国家都保持了不同程度的贸易顺差；也有中资企业或中方经营者自身的问题，比如部分中国商品和工程项目存在质量问题，部分中资企业社会责任意识不强或频频出现劳资纠纷问题。这些问题已经引起了中国方面的高度关注，事实上中国政府也在努力寻找解决问题的办法。

为解决部分资源贫瘠国家与中国存在的贸易逆差问题，中国从2005年起逐步给予非洲最不发达国家对华出口商品零关税待遇。为提高非洲国家的生产能力和出口创汇能力，中国在赞比亚、毛里求斯、尼日利亚、埃及和埃塞俄比亚等非洲国家建设经贸合作区。为推动非洲的工业化和农业化，当前中国更是积极推动中非产能合作与产业对接。中国领导人在出访非洲时，曾多次召见相关中资企业负责人，要求他们切实履行企业社会责任，更多地兼顾非洲当地的长远发展。中国商务部、外交部、海关等单位也出台了很多政策，加强了对涉非中资企业和中国商品的监管。但有些监管措施还难以产生立竿见影的成效，这既需要中国政府不断完善相关法规政策和监督举措，同时也需要企业在自身成长过程中尽快地去"学习"全球规则和标准，履行自己应有的企业社会责任，不断完善企业形象。

二是建设性参与非洲的和平与安全事务。中国明确支持非盟倡导"以非洲方式解决非洲问题"（African solutions to African problems）的原则，为非盟在非洲开展的自主维和行动和常备军建设提供资金和后勤支持，增加为非盟培训和平与安全事务官员和维和人员的数量。自非盟成立以来，中国先后向非盟在刚果（金）、布隆迪、苏丹达尔富尔、索马里的维和部队提供了后勤物资援助或现汇支持。在非洲的一些地区热点问题上，中国坚定支持非盟的主导作用，如中国曾明确推动以非盟、联合国、苏丹政府为主导的"三方机制"来解决达尔富尔问题，坚定支持以维和行动和政治和解进程为主渠道的"双轨战略",积极敦促苏丹方面与非盟开展务实合作。中国还积极参与联合国在非洲开展的维和行动,以此帮助非盟及非洲国家实现冲突治理。当前,中国正在非洲参与实施的维和行动有7项,包括非盟—联合国达尔富尔混合行动、联合国驻苏丹特派团、联合国科特迪瓦行动、联合国利比里亚特派团、联合国刚果民主共和国特派团、联合国西撒哈拉全民投票特派团、联合国马里多层面综合稳定特派团。2013年中国向马里派遣了具有警卫能力的维和先遣队,在2014年向南苏丹派出了成建制的维和步兵营,表明中国参与联合国维和行动的力度、广度和深度得到进一步提升。近年来,中国承诺发起"中非和平安全合作伙伴倡议",在非洲和平与安全事务中发挥更为积极的作用。

一些重要的外交原则也在不断得到发展,"互不干涉内政"原则就是其中之一。"互不干涉内政"是中国外交的基本原则,它体现了中国对主权平等的尊重。当今世界仍然存在许多不公正、不合理的地方,仍然存在形形色色的强权政治和单边主义行为,"互不干涉内政"原则仍有其存在的必要性。中国讲不干涉内政,是不是就表明中国对他国的人道主义危机不闻不问、袖手旁观呢?不是。现在中国奉行的不干涉内政原则,只是反对那些擅自对其他国家内部事务进行干涉的行为,特别是反对那些借人道主义或"保护的责任"之名行颠覆他国政权之实的做法。中国同样关心别国的人道主义灾难和当事国民众的诉求,同样需要保护自身的海外利益,只是主张政治危机应当通过联合国或地区组织的框架来解决,并尊重当事各方在危机处理中的应有地位。所以,在近年来的苏丹和利比亚等问题上,中国呼吁尊重联合国、非盟、阿盟的主导地位,在维护非洲国家主权的同时,日益灵活地处理了与西方国家间的立场分歧。中国外交在坚持原则的基础上逐步显示了其灵活性,其相关经验和教训值得认真总结。

三是通过中非人力资源开发合作与发展经验交流来帮助非洲国家提高发展能力。中国政府于2000年设立了"非洲人力资源开发基金",在此框架下加大了对非洲人才的培养和培训工作。中国的一些党政机关、高等院校及科研机构,也陆续举办了大量的对非洲国家的人力资源研修班、研讨班,其中不少内容涉及发展经验和治国理政能力的研讨。中国相关部门同联合国开发计划署联合筹建了"中国国际扶贫中心",负责实施针对其他发展中国家的减贫能力建设项目。

笔者以为,中国发展经验和治国之道可以分为三个层次:一是理念、思想上的,比如对独立自主的深刻理解,改革开放体现出的政治智慧,以人为本的政治理念,以及对国际关系中的平等、尊重和互利的理解;二是原则、路径层面的,比如主动学习借鉴而非完全照搬,推行渐进性改革而非激进式的"休克疗法",正确处理发展、改革和稳定的关系;三是技术、政策层面的,比如有效利用外资和外援、实现农村发展和减贫、提高政府治理能力,以及实现社会稳定和民族团结。尽管中国经验远未定型,中国发展也远非尽善尽美,但中国的现代化历程积累了许多经验教训,其中许多经验可以为同为发展中国家的非洲国家所借鉴。中国政府至今仍未使用诸如"北京共识"或"中国模式"的字眼,注重与非洲国家在治国理政经验上的平等交流与互鉴,这种谨慎的态度体现出中国政府对独立自主和不干涉内政原则的一贯坚持,体现出中国对非洲国家探寻自身发展道路这一基本权利的尊重。

据笔者观察,凡是第一次来华的非洲学员都惊羡于中国的快速发展,他们常常用"奇迹"来描述他们在中国所看到的一切。因为他们知道,仅仅在30多年前,中国与多数非洲国家一样贫穷。当前中国的快速发展及其体现出的积极的创业精神,使这些在实现了政治独立之后又经历过发展痛楚的非洲国家,开始看到了独立自主地实现民族复兴的希望。中国经济发展的经验积累、政策思考,以及政策选择所体现出的自主精神,让这些正致力于实现现代化的非洲国家开始重新思考自身的发展道路,让这些国家在"华盛顿共识"之外多了一种新的选择机会。非洲国家之所以出现"向东看"、"向中国看"的趋势,其实正是它们寻求自身发展道路的一种自主性的尝试。对于非洲国家,中国的发展提供了一种激励、一种榜样、一种希望。这或许正是中国模式的巨大魅力所在。

四 如何推动中国对非洲外交的发展与完善?

进入21世纪的十多年来,中非关系发展之快,产生的世界影响之大,都超出了当初的预料。中非关系快速发展也带来了问题的大量涌现,很多问题始料未及。当前既是中非合作关系全面、深入发展的战略机遇期，也是各种问题和矛盾的积聚期。冷静而客观地分析当前中非关系面临的问题与挑战，在此基础上对中非关系的未来发展提出前瞻性的理论、战略与政策思考，就显得特别的重要。

（一）在理念层面，中国对非洲外交应彰显自己的核心价值观，据此增进与非洲国家的政治互信。

长期以来，中国对非洲外交始终强调平等、尊重、互利、共赢的原则，注重南南合作进程中的互助互援。这种以政治平等为基础、以共同发展为导向、以南南合作为关照的新型战略伙伴关系，不仅有效推动了非洲国家的发展与复兴进程，也使中国赢得了非洲国家的广泛信任与支持。考虑到近代以来欧洲列强在非洲的殖民统治和政治高压，以及后殖民时代西方国家仍然难以割舍的主子心态和教师爷作风，如果中国能继续坚持传统外交的优良作风，通过践行国际关系之平等互利原则，与非洲国家真正发展出一种平等的互助互援关系，必将有力推动当今世界的国际关系民主化进程，推动既往国际关系基本范式和交往模式的转变，这正是中非关系对世界发展及人类交往的又一重要贡献。

这就需要继续践行对非洲国家的平等与尊重。历史上中国之所以能与非洲国家建立患难与共的历史友谊，其中一个重要原因在于中国注重尊重并平等对待非洲人。问题的关键是，过去中国是在自身经济基础十分薄弱、国际政治处境非常艰难的情况下开展与非洲国家的平等交往，这似乎不难做到，而当前中国是在经济快速发展且国际环境极大改善的条件下，继续体现出对非洲朋友的相互尊重和平等相待，则是一个必须在理念上和实践中予以正视的问题。无论是外交界，还是民众，都应当注重防止出现对非交往中的"大国意识""富国心态"，以及由此产生的某些形式的"居高临下""盛气凌人"。非洲国家大多国小民贫，即便是54个非洲国家加在一起，其经济总量也远逊于中国，因此我们应该更多地站在非洲人的立场来感受他们对平等与尊重的渴望。2012年6月，中国政府非洲事务代表钟建华大使在北京大学国际关系学院所作的报告中说道：真正的傻瓜是那些认为人家是傻瓜的人。诚如北京大学李安山教授的忠告，如果中国陶醉于做大国梦而奉行沙文主义，必将铸成大错。

中国对非洲外交还应彰显其他的、也许同样重要的理念和价值观，如中国在非洲国家的民主、治理、国内冲突及更为广泛意义上的国际秩序变迁等问题上究竟持一种什么样的理念、原则和政策。一些国内学者认为,中国对非洲的"民生外交"要比欧美对非洲的"民主外交"或"价值观外交"更为优越,也更适合非洲的现实发展,但西方人或许恰恰相反,认为它们在争取非洲的"民心",并对其政策的长远成效充满信心。中国基于主权平等和互不干涉内政的原则同非洲国家开展互利合作,符合中非双方的共同利益,但西方人往往从他们的政治理念出发,指责中国奉行了一种"实用主义"的外交政策。今后,中国应继续坚持自己的外交传统,而非无原则地顺应西方国家对中国的所谓"责任期待",但从长远看,建构一套更为完整、更具普世性的外交理念,无疑会增强中国对非洲外交的道义高度和形象魅力。从更大角度讲,中国外交是否具有更为明确、更为系统的核心价值观,将是中国在大国成长之路上更趋成熟的重要标志。

而当下需要注意的重要问题,是中国应注重在政治理念层面与非洲国家开展坦诚的交流与对话,以增进双方的互相理解与认同。20世纪80年代后期以来受民主化浪潮的影响,绝大多数非洲国家相继采取了竞争性的多党民主选举,在政治制度和政治观念上与西方国家的距离在拉近。新生代民选政治家大多了解且熟悉西方政治的运作方式,不断发展的公民社会更是认同西方的价值理念。虽然中非双方的价值观差异并没有给中非关系带来实质性负面影响,但这种差异的存在必然潜在地影响到非洲人对中国的认知,这也是西方对中国的某些污蔑能够在非洲引起不同程度共鸣的重要背景。中国应向非洲方面传达这样的信息,即实现民主、自由、平等、公正是人类社会的发展方向,中国也正在推动社会主义民主政治建设,致力于建设一个民主、公平、正义的社会。尽管中非双方在具体的制度上存在不同,但双方对人类的普世价值的追求无疑是一致的。近年来,中国积极支持非洲的和平与发展,帮助非洲国家提高治国理政的能力,以及不断加大对非洲的人道主义援助,都是中国支持非洲民主与人权发展的具体体现。

从更深层次上讲,中非政治互信的建立还有赖于双方的文化交流与情感培育。革命的、激情的、理想主义的年代已经过去,老一辈革命家建立起来的历史情感也已不在。双方年轻一代对那段患难与共的历史知之不多,对彼方的关注多源于经济诉求而非历史记忆。在以经济纽带为基础的今天，如何继续深化中非高层间的相互信任和默契，特别是夯实双方民众间的相互了解和认知，是中国外交面临的一个大问题。从这个角度上讲，从国家战略高度去统筹规划中国的文化外交、对外传播、国家形象构建等问题，就显得特别重要。

（二）在战略层面，中国应明确自身的国际身份定位并据此发展与非洲国家的友好合作。

从经济学的指标来看，依据目前的经济发展速度，中国将很快不再是一个发展中国家。但是，中国对"发展中国家"概念有自己独特的理解和认知，认为"发展中国家"自始便不是一个纯粹的经济学概念，而具有更为丰富的政治、社会和文化属性。西方国家在使用这一概念时，通常是从发展经济学的角度指称那些经济发展水平尚未达到发达国家水平的欠发达或不发达国家。而在中国的外交思维中，当代"发展中国家"概念在很大程度上是过去"第三世界"的延续和发展，当代发展中世界的南南合作也与过去亚非万隆会议、不结盟运动和七十七国集团的活动一脉相承。虽然亚非各国早已实现了政治独立，美苏两大集团对第三世界的争夺也已不复存在，但这些曾经并肩作战的亚非拉国家仍然面临实现经济发展和国家现代化的发展任务，在国际事务中也面临相似的政治和外交需求。正是从这个角度讲，中国现在是、将来仍然是发展中国家，一如既往地推动与非洲国家的互利合作关系仍是中国外交的重要方面。

中国是一个发展中国家，也是一个大国。作为一个经济快速发展的新兴大国，中国在强调与非洲国家互利共赢的同时，还需更多体现出对非洲发展的帮助和支持。从更高要求上讲，中国不仅要强调中非关系的"互利"，还需主动讲"让利"。十多年前中国提出的"走出去"战略，主要是从拓展对外经贸合作的角度考虑，着眼于"两种资源"、"两个市场"。当时中国政府还提出了"大经贸"战略，把对外援助看作是中国企业走出去的重要推动力量，这在当时中国企业拓展海外市场的初期有其重要的现实意义。现在中国经济走在了非洲国家的前面，这个时候的对非援助就不能仅仅强调对自身的经济价值和战略价值，它本身更应体现出一种扶贫济困的人道主义精神，体现出一种先富带后富以追求共同发展的大国责任精神。中国要成为世界大国，它学会的不仅仅是如何发展自己，也需要学会如何帮助他人。

秉持发展中大国的立场，中国还应当敢于并积极为发展中国家说话，由此彰显中国外交的正义精神。当前非洲国家对中国的期待，大体上是两种：一是发展上的帮助，二是政治上的支持，包括在国际体系改革问题上的配合。要在经济合作中切实践行互助互援并不容易，政治和国际体系层面的相互配合也并非易事。如何去为非洲人说话，说什么话？比如，在中国需要维护联合国权威且不赞同日本等国提出的联合国安理会改革方案的背景下，如何去帮助非洲国家实现入常梦？在中国自身利益与西方国家利益不断交汇的今天，又如何更好地代表非洲国家推动国际经济秩序的合理修正与发展？

（三）在政策层面，中国需进一步规范非国家行为体在非洲的不当行为，在具体领域里不断完善中非合作政策。

在非洲，每一家中资企业、每一个中国人都是一张中国名片，是非洲人了解中国的窗口。因此，中国应加大力度规范中国投资者在非洲的行为，敦促它们尊重当地法律和习俗，履行必要的企业社会责任，认真处理好劳资关系。中国投资者必须学会尊重非洲本地的宗教、文化、观念和习俗，试图改变非洲人的观念和行为方式的想法是不现实的，相关努力也是徒劳的。中国投资者也必须融入当地社会，学会与当地媒体和非政府组织打交道，面对外界的批评而"泰然处之"、"我行我素"的"默然"与"淡定"无助于自身的长远发展。从长远看，中国还应正视国际社会有关非洲的资源开采、环境保护、政府治理方面的一些国际规则，践行那些对非洲发展有利的标准。虽然一些所谓的国际规则是西方人主导制定的，且并不符合当前中非经贸合作的实际，但一味地拒绝或漠视也并非明智选择。[1] 在与非洲国家、西方国家的三边或多边对话中去不断修正并创制新的游戏规则，对于中国提升自己的话语权或许是一个重要的契机。

李安山教授常言，当前中非合作中面临的问题很多，但这并不总是坏事。一来这说明中非双方的接触较以前显著增加，因为只有接触才会

---

[1] 近年来，中国的一些行业协会、商会或企业，日益关注企业社会责任，更加尊重国际标准和规则，例如"采掘业透明度倡议"。2014年10月，五矿化工进出口商会组织实施了《中国对外矿业投资行业社会责任指引》，就是近年来中国行业自律的重要体现。

有摩擦；二来中华民族是善于学习的民族，如果我们能够认真且妥善解决这些问题，中非合作势必会跃上新的发展高度。危机中包含有契机，一向是中国人的辩证思维。

笔者相信，中非关系的不断发展不只是中国实现大国崛起的一个注脚，中国与西方国家在非洲影响力的某种此消彼长也不只是一种世界权力的位移，或者说大国权力的再分配，它还具有一种以南南合作为导向、以解决南北问题为归依的远大的世界抱负，从而体现出某种国际秩序合理变革与完善的意义。在当前中国塑造有自身特色大国外交的新时期，以互利、互助、互信、互鉴为本质的中非合作正在有力彰显着中国外交的大国境界、大国精神和大国气象。

参考文献

中文部分：

［埃及］布特罗斯·加利：《非洲边界争端》，商务印书馆1979年版。

［埃塞］马贡·穆契：《非洲联盟：希望之路》，张永蓬编译，载《西亚非洲》2003年第2期。

迟建新：《助力非洲粮食安全》，载《人民日报》2011年11月30日。

［德］白小川：《地缘政治的复兴抑或终结？——在非洲的三边合作》，载《国际问题论坛》2008年夏季号。

［德］白小川：《欧盟对中国非洲政策的回应——合作谋求可持续发展与共赢》，载《世界经济与政治》2009年第4期。

《邓小平文选（第二卷）》，人民出版社1994年版。

《邓小平文选（第三卷）》，人民出版社1993年版。

宫力、王红续主编：《新时期中国外交战略》，中央党校出版社2014年版。

国务院新闻办公室：《中国的对外援助（2014）》，载《人民日报》2014年7月11日。

国务院新闻办公室：《中国与非洲的经贸合作》，2010年12月。

郝时远：《关于中华民族建构问题的几点思考》，载《中国民族报》2012年4月20日。

胡锦涛：《开创中非新型战略伙伴关系的新局面——在中非合作论坛第五届部长级会议开幕式上的讲话》，载《人民日报》2012年7月20日。

黄华：《亲历与见闻——黄华回忆录》，世界知识出版社2007年版。

黄平、崔之元主编：《中国与全球化：华盛顿共识还是北京共识》，社会科学文献出版社 2005 年版。

［加拿大］江忆恩：《中国参与国际体制的若干思考》，载《世界经济与政治》1999 年第 7 期。

李安山：《非洲民主化与国家民族建构的悖论》，载《世界民族》2003 年第 5 期。

李安山：《论中非合作的原则与面临的困境》，载《上海师范大学学报（哲学社会科学版）》2011 年第 6 期。

李安山：《论中国对非洲政策的调适与转变》，载《西亚非洲》2006 年第 8 期。

李安山：《美国军事介入非洲的战略谋划》，《瞭望新闻周刊》2013 年第 12 期。

李安山：《为中国正名：中国的非洲战略与国家形象》，载《世界经济与政治》2008 年第 4 期。

李安山：《中非关系研究中国际话语的演变》，载《世界经济与政治》2014 年第 2 期。

李安山等：《非洲梦：探索现代化之路》，江苏人民出版社 2013 年版。

李克强：《共同推动非洲发展迈上新台阶——在第二十四届世界经济论坛非洲峰会上的致辞》，载《人民日报》2014 年 5 月 9 日。

李克强：《开创中非合作更加美好的未来——在非盟会议中心的演讲》，载《人民日报》2014 年 5 月 6 日。

李伟建、张忠祥、张春、祝鸣：《迈向新的十年：中非合作论坛可持续发展研究》，载《西亚非洲》2010 年第 9 期。

林玫：《援非洲农业项目的几种形式》，载《国际经济合作》1990 年第 10 期。

林尚立：《政党、政党制度与现代国家——对中国政党制度的理论反思》，载《中国延安干部学院学报》2009 年第 9 期。

林尚立：《中国政党制度与国家建设》，载《毛泽东邓小平理论研究》2009 年第 9 期。

林毅夫等编：《以共享式增长促进社会和谐》，中国计划出版社 2008 年版。

李小云等：《小农为基础的农业发展：中国与非洲的比较分析》，社会科学文献出版社 2010 年版。

联合国开发计划署：《2011 年人类发展报告》，纽约，2011 年。

黎家松主编：《中华人民共和国外交大事记（第二卷）》，世界知识出版社 2001 年版。

黎文涛：《非洲安全治理特点及对中非安全合作的思考》，载张宏明主编《非洲发展报告（2012—2013）：中国与非洲区域经济合作的机遇与路径》，社会科学文献出版社 2013 年版。

刘鸿武：《当代中非关系与亚非文明复兴浪潮——关于当代中非关系特殊性质及意义的若干问题》，载《世界经济与政治》2008 年第 9 期。

刘鸿武：《非洲治理与发展难题之破解：中国的视角》，载《新战略研究》2013 年第 1 期。

刘鸿武：《中非关系 30 年：撬动中国与外部世界关系结构的支点》，载《世界经济与政治》2008 年第 11 期。

刘鸿武等：《从部族社会到民族国家——尼日利亚国家发展史纲》，云南大学出版社 2000 年版。

刘鸿武等：《中国对外援助与国际责任的战略研究》，中国社会科学出版社 2013 年版。

刘鸿武、罗建波：《一体化视角下的非洲历史变迁》，载《西亚非洲》2007 年第 5 期。

刘鸿武、罗建波：《中非发展合作：理论、战略与政策研究》，中国社会科学出版社 2011 年版。

卢沙野：《关于中非新型战略伙伴关系的几点思考》，载《新战略研究》2013 年第 1 期。

卢沙野：《中国和平发展的"溢出效应"——以非洲为例》，载《中国党政干部论坛》2013 年第 7 期。

陆庭恩、彭坤元主编：《非洲通史：现代卷》，华东师范大学出版社 1995 年版。

罗建波：《如何认识 21 世纪上半叶非洲在中国外交战略中的重要地位》，载《西亚非洲》2011 年第 2 期。

罗建波：《通向复兴之路：非盟与非洲一体化研究》，中国社会科学出版社2010年版。

罗建波：《西方对非援助效果及中非经济合作》，载《国际政治科学》2013年第1期。

罗建波：《亚非复兴进程与世界地缘政治转变》，载《西亚非洲》2009年第5期。

罗建波：《亚非复兴视野下中国与发展中国家关系：历史变迁与世界意义》，载《当代亚太》2009年第4期。

罗建波：《中非关系与中国的世界责任》，载《世界经济与政治》2013年第9期。

罗建波：《中国对非洲外交：战略与政策》，载《新远见》2012年第5期。

罗建波：《中国与西方国家的对非洲外交：在分歧中寻求共识与合作》，载《世界经济与政治》2009年第4期。

罗建波、姜恒昆：《达尔富尔危机的和解进程与中国国家形象塑造》，载《外交评论》2008年第3期。

蒋俊：《论尼日利亚的族群问题与国家建构》，载《西南民族大学学报（人文社会科学版）》2010年第5期。

《毛泽东选集（第四卷）》，人民出版社1991年版。

《毛泽东文集（第六卷）》，人民出版社1999年版。

［美］查尔斯·斯蒂思：《中非关系：美国视角下的简要评估》，载《国际政治研究》2006年第4期。

［美］黛博拉·布罗蒂加姆：《龙的礼物——中国在非洲的真实故事》，沈晓雷、高明秀译，社会科学文献出版社2012年版。

［美］弗朗西斯·福山：《国家构建：21世纪的国家治理与世界秩序》，黄胜强等译，中国社会科学出版社2007年版。

［美］乔舒亚·库珀·雷默等编：《中国形象：外国学者眼里的中国》，沈晓雷等译，社会科学文献出版社2006年版。

［美］塞缪尔·P.亨廷顿：《变化社会中的政治秩序》，王冠华等译，生活·读书·新知三联书店1989年版。

［美］亚历山大·温特：《国际政治的社会理论》，上海世纪出版集团2000年版。

［美］约翰·罗尔斯：《正义论》，何怀宏等译，中国社会科学出版社2009年版。

秦亚青：《正确义利观：新时期中国外交的理念创新和实践原则》，载《求是》2014年第12期。

阮宗泽：《负责任的保护：建造一个更安全的世界》，载《国际问题研究》2012年第3期。

石林主编：《当代中国的对外经济合作》，中国社会科学出版社1989年版。

［日］信夫清三郎：《日本政治史（第一卷）》，周启乾译，上海译文出版社1982年版。

世界银行：《2007年世界发展指标》，中国财政经济出版社2008年版。

斯德哥尔摩国际和平研究所：《SIPRI年鉴2013：军备、裁军与国际安全》，中国军控与裁军协会译，实事出版社2014年版。

苏长和：《习近平外交理念四观》，载《人民论坛》2014年2月下。

［坦桑］梅威斯加·巴热古：《非洲—中国—欧盟关系：来自非洲的视角》，载《国际问题论坛》2008年夏季号。

《外交部非洲司司长林松添谈有中国特色的大国对非外交》，2014年12月31日，中非合作论坛官网。

王绍光、胡鞍钢、周建明：《第二代改革战略：积极推进国家制度建设》，载《战略与管理》2003年第2期。

王毅：《探索中国特色大国外交之路》，载《人民论坛》2013年8月上。

王逸舟：《发展适应新时代要求的不干涉内政学说——以非洲为背景并以中非关系为案例的一种解说》，载《国际安全研究》2013年第1期。

魏红：《我国对外援助方式改革的经验与问题》，载《国际经济合作》1999年第5期。

韦宗友、吴萌：《中国的多边主义外交：一种范式的转移》，载《多边治理与国际秩序（第六辑）》，上海人民出版社2006年版。

习近平：《共建面向未来的亚太伙伴关系》，载《人民日报》2014年11月12日。

习近平：《积极树立亚洲安全观共创安全合作新局面》，载《人民日报》2014 年 5 月 22 日。

习近平：《为我国发展争取良好周边环境推动我国发展更多惠及周边国家》，载《人民日报》2013 年 10 月 26 日。

习近平：《携手合作共同发展——在金砖国家领导人第五次会晤时的主旨讲话》，载《人民日报》2013 年 3 月 28 日。

习近平：《新起点 新愿景 新动力——在金砖国家领导人第六次会晤上的讲话》，载《人民日报》2014 年 7 月 17 日。

习近平：《永远做可靠朋友和真诚伙伴——在坦桑尼亚尼雷尔国际会议中心的演讲》，载《人民日报》2013 年 3 月 26 日。

《习近平主席访问非洲成果丰硕》，载《人民日报》2013 年 4 月 11 日。

谢益显主编：《中国外交史（中华人民共和国时期 1949—1979）》，河南人民出版社 1988 年版。

俞可平等主编：《中国模式与"北京共识"：超越"华盛顿共识"》，社会科学文献出版社 2006 年版。

［英］戴维·米勒：《社会正义原则》，应奇译，江苏人民出版社 2001 年版。

［英］赫德利·布尔：《无政府社会——世界政治秩序研究》，张小明译，世界知识出版社 2003 年版。

［英］肯尼斯·金：《中国与非洲的伙伴关系》，载《国际政治研究》，2006 年第 4 期。

［英］杰弗里·巴勒克拉夫：《当代史导论》，张广勇等译，上海社会科学院出版社 1996 年版。

苑基荣：《把握机遇延续梦想——非盟庆祝其前身非统组织成立 50 周年》，载《人民日报》2013 年 5 月 27 日。

［赞］丹比萨·莫约：《援助的死亡》，王涛等译，世界知识出版社 2010 年版。

张宏明：《非洲政治民主化对中非关系的影响》，载杨光主编《中东非洲发展报告（2006—2007）：中国与非洲国家的历史与现实》，社科文献出版社 2007 年版。

张宏明：《多维视野中的非洲政治发展》，社会科学文献出版社1999年版。

张宏明：《如何辩证地看待中国在非洲的国际处境——兼论中国何以在大国在非洲新一轮竞争中赢得"战略主动"》，载《西亚非洲》2014年第4期。

张宏明：《中国对非援助政策的沿革及其在中非关系中的作用》，载《亚非纵横》2006年第4期。

张春：《医疗外交与软实力培育——以中国援非医疗队为例》，载《现代国际关系》2010年第3期。

张永蓬：《国际发展合作与非洲——中国与西方援助非洲比较研究》，社会科学文献出版社2012年版。

周弘：《中国对外援助与改革开放三十年》，载《世界经济与政治》2008年第11期。

周南口述，吴志华整理：《回顾中国重返联合国》，载《决策探索》2005年第12期。

《中国对非洲政策文件》，载《人民日报》2006年1月13日。

《中国共产党第十八次全国代表大会文件汇编》，人民出版社2012年版。

《中国对非洲政策文件》，载《人民日报》2006年1月13日。

中华人民共和国外交部、中共中央文献研究室编：《毛泽东外交文选》，中央文献出版社、世界知识出版社1994年版。

钟伟云：《新世纪中非党际关系的回顾与展望》，载张宏明主编《非洲发展报告（2011—2012）——新世纪中非合作关系的回顾与展望》，社会科学文献出版社2012年版。

英文部分：

AfDB, OECD, UNDP, *African Economic Outlook* 2011.

AfDB, OECD, UNDP, *African Economic Outlook* 2014.

AfDB, OECD, UNDP, *African Economic Outlook* 2015.

Ahmed, Nazik al‐Tayeb Rabah, "Causes of traditional and modern tribal conflicts in Sudan", in Adam Al‐Zein Mohamed and Al‐Tayeb

Ibrahim Weddai, eds., *Perspectives on tribal conflicts in Sudan*, Institute of Afro-Asian Studies, University of Khartoum, 1998.

Apuuli, Kasaija Phillip, *The Principle of 'African solutions to African Problems' under the spotlight: The African Union (AU) and the Libya Crisis*, Open Society Institute, Africa Governance Monitoring & Advocacy Project, 06 September, 2011.

Baregu, Mwesiga, "Africa-China-EU: From the Perspective of Africa", *International Review*, Summer, 2008.

Berger, Bernt & Uwe Wissenbach, "EU-China-Africa trilateral development cooperation: Common Challenges and new directions", Discussion Pater, Bonn 2007.

Bigman, David, *Poverty, Hunger, and Democracy in Africa: Potential and Limitations of Democracy in Cementing Multiethnic Societies*, Palgrave, 2011.

Brautigam, Deborah, *The Dragon's Gift: The Real Story of China in Africa*, New York: Oxford University Press, 2009.

Campbell, Horace G., "Mali, France and the war on terror in Africa", February 20, 2013.

Cropley, Ed, "Africa needs $93 billion a year for infrastructure: report", *Reuters*, 12 November, 2009.

Darnton, John, "'Lost Decade' Drains Africa's Vitality", *The New York Times*, June 19, 1994.

Davies, Martyn, "How China Is Influencing Africa's Development", Background Paper for the Perspectives on Global Development 2010: Shifting Wealth, OECD Development Centre, April 2010.

Diamond, Larry, "Introduction", in Larry Diamond & Mare F. Plattner, *Democratization in Africa: Progress and Retreat*, Baltimore: the Johns Hopkins University Press, 2010.

Dixit, Avinash, *Predatory States and Failing States: An Agency Perspective*, Princeton University, June 20, 2006.

Eisenman, Joshua & Joshua Kurlantzick, "China's Africa Strategy",

Current History, May 2006.

Esedebe, P. Olisanwuche, *Pan – Africanism: the Idea and Movement, 1776 – 1991*, Washington, D. C.: Howard University press, 1994.

Foster, Vivien & Cecilia Briceno – Garmendia edited, *Africa's Infrastructure: A Time for Transformation*, The World Bank, 2010.

Francis, David J. , *The Politics of Economic Regionalism: Sierra Leone in Ecowas*, Burlington: Ashgate Publishing Ltd. , 2001.

Freschi, Laura, "China in Africa: Myths and Relitity", *Aid Watch*, February 9, 2010.

Games, Dianna, "Chinese the New Economic Imperialists in Africa", *Business Day*, February 21, 2005.

Goldmann, Matthias, "Sierra Leone: African Solutions to African Problems?", in A. von Bogdandy and R. Wolfrum (eds.), *Max Planck Yearbook of United Nations Law*, Volume 9, 2005.

Hailu, Alem, "the State in Historical and Comparative Perspective: State Weakness and the Specter of Terrorism in Africa", in John Davis (ed.), *Terrorism in Africa: the Evolving Front in the War on Terror*, Lanham & New York: Lexington Books, 2010.

Hempson – Jones, Justin S. , "The Evolution of China's Engagement with International Governmental Organizations: Towards a Liberal Foreign Policy?", *Asian Survey*, Vol. 45, No. 5, 2005.

Hilsum, Lindsey, "China's Offer to Africa: Pure Capitalism", *New Statesman*, July 3, 2006.

Human Rights Watch, " 'You'll Be Fired If You Refuse': Labor Abuses in Zambia's Chinese Stateowned Cooper Mines", November 3, 2011.

Kambudzi, Admore Mupoki, "Africa and China's Non – Interference Policy: Towards Peace Enhancement in Africa", in Mulugeta Gebrehiwot Berhe and Liu Hongwu (eds), *China – Africa Relations: Governance, Peace and Security*, Ethiopia, 2013.

Kenyatta, Uhuru, "What We See When We Look East", *China Daily*, August 19, 2013.

King, Kenneth, *China's Aid and Soft Power in Africa: the Case of Education and Training*, Boydell & Brewer Ltd, 2013.

Kjollesdal, Kristian, "Foreign Aid Strategies: China Taking Over?", *Asian Social Seicience*, Vol. 6, No. 10, October 2010.

Klare, Michael & Daniel Volman, "America, China & the scramble for Africa's Oil", *Review of African Political Economy*, No. 108, 2006.

Klippe, Nathan Vander, "China Finally Getting Serious About Becoming a Good Global Citizen", *The Global and Mail*, Apr. 11, 2014.

Johnston, Alastair I., "Is China a Status Quo Power?", *International Security*, Volume 27, Number 4, Spring 2003.

Luo Jianbo & Zhang Xiaoming, "China in Africa: Devil or Engel?", *Pambazuka News*, Issue 666.

Luo Jianbo & Zhang Xiaoming, "Multilateral Cooperation in Africa between China and Western Countries: from Differences to Consensus", in *Review of International Studies*, Volume 37, 2011.

Manji, Firoze & Stephen Marks (eds.), *African perspectives on China in Africa*, Cape Town, Fahamu – Networks for Social Justice, 2007.

Mann, Michael, "the Autonomous Power of the State: Its Origins, Mechanisms and Results", in John A. Hall, ed., *States in History*, London: Basic Blackwell, 1986.

Mann, Michael, *The Sources of Social Power: the Rise of Classes and Nation-States*, 1760—1914, Cambridge: Cambridge University Press, 1993.

Matsiko, Haggai, "Is it time for a China – Africa Command?", *The dependent*, 16 November, 2014.

Mbeki, Thabo, "At the Heavenly Gate in Beijing Hope is Born!", *ANC Today*, November 10, 2006.

Mhandara, Lawrence & Ronald Chipaike, "Chinese Investment in Africa: Opportunities and Challenges for Peace and Security in Zimbabwe", in Mulugeta Gebrehiwot Berhe & Liu Hongwu eds, *China – Africa Relations: Governance, Peace and Security*, Ethiopia, 2013.

Mohamed, Adam Al – Zein & Al – Tayeb Ibrahim Weddai, eds., *Perspectives on tribal conflicts in Sudan, Institute of Afro – Asian Studies, University of Khartoum, 1998.

Moselle, Boaz & Ben Polak, "A Model of a Predatory State", Journal of Law, Economics, and Organization, Vol. 17, 2001.

Murithi, Timothy, The African Union: Pan – Africanism, Peacebuilding and Development, Ashgate Publishing Limited, 2005.

Nee, Victor, Sonja Opper &Sonia M. L. Wong, "Developmental State and Corporate Governance in China", Management and Organization Review, Vol. 3, No. 1, March 2007.

Nieuwkerk, Anthoni Van, "South Africa and the African Peace and Security Architecture", NOREF Report, Norwegian Peacebuilding Resource Center, March 2014.

Nkusu, Mwanza, Aid and the Dutch Disease in Low – Income Countries: Informed Diagnoses for Prudent Prognoses, IMF Working Paper, March 2004.

NYU Wagner School, Understanding Chinese Foreign Aid: A Look at China's Development Assistance to Africa, Southeast Asia and Latin America, April 25, 2008.

Page, John, "Strategies for Pro – poor Growth: Pro – poor, Pro – growth or Both", Journal of African Economies, Vol. 15, No. 4, 2006.

Rodney, Walter, How Europe underdeveloped Africa, Washington, D. C.: Howard Unversity Press, 1974.

Prince, Rob, "In Mali, Conflict Continues a Year After the French – led Invasion", December 17, 2013.

Reisen, Helmut, "Is China Actually Helping Improve Debt Sustainability in Africa?", G24 Policy Brief, No. 9.

Saferworld, China's Growing Role in African Peace and Security, January 2011.

Salawu, B. & A. O. Hassan, Ethnic Politics and its Implications for the Survival of Democracy in Nigeria, Journal of Public Administration and Policy Research, Vol. 3 (2), February 2011.

Schiere, Richard & Alex Rugamba, *Chinese Infrastructure Investments and African Integration*, African Development Bank Group Working Paper Series, No. 127, May 2011.

Shinn, David H. & Joshua Eisenman, *China and Africa: A Century of Engagement*, University of Pennsylvania Press, 2012.

Strange, Austin, Bradley Parks, Michael J. Tierney, Andreas Fuchs, Axel Dreher & Vijaya Ramachandran, "China's Development Finance to Africa: A Media-Based Approach to Data Collection", Center for Global Development, Working Paper 323, April 2013.

Straziuso, Jason, "China Skirting African Corruption in Direct Aid", *Associated Press*, Feb 9, 2012.

Taylor, Nicholas, "China As a Status Quo or Revisionist Power? Implications for Australia", *Security Challenge*, Vol. 3, No. 1, 2007.

The Council of Foreign Relations, *More than Humanitarianism: A Strategic U.S. Approach Toward Africa*, Independent Task Force Report 56, 2006.

Thomas Bohlken, Anjali, "Coups, Elections and the Predatory State", New York University, August 10, 2009.

Tull, Denis M., "China's Engagement in Africa: Scope, Significance and Consequences", *The Journal of Modern African Studies*, Vol. 44, No. 3, 2006.

Ugo, Nwokeji G., *The Nigerian National Petroleum Corporation and the Development of the Nigerian Oil and Gas Industry: History, Strategies and Current Directions*, the James A. Baker Ⅲ Institute for Public Policy of Rice University, March 2007.

UN, *Report of the International Commission of Inquiry on Darfur to the United Nations Secretary General*, 25 January, 2005.

Van Nieuwkerk, Anthoni, "South Africa and the African Peace and Security Architecture", *NOREF Report*, Norwegian Peacebuilding Resource Center, March 2014.

Wade, Abdoulaye, "Time for the West to Practice What it Preaches",

Financial Times, January 24, 2008.

Webster, Timothy, "China's Human Rights Footprint in Africa", Faculty Publications, p. 620, 2012.

Weston, Jonathan, Caitlin Campbell & Katherine Koleski, *China's Foreign Aid Assistance in Review: Implications for the United States*, U.S. -China Economic and Security Review Commission, Updated September 1, 2011.

Weiss, Linda, "Development States in Transition: Adapting, Dismantling, Innovating, not 'Normalizing'", *The Pacific Review*, Vol. 13, Issue 1, 2000.

Zoellick, Robert B., "Whither China: From Membership to Responsibility?", Remarks to National Committee on U.S. - China Relations, September 21, 2005.